政論文學：論戰系列341

臺灣選戰 3411

兩岸論戰 3412

國際驅戰 3413

國際驅戰

葉輝振 著

天空數位圖書出版

目　錄

自　序

本書為《政論文學·論戰系列（臺灣選戰、兩岸論戰、國際驅戰）》之創作，以《國際驅戰》為名，乃基於霸權國家的橫行，並舉著正義之師的假道學，為達目的不擇手段地發動境外區域戰爭，驅使鷸蚌相爭，自己好做漁翁得利，致目前烏俄已開打，臺海、南北韓等區域情勢緊張瀕臨戰火，實令人憂心。

筆者以驅戰方式，企圖從各種不同的角度，提出看法，以讓世人從中思索，以求尋得一條康莊大道，不僅是人民的幸福、國家甚至是世界的未來，更是我們對歷史負責的態度。

本書之撰寫，筆者秉持學術客觀的原則，當然我所謂的客觀，已然含有主觀上的客觀，不過這也沒辦法，筆者盡量不帶意識形態，以及本著良心，忠於自己，不畏權貴的態度為之，如有得罪他人，還請見諒！其有關參考文獻或引用圖文資料，以《維基百科》為主、《百度百科》等為輔，並由於是系列叢書，更為說明完整，書中重複現象，在所難免。當然！如有缺失，還望時賢指正，或不慎侵權時請告知，筆者將立即改正，特此聲明！

人生際遇，本是無數因緣的組合，任一環節之失落，皆可能促成其不同結果，因果關係乃天理循環的定律，小至個人大至國家，甚至世界均是如此，總循著崛起、興盛、衰敗三部曲的節奏而起伏循環。霸權國家者，有如弱肉強食的狼，總喜歡披著羊皮，不管用武力，或是經濟，想盡辦法蠶食弱小的國家，還一副正義凜然。弱小民族豈是白癡，卻也無可奈何，只能獻出感激並笑臉迎人。這不僅是弱小人民的苦難，也是人類之悲哀。然當我們在飽嘗戰火蹂躪後，實應思其前因後果進而引以為戒，時時不敢忘記，歷史悲劇或不復發生，尤其是今日世界的局勢，地球暖化，造成極端氣候，不知喪失多少條生命，多少身家財產，以及區域衝突日益惡化，已面臨戰火邊緣。人類仍不思改善，向人類文明提升，反而為國家或個人之私利，而向下沉淪，最終人類將不復存。還望政治人物能慎重，有遠見，不要重蹈覆轍，才是人類之福！也是筆者所盼。

蔡輝振 寫於臺中望日臺
2022.12.25

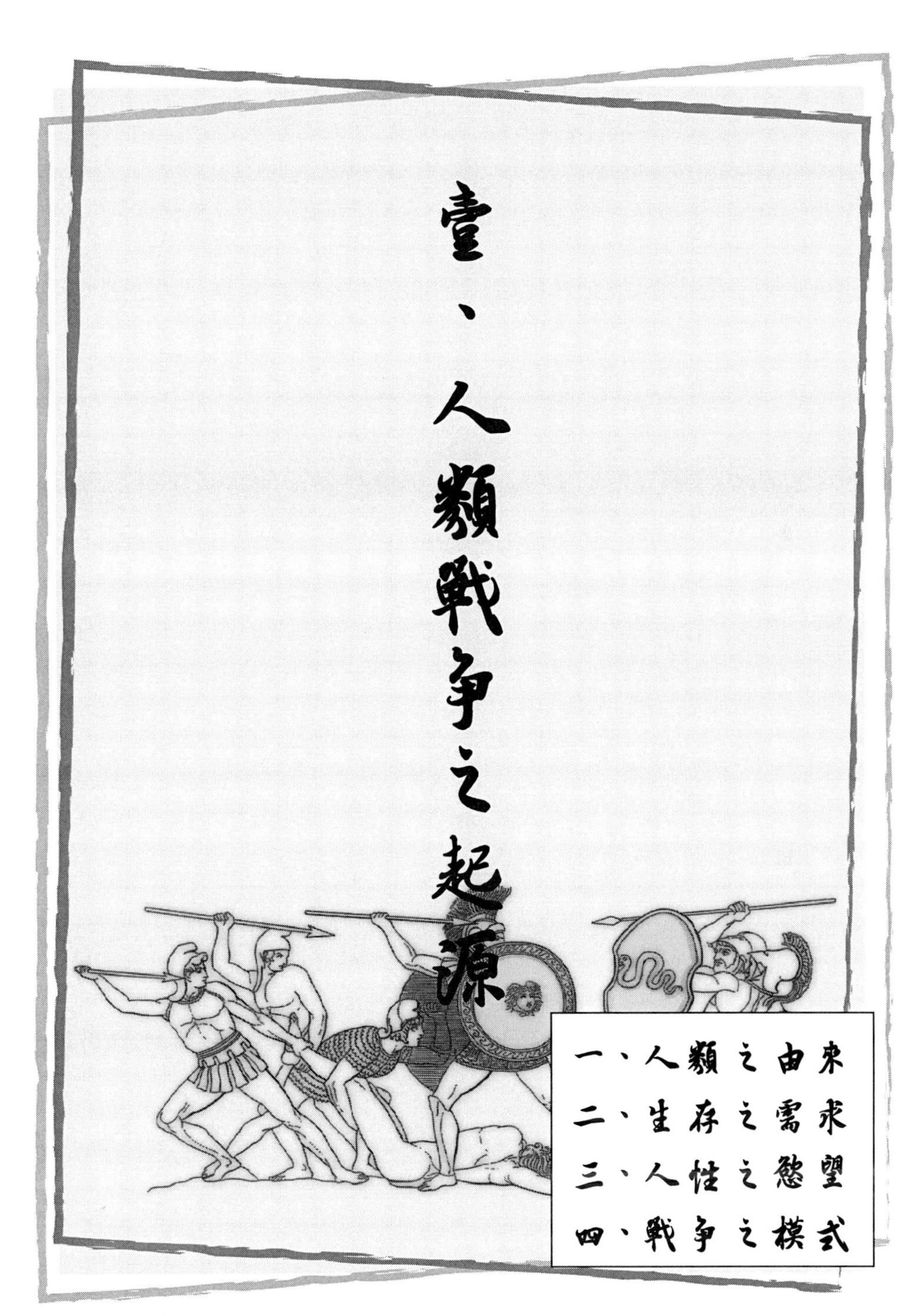

壹、人類戰爭之起源

人類戰爭之起源，雖眾說紛紜，然筆者認為，起源於生存之需，滿足生存之後，卻因人性慾望無窮而戰爭不斷，至今依舊是如此。以下，我們可從〝人類之由來〞說起，再探人類的戰爭，起源於〝生存之需求〞與〝人性之慾望〞無窮，以至〝戰爭之模式〞為止來一探究竟。

一、人類之由來

根據科學家推測，我們所寄居的太陽系之存在，大約有一兆年以上，地球的年齡則至少也有四、五十億年之久，而生物是在地球之地殼冷固以後才產生的，生命的起源當然更少於地球的年齡，大概也有三十億年左右，而人類的出現，至今才兩百多萬年而已。

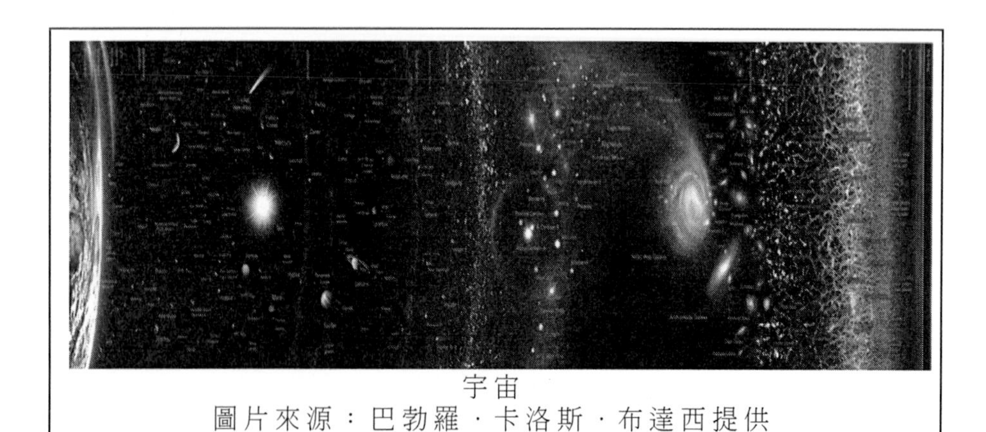

宇宙
圖片來源：巴勃羅．卡洛斯．布達西提供

科學家也推測，地球出現的第一個生命，亦是人類最原始祖先，可能是一種生命結構非常簡單之〝單細胞的生命體〞，發生在寒武紀以前，至今已有三十億年以上。科學家深信，在原始大氣中的氣體暴露於閃電和紫外線的輻射之下，會組合而形成簡單的有機化合物，當地球繼續冷卻時，水蒸氣就凝結而形成海洋，簡單的有機物質就在海洋中逐漸聚集此項過程，而一直持續數百萬年甚至更久的時間。隨著時間的增加，也造就了無數複雜的胺基酸和醣類，胺基酸結合形成、嘌呤、嘧啶，醣和磷酸鹽結合成核酸，逐漸的蛋白質和核酸出現了，具有複製能力的核酸分子也形成了。而這些具有複製能力的核酸分子便不斷的進行複製，不斷的聚集合併在一起，也不斷的在排列組合，互相彌補對方的缺陷，在經過緩慢而漫長的歲月後，本著以或然率之機會作盲目的演化，最後，終於產生了具有生命的〝單細胞生命體〞。這是人類進化過程中的〝第一次大飛躍〞，如果沒有這一次的大飛躍，地球依舊是一片了無生機的渾沌大地。

人類的進化，是循著物質演化時期、物種演進時期，以及人類進化時期等三個階段來完成。在這三個階段當中，物質時期之所以用〝演化〞的字眼，仍因其演化盲目性，無所謂朝好或壞的方向前進；人類時期之所以用〝進化〞的字眼，乃因其進化具有目的性，朝好的方向進行；物種時期之所以用〝演進〞的字眼，乃因其演進介於盲目性與目的性之間。越接近第一階段就越帶有物質性的盲目，越接近第三階段就越帶有人類性的目的，故以演進作為兩者間的橋樑。

人類進化到狐猴出現後，可能是為了逃避其他動物的捕殺或是基於食物大部分在樹枝上的需要，而形成具有能握物的手腳及由叢毛狀的尾巴來保持在樹枝間跳躍的平衡，以致獲得在樹枝上相當成功的演進經驗。隨著時間的變化，慢慢的就演進成一種似猴非猴，似猿非猿的猴猿，再進而形成猿類，當然也有另一部分往現代猴類方向進行，如新世界猴或舊世界猴。

最早形成的猿類大概就是埃及猿，顧名思義就知道牠是在埃及發現的化石，猿類由於要適應中新世時，地球上發生地質斷裂和氣溫下降的現象，使得覆蓋大部分非洲和歐亞陸塊的熱帶林發生變化，形成了草原和莽原。這一些原野像湖泊和海洋一般的遼闊，把濃密的森林隔絕了，於是在森林與草原接觸的邊際上就形成了演進的新環境。猿類為生存上的需要，便逐漸的擴展到地面上活動，因此，直立的姿勢就愈來愈多，全身各部分的生理機構，也趨向於協調一致，腿骨加長、腳底變扁平、而掌心內陷，脊骨、頭骨變形，腦容量也逐漸增加，慢慢的能直立並大步行走，於是演進成另一種似猿非猿，似人非人的人猿類，同樣的也有一部分是往現代猿類發展，再度回到森林去，如：長臂猿、猩猩等。

物種發展至此，不管海洋或陸地到處都充滿生機，種類之多更是前所未有，也形成草食動物以植物為食，肉食動物以草食動物為食，雜食動物以植物或動物為食，植物以陽光、水、土壤為生，動物所排泄的廢物又為土壤吸收成養份供給植物成長。而水則由海洋經太陽的照射，蒸發至雲層，遇上冷氣團後則形成水滴，落到高山、平原，植物和動物便各取所需，剩餘的又經由河川匯集至海洋，如此循環不已，相互依存的構成一條食物鏈。其速度的演進上，亦依獵捕追殺，抵抗逃生的方式進行，從最初的緩慢爬行至今日獵捕者最快的速度為：出沒於東非大平原的貓豹，每小時可達六〇哩；而逃生者最快的速度為：美國西部的叉角羚羊，每小時可達三十五哩。當然除逃生的速度外，亦有其他動物發展出各式各樣的方式，如猴子有狡捷的身手，可在樹枝上攀爬，野牛成群抵抗外侵者，長頸鹿具有花紋，可矇騙敵人等不一而足，這一幅景像，便是陸地上物種演進的全盛時期。

人類的進化圖
圖片來源：作者自製

緊接著，便是人類進化過程中的〝第二次大飛躍〞，也是生物演化史上另一次的關鍵時刻，這個時刻就是〝人類的誕生〞。隨著時間不斷的前進，人猿類也不斷的進

化，腦容量愈來愈大，智慧也愈來愈高，而雙手也由於不再擔任行走的任務而發展出具有製造與使用工具的能力，於是逐漸脫離獸類，而成為萬物之靈的〝人類〞，並取得優勢統率萬物。人類若不出現，則宇宙茫茫，至今依舊是個自生自滅的混沌世界。

總的來說，自人類誕生以後，即為渾渾噩噩的世界帶來一線曙光，他挾其萬能的雙手、智慧的大腦而成為萬物之主，帶領萬物邁向文明，使未來充滿希望。人類因具有能適應任何環境的本能，使他在圍繞我們周遭的這群能跳躍、飛翔、游泳和打洞的動物中，成為唯一不受環境約束的一種動物。在他豐富的幻想、辨別是非的理性、敏銳的感覺以及堅忍的意志，使得他不受環境控制外，亦是唯一能改造環境的動物。人類世世代代不斷的互助合作來與環境搏鬥，並發明一系列的科技，以改變環境，從燧石工具到幾何數學，從拱欄到相對論的發現，以至今日的登上月球、星際旅遊等，這一切正顯示出人類在瞭解自然、控制自然、進而改造自然的進步情形。科學的發展，正足以說明人類之所以異於禽獸是稟賦所使然的結果。人類文明是一種不同形態的進化，它不是生物性的，而是文化性的，人類就在這生物性與文化性的雙重進化上向前邁進，這也是其他動物或其他演化時期所沒有的，所以人類是本著以生存及實現自我理想為目的，並作合作互競的進化。

二、生存之需求

生存需求是人類進化過程中的主軸，該主軸可以〝進化過程〞、〝進化證據〞，以及〝進化機制〞三部分來說明：

1.進化過程：

達爾文像
圖片來源:《維基百科》

人類進化的起源地〝東非大狹谷〞，它位於非洲赤道附近靠魯道夫湖之草原地區，也是英國博物學家達爾文（Charles Robert Darwin，1809年～1882年）所發表的《物種原始》及《人類的墮落》一書中所指之方向。在東非大峽谷中，在峭壁和荒涼三角洲所陷落的平原上，它紀錄一則人類過去的故事，從四百萬年前開始，三百萬年、二百萬年…以至今天，均有其各個不同時期所形成的深厚沈澱物，一層挨一層之結構紀錄下來。每一層中也會保有當時的動物化石，從這一些化石，加上鑑別年代的技術和人類富於推測的能力，歷史便可重新開始。

在約兩百萬年前更新世初期，最早出現的原始人類，我們稱之為〝南方原人〞（Australopithecus Africanus），他們已具有完全直立的身體與能在地面上快速之行走，他們的眼睛亦毫無疑問的能對準兩手所持或所操作物體的焦點，懂得如何製造工具和使用工具等。主要居住於靠近森林邊緣的草原上，以採集野生塊根、子實及水果等植物為食，後來由於植物有季節性，無法隨時供應，為了生存只好去適應吃肉類的動物。剛開始以捕捉較小的動物為主，如：爬蟲、昆蟲、穴居動物和鳥類等，較小動物逐漸減少後，接著便捕捉較大的動物，包括長頸鹿、河馬、羚羊和大象等。由於大動物並非一人的能力所能及，必須靠多人的合作才能完成，於是就發展出集體行動來圍捕，久而久之就形成狩獵的生活，南方原人就在這種環境中，從〝採集植物為食的生活模式〞，慢慢轉變到〝狩獵的生活模式〞。

狩獵的生活模式，是原始人類邁向文明的一個關鍵性之訓練基礎，它對於腦力的發展、意思的表達以及社會組織的形成，都具有決定性之影響。在捕捉動物的過程中，原始人類必須運用腦力去思考，以什麼方式，製造什麼樣的工具，才能捕獲獵物，也必須用最簡單的語言去協調，去指揮行動，於是一個最原始的社會型態便在這種環境下逐漸形成。

隨著狩獵生活的展開，兩性分工也逐漸明顯，男性塊頭較大，行動也較敏捷，故負責狩獵的工作。而女性體形較小，行動也較慢且經常要生育與哺育幼兒，故就負責生育哺育及帶小孩去採拾植物的工作，有時也照顧生病或受傷之成員。男性會把當日狩獵成果，帶回集結地供大家分享，有時帶回的動物很大或是很多，一時消化不完，就分配給大家儲藏，這一種分配現象，便產生個人財產的觀念，有了財產觀念，繼承問題也隨之出現。由於當時的男女性關係非常混雜，很難弄清楚血緣關係，誰是誰的小孩，該由誰來繼承，為了解決這個問題，便限制女性交配的對象，慢慢的家庭組織之雛形也逐漸形成。

原始人類雖為獵人，但他們亦是其他動物的獵物，隨時也都有被獵殺的可能，所以隨著狩獵生活模式之演進，原始人類已學會如何集合族群的力量，來共同捕捉動物或共同防禦敵人。族群形成後，彼此之間就不再互相殘殺，但偶爾的衝突在所難免，為了和諧，便需建立領導階層，對個人行為也要作適度的限制。慢慢的，一個具有社會組織功能之族群出現了，再加上家庭倫理觀念的形成，使原始人類跳離了純動物性的藩籬，而成為具有〝理智〞的動物，自此人類與禽獸便區別出來。

隨著族群發展，人口也愈來愈多，在同一個地方狩獵並不能支持太久，食物來源不足就得遷移，這是非常殘酷及無奈的選擇。所以他們便從非洲的地方沿途狩

獵、遷移，到過爪哇，來過中國，最後到達歐洲，每到達一個地方便會有一部分族群留下，一部分繼續前進，使人類在很早的時候，便分布各地，後來也各自進化成不同之人種。如留在爪哇發展的原始人類就進化成爪哇人（Java Man），留在中國的就進化成北京人（Peking Man），往歐洲的那一群也就成為後來的尼安德泰人（Neanderthal Man）。現今世界三大人種：蒙古、尼格羅人，以及歐羅巴人，就是由這些族群進化而來的。

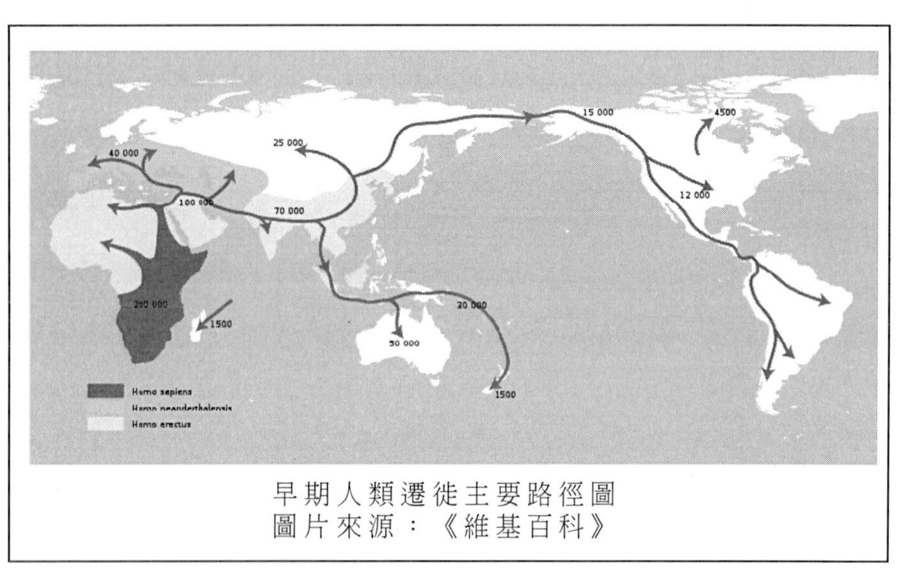

早期人類遷徙主要路徑圖
圖片來源：《維基百科》

在遷移期間，原始人類剛好碰上冰河在地球到處蔓延的時期，這對他們是非常嚴酷之考驗，但也提供另一次深遠的轉變。由於天氣的酷寒，使得他們學會用獸皮作成衣裳禦冷，用火來取暖，最後懂得用火煮烤食物，減少病源。在狩獵方面，也因獵物的減少，冰層上狩獵之艱難，於是他們改變了戰略，由狩獵變為〝跟隨獵物群的方式〞，隨時掌握牠們之蹤跡，慢慢的學習和觀察，最後適應牠們的習性，隨獵物群到處遷移，這樣在冰天雪地的環境下，食物來源就不用擔心。久而久之，這種被動跟隨獵物的遷移，雖比狩獵方式來得容易，但卻無法確保食物的無慮，於是原始人類又發展出〝畜牧的生活方式〞。將一些較溫和的草食動物，如：牛、羊、鹿等加以馴養，隨時帶在身邊，由被動轉為主動立場，長途跋涉帶領他們往適合人類居住的環境前進。在遷移當中，他們更發明了一些簡單之雪車來裝載物品，並由訓練過的動物負責拉走。

時間的巨輪不斷轉動，冰河時代也宣告終了，隨之而來的，是大地呈現一片春的氣息，各式各樣之植物忍不住的鑽出地面，享受一下陽光的溫馨，新生植物也一一出現，如：青蔥、大麥等，真是〝未經一番寒徹骨，那得梅花撲鼻香〞。植物的茂盛帶給動物無限興奮，而這一批歷盡滄桑之族群，見到這般鳥語花香和動物聚集的地方更是雀躍不已，同時他們也厭倦長途跋涉之生涯，於是決定定居下來。在定居之後，他們的生活方式也逐漸調整，他們把馴養動物的經驗應用到飼養家畜及栽培植物上，慢慢的就形成〝農業的生活方式〞。

農業的發展，使族群生活慢慢的安定，家庭組織、社會模式也趨向健全，語言溝通更是沒問題，倫理道德

也逐漸的深植人心，工具之製造與技術之發展也有長足進步。前後經歷過石器文化與銅器文化的輝煌，這一切都顯示出文明在人類安定後的快速成長。而在生理結構方面，也從原始人類的南方原人（Australopithecus）、爪哇人（Java man）、北京人（Homo erectus pekinensis）、尼安德塔人（Homo neanderthalensis）以及克羅馬儂人（Cro-Magnon Mon）之相繼出現，躍進到新時器時代的〝現代人類（Homo sapiens）〞之林，人口也愈來愈多，族群更是到處林立。

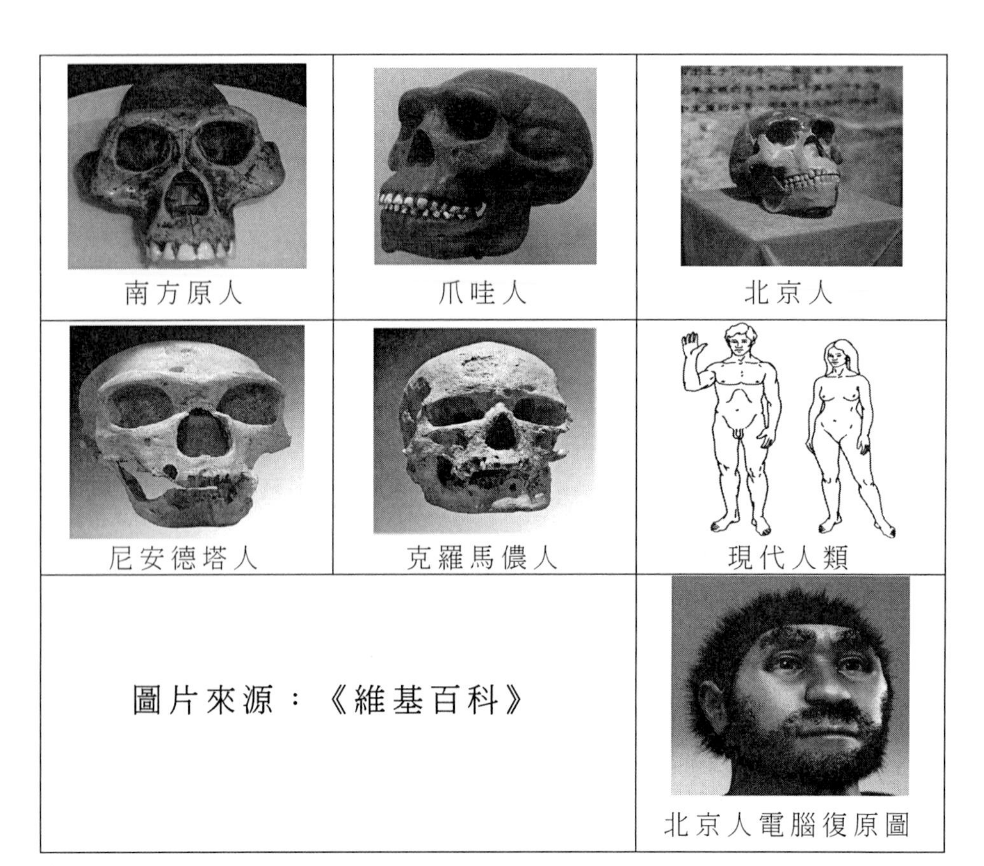

南方原人　爪哇人　北京人

尼安德塔人　克羅馬儂人　現代人類

圖片來源：《維基百科》

北京人電腦復原圖

隨著族群的林立，紛爭也逐漸增多，族群內個人與個人之間的紛爭，因已建立領導及一些管理規定，再加上大家已形成利益、生死與共之觀念，故很容易獲得和平解決。但族群與族群之間，發生了利益衝突，又無和平解決的管道，於是便藉由動物性的本能〝爭奪撕殺〞來獲得解決，所謂勝者為王，敗者為賊，依舊是循著物競天擇的鐵則進行。當這種衝突經常發生後，各族群為鞏固自己的勢力便大力增強其武力，衝突規模也隨之加大，於是形成戰爭，族群也演變為有組織之國家形態。自古以來，人類的戰爭似乎沒有停過，不是東邊戰，便是西邊戰，不管是大戰、小戰或是個人之戰，無非都是為了生存利益所致，但戰爭實在太殘酷，所付出的代價也太高。

孔子聖蹟圖
圖片來源：《維基百科》

於是便有聖哲先師出來倡導仁義，改變社會風氣，尤其是在人類陷入最黑暗之時刻，聖哲便輩出，如最紛亂的春秋戰國時代，便產生老莊、孔孟、韓墨，以及荀告等百家爭鳴的聖哲。不管他們對人性的主張是善是惡，或無善惡，其目的，無非想建立一個和平的世界而已。俗語說：「不見棺材不掉淚，不到黃河心不死。」人往往需付出慘痛之代價後才能覺醒，人類的戰爭持續到第二次世界大戰時，終於付出極慘痛，而且很高的代價後覺醒，並認為在會議桌上解決紛爭更符合人類的利益，於是聯合國（United Nations）誕生了。不管聯合國是否有收到預期的效果，但這是人類已懂得如何控制動物性本能，而朝向實現自我理想的一種理性表現。

CHARTER OF THE UNITED NATIONS

AND

STATUTE OF THE

INTERNATIONAL COURT OF JUSTICE

SAN FRANCISCO · 1945

聯合國憲章

圖片來源：《維基百科》

自文明時代的初期，人類〝發明文字〞後，文明社會就開始興起，由於有文字的記載，後人可從文字記載上，完全習得祖先所留下的文化遺產，不再像文字未發明前，所有的生活技能僅能由上一代的口述及本身的經驗摸索才能習得，這種方式所能習得的技能，畢竟極為有限。人類自更新世的初期誕生以來，到更新世的末期文字發明之前，至少長達近二百萬年之久，然在文明的演進上卻非常有限，充其量只有一些社會型態的雛形、倫理道德的基本觀念、粗糙的語言和製造生存上所需的工具或一些簡單的技術而已，雖有過石器及銅器兩個時代之文化輝煌，如與現代科技相比，就像汪洋中之一粟實非常渺小。但自文字發明之後，以至今日，才短短約四千年的時間，然在文明的演進上卻突飛猛進，日新月異，絕非是前面的二百萬年所能比擬，從指南針、造紙、火藥、萬有引力、生物演化原理、阿基米得原理，以至今日的電腦、隱形飛機、人造衛星等的萬花筒世界。而生活方式也從農業進展到〝工商社會的方式〞，享受高度之物質生活。

美國 DSP 紅外線間諜衛星
圖片來源：《維基百科》

2·進化證據：

有關人類進化的證據有：化石上的證據、生化上的證據，以及胚胎上的證據等，茲說明如下：

A.化石上的證據：

地球的岩石，主要分為二種：即火成岩（igneous rocks）和沈積岩（sedimentary rocks），前者由火山噴

出的岩漿冷卻而成，所含成份頗為一致，一般不分層次，常見的例子有花崗岩（granite）和熔岩（lava）等。後者的成份區別較大，而且通常成層排列，這在從事地球生命歷史之研究上，甚為有用，因它保存著過去的紀錄，這與沈積岩的形成方法有關。沈積岩是由灰塵、泥沙、石礫、石塊所形成，呈層狀的排列，當這些沈積物受到壓力以及化學變化之作用時，便會在水底形成岩石。

例如：江河和溪流經常不斷將陸地上的物質攜帶入湖海而沈積，假定河水中攜帶有大量的沈積物，包括一條死魚在內，當河水流動變緩時，沈積物（包括死魚）就會沈澱下來，這項作用將會持續很久，乾旱的季節沖蝕作用會小一點，而在大雨的季節，沖蝕作用就會顯著一些。經過悠長歲月後，這些沈積物就變成了岩石，當岩石內部進行緩慢變化的同時，其中所含的死魚以及其他動物、植物的屍體亦在進行變化，而形成化石（fossils）。如果條件合宜，生物體之某些堅硬部分（例如動物的骨骼硬殼、植物的細胞壁），就會轉變為化石，而由沈積物所變成的岩石隨著年代的不同而形成許多層次。在任何一層的沈積物中，都含有沈積時所生活的生物。

因此，我們就可以從事某一時期動、植物種類之研究。而沈積岩之相對位置，可顯示出其相對的年齡，舉例說：最新沈積的岩石應高居上層而最古老者則在底層，由此可推知沈積於下層的魚類，要比上層者為古老。雖然沈積岩層次的相對位置，可以表示出那一層比較古老，但是並不能顯示出多少年代，想要鑑定化石的年代，必須利用其他的方法，這一些方法有：鈾鉛比例測法、氦氣測法以及冰土層測法則等。化石的鑑定，由於具有非常高的可信度，故在證明生物演化史上，最為科學家所普遍採用者，現在我們就來尋找人類進化過程中化石證據。

在第一階段的物質演化時期，由於其演化過程並無生命形體或堅硬構造，以致無法在化石上留下痕跡，也無其他直接證據，來證明這階段的演化現象，即使有留下證據，也會因年代太久或經過太多的變化而遭到破壞。因此，科學家僅能以實驗方式來推測當時的情況而已，當然，目前無法確定的事並不代表以後也都不能，就像以前地質學家無法確定岩石的年齡，到法國物理學家居禮夫人（Marie Curie，1867 年～1934 年）發現輻射之奧祕後，不久就有人發現輻射性鈾可以用來計算岩石的年齡。

居禮夫人像
圖片來源：《維基百科》

在第二階段的物種演進時期，由於其演進過程都具

有生命形體或堅硬構造，以致留下非常豐富的化石紀錄。如公元 1965 年，美國的巴古姆（ElsoSterrenberg Barghoorm，生卒不詳）發現一些與細菌類似，必須用電子顯微鏡研究的極微生物化石，其年代大約有幾十億年。[1]接著科學家又在英國威爾斯的地方，最先挖掘到六億年前寒武紀的地層，發現了節肢類動物的化石。[2]在 1801 年法國博物學家曲衛（Georges BaronCuvier，1769 年～1832 年）研究一種具有長手指的化石，他推想該遺骸化石和現存生物完全不同，具有革質的翅膀且能飛行，至少已確知的生物中沒有和牠相像的，由骨骼結構上可證明牠是爬蟲類，遂命名為翼手龍，他相信和現今的蜥蜴、鱷魚有關聯。[3]

而科學家在愈古老的地層中所發現的化石，其動物形體的構造就愈簡單，愈不具有高度的發展，不僅如此，有的化石還代表了過渡的中間型生物，如：曲衛死後才發現的一種原始鳥類（始祖鳥）的化石，現已絕種，牠有翅膀、有羽毛、又有像蜥蜴的尾巴，尾巴外緣還長著羽毛，嘴像鳥卻又長著爬蟲類的牙齒，由很多方面來看，

---

[1] 參見艾西摩夫（Issac Asimov）著、牛頓翻譯中心譯：《最新科學入門》第七冊，（臺北：牛頓出版公司，1992年），P.39。

[2] 參見艾西摩夫（Issac Asimov）著、牛頓翻譯中心譯：《最新科學入門》第七冊，（臺北：牛頓出版公司，1992年），PP.41、42。

[3] 參見艾西摩夫（Issac Asimov）著、牛頓翻譯中心譯：《最新科學入門》第七冊，（臺北：牛頓出版公司，1992年），P.25。

顯然始祖鳥是介於爬蟲類與鳥類之間的動物。[4]1979 年，美國古生物學家艾瓦瑞茲（Walter Alvarez，1911 年～1988 年）率領研究隊伍，在義大利中部沿著岩心偵測岩層的金屬含量，結果發現有一層岩石中的鉱含量比緊鄰的上下層高了二十五倍，他因而推測在白堊紀的末期，有流星撞擊地球，造成許多生物種類的滅絕，尤其是恐龍類，[5]科學家在中國河南淅川白堊紀的地層中發掘出恐龍蛋的化石。[6]

舊種的滅絕將是新種的開始，恐龍滅絕後隨之而來的是哺乳類的興起，科學家於巴黎郊外的白堊質土壤中發現了大約五千萬年前狐猿（狐猴）的頭蓋骨化石，這具化石與猴、猿及人類的某些基本特徵相同，從整體上來看，牠長著指甲的是指頭而不是爪子，有一根大姆指可與手掌分開，兩眼很大，兩眼之間有相當距離，且已漸漸移到正前方，開始產生某種立體視覺上的效果，鼻子很短，具有三十二顆以上的牙齒，這一切都顯示狐猴已開始朝人類方向演進。[7]接著，科學家又在埃及費育姆

---

4 參見艾西摩夫（Issac Asimov）著、牛頓翻譯中心譯：《最新科學入門》第七冊，（臺北：牛頓出版公司，1992年），P.26。

5 參見艾西摩夫（Issac Asimov）著、牛頓翻譯中心譯：《最新科學入門》第七冊，（臺北：牛頓出版公司，1992 年），PP.44、45。

6 參見尤玉柱：《史前考古埋藏學概論》，（北京：文物出版社，1989 年），P.21。

7 參見布朗諾斯基（J.Bronowski）著；徐興、呂應鐘合譯：《人類文明的演進》，（臺北：世界文物出版社，1975 年），P.33。

發現了大約是二、三千萬年前埃及猿的頭蓋骨化石，牠有一個較狐猿（狐猴）要短一點的鼻子，長得像無尾猿似的牙齒，仍然住在樹上。[8]後來，又在肯亞和印度發現了大約一千多萬年前印度類人猿（人猿類）的幾片下顎骨，雖只有幾片的下顎骨，但可看出其牙齒平正，無尾猿的大犬牙已不見，面孔也更加扁平。[9]這顯示出物種演進到這個階段，已是最高峰了，緊接著便是人類的誕生。

在第三階段的人類進化時期，其進化過程，雖亦具有生命形體與堅硬構造，然由於原始人類大部分都居棲於熱帶的森林中，較不易形成化石，故比起第二階段的化石紀錄顯然遜色不少，不過，有以下的這一些發現，也足夠證明其進化的情形。在 1924 年南非坦斯附近石灰石採石場作爆破的工人，撿到了看起來像人類的一小塊頭蓋骨，他們將這塊頭骨送到英國科學家達特（Raymond ArthurDart，1893 年～？年）那裏鑑定，證明是介於人類與人猿類之間的一種生物，稱為南方猿人（Australopithecus Africanus）（南方原人），布隆（Robert Broom），更宣稱這種南方猿人是最接近人類與人猿類間的〝失落環節〞（missing link）。[10]這是原始

[8] 參見布朗諾斯基（J.Bronowski）著；徐興、呂應鐘合譯：《人類文明的演進》，（臺北：世界文物出版社，1975 年），PP.33、34。

[9] 參見布朗諾斯基（J.Bronowski）著；徐興、呂應鐘合譯：《人類文明的演進》，（臺北：世界文物出版社，1975 年），P.34。

[10] 參見艾西摩夫（Issac Asimov）著、牛頓翻譯中心譯：《最新

人類〝南方原人〞頭蓋骨的被發現。英國考古學家李奇（Louis Seymour Bazett Leakey，1903 年～1972 年）一家人在坦桑尼亞奧爾杜伐峽谷和魯道夫湖的地方，也發現了南猿（Australopithecus Africanus）（南方原人）的頭蓋骨化石，尤其是小李奇（Richard Leakey）在 1971 年所發現的下顎碎片，被辨明為人屬（Homo），至今大約有二百多萬年，他們已進化成很能幹的兩足動物，能垂直站立，跑起來可能比走路更方便，盤骨已經相當像現代人以二足步行的構造，也具有製造簡單工具的能力。[11]

接著是在 1880 年荷蘭的古生物學家杜布瓦（Marie Eugene Fran-cois Thomas Dubois，1858 年～1940 年）在東印度群島中最著名的爪哇島上，發掘出另一種介於人類與人猿類之間的動物，稱為爪哇人。1930 年另一位荷蘭人凡科尼格斯瓦（ Gustav H.R.Von

杜布瓦像
圖片來源：《維基百科》

科學入門》第七冊，（臺北：牛頓出版公司，1992年），PP.65、66。

[11] 參見基辛（R.keesing）著；張恭啟、于嘉雲合譯：《人類學緒論》，（臺北：巨流圖書公司，1989年），PP.24~26。

Koenigswald，生卒不詳）發現更多爪哇人的骨頭，這些骨頭可組合成一個小腦、濃眉的動物，與尼安德泰人有隱約的相似。[12]而1921年奧地利化石學家史丹斯基（瑞典語：Johan Gunnar Andersson，1874年～1960年）在北京周口店發掘出兩枚像是人類的牙齒。1927年由李濟所主持的中國地質調查所發掘出另一枚人類的牙齒，送給北京協和醫學院任教的加拿大人類學家步達生（Davidson Black，1884年～1934年）鑑定，證實這種牙齒是介乎於人與猿之間的一種生物牙齒，與史丹斯基所發掘出的兩枚牙齒是屬同一種類，距今約有四、五十萬年之久，稱為北京人。[13]

史丹斯基像；圖片來源：《維基百科》

德日進像；圖片來源：《維基百科》

其後，步達生和法國古生物學家德日進（法語：Pierre Teilhard de Chardin，1881年～1955年）共

[12] 參見艾西摩夫（Issac Asimov）著、牛頓翻譯中心譯：《最新科學入門》第七冊，（臺北：牛頓出版公司，1992年），PP.63、64。

[13] 參見祁致賢：《人理學》，（臺北：遠流出版公司，1992年），PP.97、98。

同合作繼續發掘出很多的北京人化石遺物，這些化石與爪哇島所發掘出的爪哇人化石有極相似之處，只不過腦子稍微大了些。[14]1857 年一位挖掘者在德國萊茵河腹地的尼安德泰河谷，找到了部分頭蓋骨以及一些長骨，這些骨頭看起來大部分是人類的骨頭，但是僅僅是粗陋的人類骨頭而已，由頭蓋骨看出這種人類有著陡峭傾斜的前額和非常厚重的眉樑，稱為尼安德泰人，[15]尼安德泰人的蹤跡分布很廣，歐洲、北非、蘇俄西伯利亞、巴勒斯坦以及伊拉克等地均有發現，大約有一百種不同的骨骼分布在四十個不同的地區，至今約有三萬多年之久。最後在 1868 年一群開鑿鐵道路基的工人，在法國南部克羅馬儂洞穴中發現了五具人類骸骨，這些骸骨根據地質學上的證據顯示，似乎也有三萬多年的歷史，他們被稱為克羅馬儂人，[16]克羅馬儂人比現代人的平均身高要高一些，且有一顆大腦袋，似乎能與現代人類進行交配。緊接著，就是現代人類的出現，至今也已有一萬年左右的時間。

B.生化上的證據：

現今各種生物的共同特性，部分可以從相同的核酸

---

[14] 參見J.F.Donceel, S.J.著、劉貴傑譯：《哲學人類學》，（臺北：巨流圖書公司，1989年），P.86。

[15] 參見艾西摩夫（Issac Asimov）著、牛頓翻譯中心譯：《最新科學入門》第七冊，（臺北：牛頓出版公司，1992年），P.62。

[16] 參見艾西摩夫（Issac Asimov）著、牛頓翻譯中心譯：《最新科學入門》第七冊，（臺北：牛頓出版公司，1992年），P.59。

所組成的蛋白質中看出，同樣的證據顯示，現今和以前的生物之間也具有這種共同的特性。古生化學開端於1950年代末期，當時發現一些三億年前的化石中，含有蛋白質的遺跡，其胺基酸組成和現代的完全相同－甘胺酸、丙胺酸、纈胺酸、白胺酸、麩胺酸、天門冬胺酸等，沒有任何一種和現代的胺基酸有所不同，而且碳氫化合物、纖維素、脂肪、吡咯紫質，也都和目前的全無二致。基本上，生命是有其共通性的，然而種與種間，還是存有脈絡可尋的小變異，隨著種類間演化關係相差越遠，差異也就越大，舉例來說，動物的血液中會產生抗體，用以抵抗某些外來的蛋白質－例如人類的蛋白質，這樣的抗血清（antisera）若單獨抽取出來，會和人類血液凝集，起劇烈反應，但是和其他種生物的血就未必會起作用。（謀殺案中常借用此法鑑定血跡是否為人類的）有趣的是，會和人血起劇烈反應的抗血清只會與黑猩猩血液起微弱反應；而和雞血起強烈反應的抗血清也只會很輕微地和鴨血反應，因此抗體專一性可以指示生物間的親緣關係。在 1965 年有一份詳細研究靈長類血紅素分子的報告出來了，包括人在內的血紅素之兩種胜鏈中，α－鏈在各種靈長類動物中差別極小，而 β－鏈結構則相當分歧。其中有種 α－鏈，僅僅只有六個胺基酸和人類不同，而 β－鏈則有二十三個胺基酸不同於人類。根據血紅素分子的差異判斷，人類大約在二千五百萬年前和其他猿猴（猿類）分歧出來，也是正當馬的祖先和驢分化出來的時候。細胞色素一C（Cytochrome-C）是一種含鐵的蛋白質，由一百零五個左右的胺基酸組成，凡是呼吸氧氣的生物細胞內都有一植物、動物、細菌都有。分析不同種類的細胞色素分子，發現人類和恒河猴間只有一個胺基酸不同，和袋鼠則有十處胺基酸不同，和鮪魚有二十一處不同，和酵母菌則有四十處不同。藉著電腦分析的輔助，科學家推算出胺基酸每改變一個，平均要費七百萬年的時間，根據這樣的估計，可以算出生物是在多久以前和其他生物分歧開來的。由細胞色素一C分子推算，較高等生物和細菌大約從二十億年前分道揚鑣，同理，十五億年前植物、動物還有著共同的祖先，十億年前，昆蟲和脊椎動物祖先也相同。[17]

C.胚胎上的證據：

1759年，德國生理學家沃爾夫（Caspar Friedrich wolff，1733年～1794年），以實驗證實卵的變化的確是在發育，也就是由未特化的先質逐漸長成特化的組織，絕非如前人所想的以為卵內早就有個特化的雛形，然後慢慢長大。我們可由人類受精卵的發育中，追溯各個門的發展歷程，在發育過程中，卵最先是個單獨的細胞（就像原生動物），然後分化成一小群細胞（就像海綿），其

[17] 參見艾西摩夫（Issac Asimov）著、牛頓翻譯中心譯：《最新科學入門》第七冊，（臺北：牛頓出版公司，1992年），PP.46~49。

中每一個細胞分開後可以各自長成新個體，同卵雙胞胎就是這種情形。胚胎繼續發育，經過兩層細胞的階段（就像是兩胚層的腔腸動物），然後又加上第三層（就像棘皮動物），就這樣愈來愈複雜，其順序跟物種由低等到高等的順序差不多。人類胚胎發育過程中，有一時期會出現原始脊索動物的脊索，像魚類的側鰓囊（lateral gill pouch），之後又長出尾巴及像低等哺乳類一樣體毛。[18]

由這些化石、生化，以及胚胎等的證據，皆足以證明人類進化的情形。

3.進化機制：

遺傳性變異與環境作用是構成進化的主要機制，亦是產生進化現象所必備的兩個條件。所謂〝遺傳性變異〞係指同種生物個體所具有的差別特徵而能遺傳於後代者，例如個體之大小不同，色澤不一，運動有快有慢等等。而所謂〝環境作用〞包含天擇及隔離，所謂〝天擇〞係指個體所具有的某些差異，如果能為其生存提供較佳的機會，則其所生的子嗣亦將較一般個體為多，在下一代中，基因出現之頻率自然較高，大自然環境就選擇生活力和生殖力較高的個體，經過幾代之後，這些基因就會增加。所謂〝隔離〞係指一個族群。由於環境因素造

---

[18] 參見艾西摩夫（Issac Asimov）著、牛頓翻譯中心譯：《最新科學入門》第七冊，（臺北：牛頓出版公司，1992年），P.23。

成一部分的族群和族群本體之間的物理上和地理上的分離，例如：一陣龍捲風，將大陸上一部分的鳥類吹颳到島嶼上去，就會形成分離，而分離一旦發生，天擇作用就在這二個族群上發生作用，經過無數代的延續後，就會形成不同的族群，而引起生殖上的隔離。

遺傳性變異的發生，主要過程有二：其一為基因突變，另一為基因重組。基因突變是基因內部之化學變化，即對偶基因之一發生了變化，例如原來產生棕色眼睛的對偶基因變成為產生藍眼者。突變的情形雖然不常見，但是由於一個族群中常含有許多個體，而且每個個體都含有許多的基因，因此，突變仍然會出現。譬如說一個基因如其突變的機率僅為百萬分之一（即每百萬個個體中有一次基因突變），但如該族群中含有一億個個體後，則每代發生基因突變的機會就是一百了，而且基因的數目又很多，所以發生突變的機會就更多了。而基因重組是當卵和精子形成時，各種對偶基因呈現出各種不同的組合，由於這種遺傳性的重組，而產生出為數眾多的卵和精子，二者於受精時互相結合，更產生出數目龐大的不同個體，存在於族群之中，重組之可能性很大。茲以人類為例，幾乎每一個人包含現代的以及歷史上的任何人，在遺傳上都是有差異性的，曾經有過兩個完全一模一樣的人出現嗎？即使是雙胞胎，其父母也認得誰是誰？

但基因突變和基本重組並不是進化，它們僅提供族群中的遺傳性變異增加，還要經由環境的天擇作用，才能產生進化的現象。是什麼原因造成遺傳性變異的增加，與環境作用又有什麼關係呢？法國博物學家拉馬克（Jean-Baptiste Pierre Antoine de Monet, Chevalier de Lamarck，1744 年～1829 年）認為：長頸鹿之所以具有長的頸部，是因為動物對於食物的需要，而產生了滿足需要的慾望，假定長頸鹿所生存的場所中，其他動物都以地面上的草類為食物，而長頸鹿則開始啃食樹葉，由於長時間延伸其頸和腿部，以便摘取樹葉，頸部和四肢就逐漸變長了，這項身體上的變化，仍為適應環境的需要是可以遺傳的。因此，環境是會直接改變物種的，亦即遺傳性變異是由環境直接造成。

拉馬克像
圖片來源：《維基百科》

但英國博物學家達爾文反對這種說法，他認為：雖有遺傳性變異之出現，然只有在該項變異有助於物種之生存時，才很快的變成物種之特徵。因此，環境之作用為間接性，它在已經出現之遺傳特徵中進行選擇作用，亦即環境只是在遺傳性變異出現後，才間接性的進行選擇作用而已。

而德夫里斯則根據紅杆月見草突然發生顯著變異的現象而認為：新物種是通過不連續的偶然顯著變異，而一下子出現的，亦即新生個體內由於遺傳因子的突然改變而產生突變現象，並導致動物特殊部分相當大的變化，這種遺傳性的變異是偶發的，與環境無關。

事實上，拉馬克的適應論，達爾文的天擇論以及德夫里斯的突變論，似乎皆無法單獨的充分解釋錯綜又複雜的進化現象。現代科學家便試圖根據上述這三種解釋加以綜合，以〝綜合演化理論〞（the synthetic theory of evolution）來解釋生物演化的情形。

以下例舉幾個證明，來說明遺傳性變異與環境作用兩者之間的交互關係：

美國加州有某些種類的蚊蟲，對於現代的殺蟲劑全部具有抗性；細菌亦發現同樣的情形，有些病原細菌已演化出對於抗生素類的抗藥性，因而引起一項醫療上的嚴重問題，曾有許多實驗以求對細菌類的這項變化有較佳的瞭解，實驗之一為將含有約一億細菌的培養基，給以相當微量青黴素，結果細菌大部分被消滅，只有十數個細菌倖存；這些細菌所繁殖的後代，卻能在同樣的微量青黴素環境中生存，此時，如將青黴素的濃度加倍，則見絕大部的細菌又歸於消滅，但是仍有極少數細菌倖存，然後，再經過分離和培養，所產生的後代，對濃度更強的青黴素有抗力，這項實驗重複的作了五次，最後，所培育的細菌品系，能夠承受比消滅原始細菌品系高出二千五百倍的青黴素劑量。許多臨床報告顯示，確有受具耐抗生素細菌感染的病例，這些能夠抵抗抗生素的細菌，其演化之過程，和上述相同，於此，即當環境改變時一青黴素劑量增加一具抗性的細菌，比不具抗性者，獲得了生存上的便利。[19]

英格蘭有種蛾（peppered moth）具有深淺兩色的變種，在達爾文那時候，樹幹上布滿地衣，顏色並不深，所以淺色蛾較不顯眼，這叫保護色（protective coloration），深色蛾在淺色樹幹上，容易被捕食動物發現而被吃掉，所以淺色蛾多而深色蛾少。後來隨著英格蘭愈來愈工業化，黑煙殺死了地衣，使樹幹顏色加深，淺色蛾變得顯眼，遭捕食的機會加大，而深色蛾反而受到保護，結果深色蛾數量超過了淺色蛾。1952年英國國會通過法律，決定清除空氣污染，因此黑煙減少，樹幹上又開始長地衣，而淺色蛾比例馬上就提高了。[20]

達爾文在小獵犬號上航行時，曾到過威德角群島，

---

[19] 參見摩爾（John M. More）、歐爾森（Ingrith Olsen）合編；孫克勤譯：《最新生物學（下）》，（臺北：徐氏基金會，1979年），P.220。

[20] 參見艾西摩夫（Issac Asimov）著、牛頓翻譯中心譯：《最新科學入門》第七冊，（臺北：牛頓出版公司，1992年），PP.37、38。

那是一群接近赤道非洲海岸的島嶼，是由火山作用所形成者；在群島上，他發現無論植物、昆蟲、鳥類，還是其他的動物，都和鄰近的非洲海岸所生者，十分相像。數年後，達爾文到達加拉巴哥群島，該地的氣候和土地都和威德角群島類似，但是動、植物的種類卻完全不同，而加拉巴哥島上的生物，和南美洲西海岸所產者相似。這兩個群島上的動、植物，分別類似其鄰近大陸所產生，使人們有理由相信，各該島嶼上的生物，是由大陸遷移而來的，於是到達島嶼上的新棲所後，就和大陸上的相近種類發生了隔離作用，結果牠們只能和島嶼上的同種生物進行繁殖並交換遺傳形質，但卻無法和大陸生的生物進行此項作用了。島嶼的環境和大陸的環境差別很大，因此在島嶼上生存種類，就表現出對於新棲所的特別適應，最後，就由於隔離和適應的作用，而在島嶼上演化出新種。[21]

總的來說，以上所舉的例子，皆是在說明遺傳性變異與環境的作用，在這兩個機制的交互影響下，所產生之進化現象，而這進化現象，乃因人類生存之需求所造成。

---

[21] 參見摩爾（John M. More）、歐爾森（Ingrith Olsen）合編：孫克勤譯：《最新生物學（下）》，（臺北：徐氏基金會，1979年），P.221。

三、人性之慾望

所謂〝人〞，指人類，係具有生命的存有，是一個有機體並賦有生命的物。王充謂：「人、物也，物、亦物也。」邵康節謂：「人亦物也，聖人亦人也。」張載謂：「人但物中之一物耳。」羅欽順謂：「盈天地之間者惟萬物，人固萬物中一物爾。」由此可見，人類為萬物中之一物。人類是屬靈長目，在自然界中生物發展階段上居最高位置，其特徵為：具有完全直立的姿勢，解放的雙手，複雜而有音節的語言和特別發達、善於思維的大腦，並有製造工具，能改造自然的本領。現今的人類大致可分為：蒙古、尼格羅以及歐羅巴三種人種，一般認為人類在非洲、亞洲和歐洲地區內定居下來後，三大人種才逐漸形成的。

所謂〝性〞，係指事物所具有的本質（本性）、特點，如彈性、藥性、人性等。《詩經》云：「有物有則。」程伊川云：「有物必有則，一物須有一理。」朱子云：「天下無無性之物，蓋有此物，則有此性。」又謂：「枯槁之物亦有性，如大黃不可為附子，附子不可為大黃。舟車亦有性，舟只可行於水，車只可行於陸。」由之，事有事性（理），物有物性，人有人性。徐復觀（1904年～1982年）教授對性之原義認為，應指人生而即有之慾望、能力等而言，有如今日所說的〝本能（instincts）〞。

自古以來〝性〞字所代表的意義甚多，如事物的性質、人類的性命、男女的性別、本能的性慾、生殖的性交、天賦的性天、良知的性理、佛教的性相、基督教的性靈（靈魂）等。其意義也因時代背景的不同，各人思想上之差異而各賦予不同的內涵，如《中庸》以天論性，謂：「天命之謂性，率性之謂道。」老子以自然言性，謂：「道之尊、德之貴，夫莫之命而常自然。」老子雖未談到〝性〞字，但徐復觀認為老子所謂的道與德在形式之構造上與中庸的〝天命之謂性〞無異，老子的道德論亦是其性命論，而告子則以生來談性，謂：「生之謂性。」孟子以心論性，謂：「惻隱之心，人皆有之。」荀子以情言性，謂：「今人之性，生而有好利焉……然則從人之性，順人之情，必出於爭奪。」韓非子更繼承其師荀子的性惡論，發展出以利來談性，謂：「醫善吮人之傷，含人之血，非骨肉之親也，利所加也。」董仲舒以陰陽言性，謂：「身之有性情也，若天之有陰陽也。」王充則以稟氣來談性，謂：「稟氣有厚泊，故性有善惡也。」韓愈以三品論性，謂：「性之品有上中下三。」周濂溪以誠言性，謂：「大哉乾元，萬物資始，誠之原也；乾道變化，各正性命，誠斯立焉。」張載則以天地與氣質來談性，謂：「形而後有氣質之性，善反之，則天地之性存焉。」二程以理氣論性，謂：「性即理也，所謂理，性是也」、「性即氣、氣即理，生之謂也。」王安石以性情合一言性，謂：「性情一也……性者情之本，情者性之用，故吾曰：性情一也。」王陽明以良知論性，謂：「心之本體則性也。」又謂：「夫心之本體即天理也，天理之昭明靈覺，所謂良知也。」孫中山先生以進化言性，謂：「人類初生之時，亦與禽獸無異，再經幾許萬年之進化，而始長成人性。」佛教以佛來談性，謂：「一切眾生皆有佛性。」又謂：「見性成佛。」而基督教則以原罪（original sin）論性，謂：「亞當、夏娃偷吃禁果而犯罪，致使人類生而有罪。」

〝人＋性〞即等於〝人性〞（Human Nature），指人類的共性（共同的本性），係人的自然屬性與社會屬性的統一。人性是具體的，在不同的歷史發展時期和不同的社會團體中，由於不同之生活環境、文化教育、心理特徵等因素，它有著不同的表現和演變。在中國，〝性〞字之原始，係由〝生〞字而來，始見於周朝時期的《書經》，謂：「故天棄我，不有康食，不虞天性，不迪率典。」然此時期所論的〝性〞皆指意志的天或指自然的天，直至春秋時期的孔子，才將天性落實到人性裡面，而奠定人性論之基礎，但具體論述人性的善、惡則至戰國時期的孟子才明確提出。隨後即百家爭鳴莫衷一是，我們可將中國的人性論史大致歸納為如下幾種主張：

性自然論：老子、莊子、戴東原等。

性相近論：孔子等。

性善論：孟子、陸象山、佛教等。

性惡論：荀子等。

性中性論：告子、公都子、王安石、王陽明等。

性善惡混論：韓非子、董仲舒、揚雄、王充、韓愈、李翱、周敦頤、張載、程明道、程伊川、朱熹等。

性進化論：孫中山先生等。

在西洋，最早論及有關人性與罪惡問題，應在約公元前七世紀的時期，其中以荷馬（Homeros，約前 9、8 世紀）與嚇西奧（Hesiodos，約前 8 世紀）最具代表性，他們用詩歌的方式寫成，如生命之短暫、罪惡之源流及作惡後之責任等。然此時期所論的皆為神話，直至公元前四世紀時期的古希臘哲學家蘇格拉底（Sokrates，公元前 470 年～399 年），才將神話裡的善、惡，落實到倫理道德的善、惡來，而奠定人性論之基礎，但具體論述人性的善、惡則由其大弟子古希臘哲

荷馬的理想化描述可追溯到希臘化時期，現藏於大英博物館。
圖片來源：《維基百科》

學家柏拉圖（Plato，公元前427年～347年）提出，所以研究哲學的人總喜歡將蘇格拉底比喻為西方的孔子，將柏拉圖比喻為西方的孟子。

蘇格拉底像。
圖片來源：《維基百科》

隨後亦如中國的人性論史一樣，百家爭鳴，莫衷一是。我們亦可將西洋的人性論史大致上歸納為如下幾種主張（由於西洋的前哲論人性，並不像中國那麼具體，故僅能從他們的文獻中推論，歸納其主張）：

原罪論：基督教（Christianity）等。

性善論：蘇格拉底（Sokrates）、柏拉圖（Plato）、亞里士多德（Aris-toteles）、盧梭（Jean-Jacques Rousseau）、康德（Immanuel Kant）等。

柏拉圖像。
圖片來源：《維基百科》

性惡論：霍布士（Thomas Hobbes）、叔本華（Arthur Schopenhauer）、馬克思（Karl

Marx）等。

性中性論：洛克（John Locke）、杜威（John Dewey）等。

性善惡混論：羅素（Bertrand Russell）等。

性進化論：達爾文（Charles Darwin）等。

經上所述，我們大略了解中西前哲，對人性問題的主張，見解不一，各持己見。其論性所站的立場或對性的釋義更是不同，有的以性之內義來論性，有的以性之外義來論性，有的是論自然生命之性，有的則是論道德心之性，真令後學眼花撩亂，無所適從，誠如金岳霖（1895年～1984年）所說：「哲學是概念的遊戲。」我們不管其立場或釋義如何，蓋學問之研究，無非在於解決人類所面臨的問題，以增進其福祉，若無以致用之學問則毫無意義。誠如美國實用主義者皮爾士（Charles Sanders Peirce，1839年～1914年）說：「一切有意義的思想都會發生實際上的效果。若不論認他或不認他，都不發生什麼影響，都沒有實際上的分別，那

皮爾士像。
圖片來源：《維基百科》

就可說這個思想全無意義，不過胡說的廢話。」

因此，對〝人性〞一詞的定義，係要自然屬性與社會屬性的統一呢？蓋人類是由動物進化而來，人的自然屬性，即是求生存的本能，亦即告子所謂的：「食色，性也。」這與動物的求生本能並無兩樣，若僅論其自然屬性，則不能謂之〝人性〞。人與動物是有區別的，就如吾人謂動物為禽獸一樣的區別，人有理性，有善惡觀念，懂得是非等能力，然而禽獸沒有。而這個能力是由於人類在進化過程中，不斷的與環境競爭累積而成，並不斷的在學習擴充中。我們在出生時，即具有這種能力的質，但仍需經過一段社會環境的學習教育，方能發展出此等能力，如無與社會環境的學習教育便跟禽獸無異，就像電影裡的人猿泰山。這是社會屬性的，所以論人性必須是自然屬性與社會屬性一併論述，方能謂之〝人性論〞。

人類既由〝進化而來〞，那人性自然隨著進化而形成，斷無突然冒出之理。然學者對人性的看法卻各有所陳，互不相讓，究其原因，實前哲對人性之認知各有不同，除善惡之爭外，最大的問題，還在於自然屬性與社會屬性的混淆，以致數千年來未能塵埃落定，此若不釐清，那人性之爭將永無休止。如前所述，所謂的〝人性〞，係指人類的共性，即人的自然屬性與社會屬性的統一。所謂自然屬性可稱為生物性，而社會屬性則可叫作文化性。人類與禽獸最大區別，就在於人類除自然屬性外，還具有社會屬性，而禽獸僅有自然屬性而已。因此，唯有兩者的統一，才能謂之人性，也才能看清全貌，方不至有偏執的現象。故要論人性，必先從〝自然屬性的形成〞與〝社會屬性的形成〞下手，來論述人性是隨著適應環境塑造而成。

1.自然屬性的形成：

朱子云：「天下無無性之物，蓋有此物，則有此性。」《詩經》云：「有物有則。」由之，萬物皆有性，一物一性，舟車有舟車之性，禽獸有禽獸之性，人有人性也。任何一種物，皆有其特殊的構造與機制，而這種構造與機制形成它獨自的特性，也限制它的功能。如車之構造與機制只能形成它在陸地跑的特性，限制它不能在水中行走或空中飛行，舟只能行於水而不能跑於陸。禽獸是用四隻腳爬行，而人類是用雙足走路，各有各的特性與限制，人類在進化過程中亦是如此。

人類自物質演化開始，以致進化成人類止，其性亦隨之演進，在物質階段有物質之性，不具生命，毫無知覺，但它具有化學變化的特性，故能在環境的擺佈下，機緣具足而發生〝生命〞。當物質演化成物種時，其性亦隨之形成物種之性，而脫離物質之性。物種具有生命

和知覺，懂得如何去求生存，如何去適應環境，不再是物質性的盲目，故物種具有〝求生本能〞的本性，飢而食，渴而飲，寒求暖，為生存不擇手段的特性。當物種演進成人類時，其求生本能的〝本性〞雖不變，但也產生社會屬性之〝道德觀念〞，並制約本性，使之符合社會群體生活的要求，也就是形成人類之性的人性，是〝物種本性〞與〝道德觀念〞的統一，而脫離物種之性。人類不僅具有生命和知覺，還具有理智，懂得互助合作與環境競爭，發明科技改造環境，不再像物質、物種階段的任由環境擺佈。更懂得制定一些遊戲規則來約束求生存時的和諧，諸如：領導階層、行為規範、家庭倫理等，故人類除求生的本能外，還具有理智的特性。所以，人類雖力不如獅牛，行不如犬馬，潛不如魚介，飛不如諸禽，卻能以兩足立足於四足之上而成萬物之靈，統率萬物，實因人有理智的關係。

故荀子說：「水火有氣而無生，草木有生而無知，禽獸有知而無義，人有氣有生有知亦且有義，故最為天下貴也。力不若牛，走不若馬，而牛馬為用何也？曰：〝人能群，彼不能群也〞人何以能群？曰：〝分〞。分何以能行？曰：〝義〞。故義以分則和，和則一，一則多力，多力則彊，彊則勝物。」古希臘哲學家亞里士多德（希臘語：Αριστοτέλης，Aristotélēs，公元前 384 年～322 年），也說：「物質只有存在，植物有存在還有生命，動物有存在有生命還有感覺，人有存在有生命有感覺還有理性。」

舉例來說：氫（hydrogen（H））本身是無色、無臭、無味的，具有自燃性氣體的特性，是最簡單的化學元素，氫原子含有一個由帶一單位正電荷的質子構成的核和一個帶一單位負電荷並與這個核相聯繫的電子，很活潑，可以彼此結合成對，成雙原子氫分子（H2）具有與其他元素產生化學變化的功能。氧（oxygen（O））本身亦是無色、無臭、無味的，具有助燃性氣體的特性，是地殼中含量最多的元素，它除提供給動物氧氣外，亦具有與其他元素產生化學變化的功能。當兩個氫分子（H2）和一個氧分子（O）因環境的作用而結合一起時，它們就會產生化學變化而成為水（water 化學式為H2O），其特性也由自燃與助燃的氣體特性，轉變為可滅火的液體特性，其功能也隨之改變。當環境的溫度降為零度以下時，水會結成冰，其特性又由液體特性，轉變為固體特性，其功能又完全的不同。當環境的溫度恢復原來時，它又會從冰還原成水，加熱到一百度以上時，就變成水蒸氣，其特性也從液體轉變為氣體，還可還原成原來的氫與氧，特性與功能亦可回復原來狀態。物質雖因環境而轉變成各種不同構造與機制，但仍不失其本質，也就是本性，故可還原，動植物雖各有其不同構造與機制，死後不也都化成土壤嗎？

然而，造成氣體之所以變成液體，液體之所以成為固體，固體之所以得以還原；物質之性而物種之性，物種之性而人類之性的動力因是什麼？那就是〝環境〞。如果沒有環境的作用，豈能造就出這麼神奇的世界。

2·社會屬性的形成：

人類善惡觀念及行為規範等社會屬性的產生，起自於原始人類懂得集體狩獵開始。在這之前，物種皆單打獨鬥，互相殘殺，勝者為王，敗者也為亡，毋需道德觀念或行為規範，牠們也不懂這些。但自人類產生理智後，即懂得以集體方式來與環境競爭，在生存上比個人有利時，具有團體組織的社會模式便出現，為了這個團體的共同利益與和諧，就必須建立領導階層，規範行為以及家庭倫理等，這是因環境的需要而產生。當《魯賓遜漂流記》漂流在荒島時，他要這些作什麼呢？他盡可為所欲為，也不會有人說他錯。

雖然，有一些動物如：蜜蜂、螞蟻或猩猩等，在牠們生活裏也有社會組織的形態，但牠們只局限於雛形而已，並無社會屬性的道德良心，是非善惡，亦無人類社會具有文化性的成熟與健全。兩者之間的差異，就在於人類已進化到產生理智的階段，而猩猩等動物還沒有到達而已。在生物演進的歷程中，是緩慢而連續的，不會有突然冒出或截斷的現象，它反映在一個族群內統計頻率的變遷上，而不是突發的新模式。個體突變的特徵是直接的，有就是有，沒有就是沒有，但突變可能促成較大的變遷模式卻是複雜而且逐漸連續的。這是個人之所以說猩猩等動物還沒有到達理智階段的理由，我們不能直截了當的說，人類有理智而猩猩沒有，這顯然在人類由猩猩（猿類）演進而來的中間，截下一刀使之不連續。問題是人類既由猩猩演進而來，何以人類產生理智而猩猩沒有呢？這要從中新世的時候說起，在當時的猿類有一部分是朝人類的方向演進，另一部分是朝現代猿類的方向演進。這兩部分的演進速率並不相同，就像人類發明文字後，至今僅四千年之久，其進步之神速遠超過文字發明前至人類誕生後的二百萬年時間。猿類其中之一部分一旦踏上開往人類方向的列車後，與另一部分的距離，將會愈拉愈遠，以至今日的差異。

當人類在生物性的進化上產生理智後，其文化性的行為規範、家庭倫理等也隨之出現，個人行為符合當時的社會標準時，就會受到獎賞或鼓舞。反之，就會受到懲罰或責罵，於是慢慢形成了道德良心、善惡觀念。可見，人類社會屬性之善惡觀念是在產生理智後才能發生，是後天形成的，且會因不同環境、不同社會而有不同的善惡標準，也會隨著環境或社會變遷而改變。就如：在現代中國只允許一夫一妻，一夫多妻是不容許的，但在阿拉伯國家一夫多妻是很正常的事，沒人會說錯；在古代中國一夫可擁有三妻四妾是很平常的事，但現在就不行。

所謂理智，係指理性與智慧，智慧指聰明才智而言，而理性指能控制純動物性本能的衝動，以冷靜的態度分析利害關係，選擇最有利的條件而言。所謂有利的條件包含：小我的自我利益、大我的國家社會，甚至全人類的利益以及實現自我的理想等。人類除自然屬性的本能與理智外，還具有社會屬性的善惡觀念；禽獸除具有本能外，亦有智慧（當然不及人類），唯獨缺乏理性，故無從引發形成社會屬性的道德觀。由之，人類的社會屬性是依環境的需要而產生，也是由環境逐漸塑造而成。

由此觀之，人性的形成，實由於人類在進化過程中，不斷的與環境交互作用下，逐漸塑造而成，具有〝可塑性〞及〝可變性〞。它不僅會因不同的環境而有不同之標準，亦會隨著環境之變遷而改變，就是在個人之間也會因環境的因素而產生差異，以致它所表現出之善惡行為，也相當複雜，並無一致性。茲藉奧地利心理家佛洛依德（德語：Sigmund Freud，1856 年～1939

佛洛依德；圖片來源：《維基百科》

年)的〝本我〞(id)、〝自我〞(ego)與〝超我〞(superego),來說明一下這複雜的人性：

本我：係指自然屬性的本能欲望等。

自我：係指理性，具有調節本我與超我之間衝突的功能。

超我：係指社會屬性的社會標準，包含道德性與法律性。

舉例來說：吾人之本我因受饑餓的內驅力，而引起尋找食物之行為，看到路邊的攤販賣食物，本我即在饑餓的衝動下，拿起食物就想吃，但超我對本我說，這個食物是別人的，你不能吃。於是兩者發生衝突各不相讓。此時，自我就會出面協調，它先衡量當時環境的狀況，口袋有沒有錢，如果有錢，就拿錢來買，以滿足本我的欲望，亦符合超我的要求。如果沒錢，自我會請本我先忍一忍，回家再吃，或尋找其他方法，可符合雙方要求，這就是健全人格，也就是〝善〞。如果本我不聽從自我的勸告而硬著搶來吃，本能的需求欲望，強過理性，雖明知那是錯，然卻依舊去作，這就是不健全人格，也就是〝惡〞。

再如：吾人之本我因受外界的誘因，在路上看到一位婀娜多姿的女孩，而引起愛慕追求之行為，想一親芳

澤。但超我對本我說，不行！你已經結婚了，不能再追求這位女孩。於是兩者產生衝突，此時，自我就會出面協調，它經由衡量後，告訴本我，不能一親芳澤，不過你可多看她幾眼，過過癮，甚至作作白日夢也行，但絕不能有任何追求的行動。這就是〝善〞，反之就是〝惡〞。易言之，本我能聽從自我的協調，以符合超我要求者即是善；不聽從協調者則是惡。當然，惡之產生除本能將慾望強過理性外，亦有無知，不知那是惡及本能衝動，未經理性衡量者，皆易造成〝惡〞。

在人類的現階段中，本我聽從協調者有之，不聽從者亦有之，某些事情聽從協調，某些事情則不聽從，或有些時候聽，有些時候不聽者皆有。在沒有社會屬性的前提下，便沒有善惡之區別；在有社會屬性的前提下，便有善者、有惡者，亦有善惡混者，不一而足。因每一個人所稟受之遺傳成份與環境之塑造各不相同，以致有各式各樣的人性。由此觀之，前哲對人性的看法，不管是性善、性惡、無善惡抑是性善惡混、有善有惡者，皆沒有錯，單從自然屬性或各從不同角度，不同立場、方法或斷面（指某一段時間內）、片面（指某一區域或族群）去看人性，所得之結果，的確是如此，只是各人所看到的，僅是人性中之一隅而已，非人性的全面。故歷二千多年來的人性之爭，實屬無謂。

總的來說，人類之自然屬性，也就是動物性的求生本能，乃因生存需求而形成之私慾，又因求生過程中，食物獲得不易，甚至長期饑寒，當食物獲得時，就不只是溫飽而已，還會希望越多越好，才會感到安心，以致產生慾望無窮的現象，它並沒有善惡之分。善惡之區別，在於取得生存之需時，符不符合人類之社會屬性，它是人類文明的象徵，也就是社會的道德觀念，符合即為善，如君子愛財取之有道；不符合即為惡，如小人愛財不擇手段。而在滿足生存之需後，還會發生為惡現象，便是自然屬性太過於強烈，不為社會屬性所約束，也就是人性中太過於慾望無窮，最終想要蛇吞象，自然爭奪不斷，這便是不健全的人格。

人類私性層次圖
圖片來源：作者自製

人類之私慾，如右之層次圖，乃由內而外，首先是自身的利益為第一優先，接著大概是子女妻兒、父母兄弟、

親人家族，以及朋友、外人等依序的關注，縱然兄弟有仇，然在面對外來的敵人時，還是打虎抓賊親兄弟的團結一起。人類雖有施捨、救濟，甚至捨身取義的善舉，也是因價值觀（values idea）所致。有的人在乎財富、權力、名位等價值觀念，或是真、善、美、忠、孝、節、義、誠實等道德觀念，該等觀念皆會引發追求的行為，而這種行為，則建立在自身利益的基礎上，如想獲得名望，千秋萬載受人敬仰。

〝母愛〞雖是天性，然牠也是建立在私性的基礎上，隨著物種進化而形成。由於各種物種在進化之初，需要適應環境而生存，容易造成大量死亡，因此物種為自身的生命能延續下去，故當生命受到威脅時，便會大量繁延下一代，如植物之番荔枝，又稱釋迦。當牠認為生命受到威脅，便會刺激枝條重新萌芽並開花結果。這種現象，隨著物種的演變，最終進化成可為保護幼兒而犧牲自身生命的母愛，如動物之章魚。在茫茫的海洋中，章魚媽媽為養育兒女付出最大犧牲的母愛，其一生僅有一次交配機會，便會因守護幼兒出生後衰竭而亡。當章魚完成交配後，便會在數天內產下大約 2～10 萬枚卵，這些卵像串串葡萄般，懸掛在岩洞巢穴頂部，章魚媽媽則躲在巢穴中，寸步不離地守護著尚未孵化的寶寶，並輕輕撥動海水，讓卵可以接觸流動的新鮮海水，順便驅除卵上的寄生蟲。這些章魚卵的孵化過程，可能長達 2

～8 個月，在此期間章魚媽媽完全沒有時間、沒有機會進食。所以，當章魚寶寶全部孵化，章魚媽媽便用力晃動海水，把孩子推向海洋後，便因氣力用盡而死亡。

這種母愛，因人類社會屬性的形成，而加以擴展成〝愛己及人〞的胸懷，先愛自己，愛自己的小孩，愛自己的親人，以致到愛護眾生的德行，進而〝世界大同〞，這就是孟子所謂的:「見孺子入井，惻隱之心油然而生。」的原因。但這不是人類自然屬性的〝性善〞，也就是性善非人類的本性，因它還是建立在私性的基礎上，雖擴展成愛己及人，但也因〝世界大同〞對人類、對親人、對自己皆有利。可見，從人類自然屬性言，人類的本性就是〝性私〞，然要論其善惡，必須加上社會屬性才可以論斷。而國家乃是一部機器，需靠人來操作；而人類的行為是由人性來主導。一個或一群不健全人格的人來領導國家，便會發生因個人、群體或國家的利益而產生爭奪，甚至發動戰爭。由此可見，一部人類的進化史，乃是人類求生存的過程，不管是群族的爭奪，或是國家的戰爭，皆源於人類生存需求之私，以及人性之慾望無窮所致。

四、戰爭之模式

根據《科學報導》（Scientific Reports）的考古報告：法國科學家對蘇丹出土的一批1.3萬年前的骨骸進行了分析，發現蘇丹傑貝勒薩哈巴（Jebel Sahaba）墓地，是世界〝第一場種族戰爭〞的地點，承載一系列暴力衝突的遺跡。

自從五千年前有國家概念之後，全球的軍事活動就更加頻繁，火藥的發明，以及技術的加速進步，也造成了現代的戰爭，死傷更加慘重。根據康威．W．亨德森（Conway W.Henderson）《了解國際法》（Understanding International Law）一書指出：「有資料指出從公元前3500年到二十世紀末，已有14,500場戰爭，造成35億人死亡，其中只有三百年是完全的和平。」

人類戰爭，乃隨著時間巨輪不停的轉動，其進化也不斷的邁進，以致族群林立，紛爭也增多。族群之間，為生存而發生利益衝突，以致隨著歲月的流動，進化出多種模式的戰爭。

1.本能撕殺：

人類之初，頭腦簡單，並未發明攻擊武器，發生利益衝突時，只能藉由動物性的本能，靠嘴、手、腳〝爭奪撕殺〞來獲得解決，所謂勝者為王，敗者為賊，依舊是循著物競天擇的鐵則進行。然爭奪的規模、範圍，以及死傷，都非常小。

2·原始戰爭：

人類隨著時代的演進，民智也漸開，在石器時代（距今約250萬年），便發明以石頭製造簡單的工具來使用。故在族群發生衝突時，便以木棒或石頭等來當攻擊武器。其戰爭的規模、範圍，以及死傷，顯然比本能撕殺來得大，然也有其侷限。

各種石器
圖片來源：《維基百科》

青銅矛：陳列於香港歷史博物館
圖片來源：《維基百科》

3·刀箭戰爭：

人類的智慧，在青銅器時代（距今約

5,000年），已發展到懂得以青銅與鐵取代石頭作為農務與戰爭的工具。而此時也因族群之間衝突經常發生，各族群為鞏固自己的勢力便大力增強其武力，衝突規模也隨之加大，於是形成戰爭，族群也演變為有組織之國家形態，各種刀箭、盔甲等武器也陸續出現在戰爭中。其戰爭的規模、範圍，以及死傷，顯然大很多。

中國古代死傷最大的戰役，即是春秋戰國時期的〝長平之戰〞[22]，秦國出動60萬大軍，趙國出動45萬大軍；秦國約20萬人陣亡，趙國則約20萬人陣亡，有20幾萬人投降後被處決，僅剩年幼者240人。其戰爭範圍為當時韓國的上黨郡，大致包括今之山西省長治市全境，晉城市大部分，及晉中市東部的榆社縣、和順縣、昔陽縣、左權縣（遼縣）等地。

秦趙長平會戰一般形勢圖
圖片來源：《維基百科》

[22] 長平之戰是春秋戰國時期，秦國進攻趙國的大規模戰役，雙方都出動了傾國之師，結果秦軍慘勝趙軍，並且盡數坑殺投降趙軍；長平之戰是為戰國形勢轉折點，經此一役，六國皆不再有能力單獨對抗秦軍，四十年後，秦滅六國統一中國。

4·槍砲戰爭：

火藥是中國人發明，世界上最早的槍炮，管形火器也是中國人發明。根據宋·湯濤《德安守禦錄》的記載：「南宋紹興二年（1132 年），對軍事技術頗有研究的陳規在守德安（今湖北安陸）時，使用了〝長竹竿火槍二十分條〞。作戰時兩名士兵共同用一條，一人持槍，一人點燃槍中火藥。用以噴火燒灼敵人。」可見，宋·陳規（1072 年～1141 年）就是管形火器的發明人。

元·脫脫《宋史》也記載：「南宋開慶元年（1259 年），壽春地區有人製成了突火槍，突火槍用粗竹筒製作，內裝有火藥和子窠，火藥點燃後產生強大的氣體壓力，把子窠射出去。」而〝子窠〞就是原始的子彈。突火槍是目前所知世界上最早能發射子彈的火槍，開創了管形火器發射彈丸的先聲，把燃燒性火器過渡到管形射擊火器的發展階段。

元代小型的火銃
圖片來源：《維基百科》

到元代（約 1250 年～1300 年）出現金屬管形射擊火器--火炮，又稱火銃、火筒、銅銃，其內裝填火藥和碎鐵，用以轟擊敵人，因其威力很大，故被稱為〝銅將軍〞。位於北京的中國歷史博物館現收藏的一門元至順三年（1332 年）鑄造的銅銃，是目前發現世界上最早的火炮。

明代火砲
圖片來源：《維基百科》

馬克西米利安一世肖像
圖片來源：《維基百科》

古代管狀火器，由於槍管對子彈的約束力，造成一個較為穩定的管內彈道，大大增加管外彈道的穩定性，使射擊的準確性顯著提高。管狀火器的發明，是武器史上的一大飛躍，它是槍炮的雛形，是現代槍炮在這種基礎上，逐步發展起來。

中國發明的火銃，大概在 12 世紀傳至亞洲地區，13 世紀傳入歐洲。歐洲人首次用火炮大概是在 1326 年，用火槍則遲至 1495 年左右，

神聖羅馬帝國皇帝馬克西米連一世（德語：Maximilian I，1459 年～1519 年）定製一批前膛裝填槍。

至此，西方國家不斷對槍砲進行改革，大概在 1779 年，英國人便發明雷汞，用來製作雷管及起爆劑，以及蘇格蘭亞歷山大．約翰．福賽斯（Alexander John Forsyth，生卒不詳）發明火帽，這對槍砲來說，是在定裝彈出現前最大的兩個進步。從此以後，槍手不用再擔心因為潮濕、下雨而無法擊發的情況出現，只需要將火帽套在火門上，然後扣動擊錘打擊就可以點火。

雷管式線膛火槍
圖片來源：《維基百科》

而後來大清帝國的軍隊入關後，靈活運用自己騎兵的機動性優勢，打敗明軍的火器化部隊，成功奪下大明江山。至此後的 200 年間，清朝放棄對槍砲的研究與發展，並認為那些浮誇的槍砲技巧，就像花拳繡腿，不如真刀快馬來得俐落。於是清朝的火槍，還是停留在槍枝受潮便無法使用的窘境。

在十九世紀多場戰爭，如美墨戰爭、南北戰爭、普丹戰爭、普奧戰爭、普法戰爭、北美印第安戰爭、鴉片戰爭、第二次鴉片戰爭、中法戰爭、祖魯戰爭、俄土戰爭等，近代槍砲的雛型首次發揮其壓倒性的戰鬥力，把戰爭從以往的前裝滑膛槍和刀矛弓箭等冷兵器並用的時代徹底改變，洋槍洋炮完全顛覆了戰爭的模式。其戰爭的規模、範圍，以及死傷，簡直無法清算。

鴉片戰爭--英國人作畫，1841 年 8 月 26 日皇家愛爾蘭團在廈門戰鬥
圖片來源：《維基百科》

5·現代戰爭：

現代戰爭是指引入現代化裝備，如機關槍、自行火炮、坦克車、航空母艦、戰鬥機、導彈，以及核彈等技術，以及作戰理念的戰爭。

人類史上規模最大的戰爭，即是第二次世界大戰，是 1939 年至 1945 年爆發的全球軍事衝突，涉及全球絕大多數的國家，並最終分成兩個彼此對立的軍事同盟--

同盟國和軸心國，動員一億多名軍人參與這次軍事衝突。主要的參戰國紛紛宣布進入總體戰狀態，幾乎將自身國家的全部經濟、工業、科學技術都用於戰爭上，同時也將民用和軍用的資源合併使用。最慘酷的有：猶太人大屠殺、南京大屠殺、肅清大屠殺、卡廷大屠殺、馬尼拉大屠殺、戰爭中日軍對中國軍民進行細菌戰，以及最終美國對日本首次使用原子彈等事件。

第二次世界大戰
圖片來源：《維基百科》

第二次世界大戰的總死亡人數達七千萬人左右，是人類史上死傷人數最多的戰爭。它改變了世界局勢，英國、法國等歐洲殖民帝國衰落，美國與蘇聯則取代歐洲殖民帝國的地位，成了新的超級大國，並在戰後形成兩強格局，直到 1991 年蘇聯解體。接著便是中國的崛起，形成美國、俄羅斯，以及中國世界三強而各懷鬼胎。

總的來說，人類戰爭的模式，隨著人類進化也發展出多種模式。從最早的本能撕殺、原始戰爭、刀箭戰爭、槍砲戰爭，以致現代戰爭，其死傷及範圍也越來越大，越來越恐怖。以現代戰爭中的核彈為例，第二次世界大戰之最後一年，也就是 1945 年美國分別在日本廣島、長崎投下原子彈，根據資料記載，廣島約有 14 萬人，長崎則約有 7.4 萬人，超過 20 萬人死於原爆，兩島全毀。這兩枚原子彈，爆炸威力分別相當於約 1 萬 5000 噸 TNT 炸藥和 2 萬噸 TNT 炸藥。

在廣島市上空原子彈爆炸後產生的蘑菇雲
圖片來源：《維基百科》

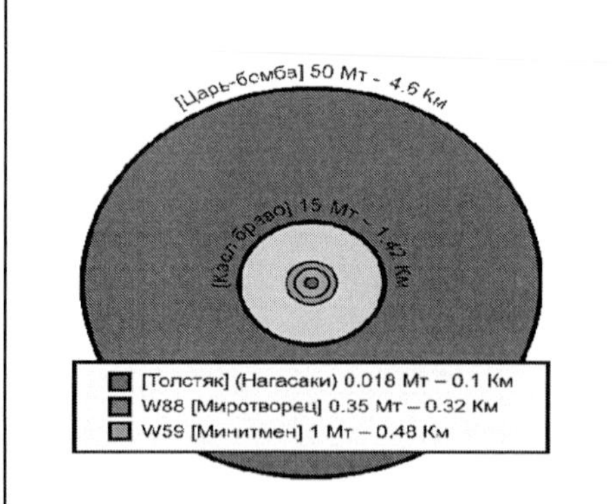

紅色外圈是沙皇炸彈影響的範圍，爆炸的火球半徑長達 4.6 公里；中間粉紅色小圈圈是在長崎爆炸的胖子原子彈
圖片來源：《維基百科》

而蘇聯在 1961 年於新地島（Novaya Zemlya）試爆〝沙皇炸彈（Tsar

Bomba)〞，爆炸威力相當於 5 千萬噸 TNT 炸藥，被視為史上最強大的核武器，比原子彈的威力高出 2 千 5 百倍以上。目前擁有核子武器的國家，分別是俄羅斯、美國、中華人民共和國、英國、法國、巴基斯坦、印度、朝鮮民主主義人民共和國、以色列等共約 14,450 枚核彈，只要 300 枚就能讓人類消失，地球全毀。曾任國際原子能機構總幹事，埃及・埃爾巴拉迪（Mohamed ElBaradei，1942 年～　）甚至稱：「有 30 個國家，在三個月內就可以迅速生產核子武器的能力。」可見，現代戰爭不爆發則已，一爆發就有可能世界毀滅。

綜上所說，人類自誕生以後，即為渾渾噩噩的世界帶來一線曙光，他挾其萬能的雙手、智慧的大腦而成為萬物之主，帶領萬物邁向文明，使未來充滿希望。而人類之所以能進化成萬物之靈，乃因生存之需求所造成，然卻因人性中的慾望無窮，以致爭奪不斷，國家更會因利益甚至發動戰爭，尤其是現代戰爭不爆發則已，一爆發就有可能造成世界毀滅。由此可見，一部人類的進化史，乃是人類求生存的過程，不管是〝家庭〞的爭吵，或是〝群族〞的爭奪，以致是〝國家〞的爭戰，皆起源於人類生存之需求，以及人性慾望之無窮所致。

為避免人類的爭奪，甚至是世界毀滅的問題，聖哲先賢提出各種解決的方法，如儒家的〝世界大同〞，宗教的〝神愛世人〞，共產或民主的社會制度，以致〝聯合國〞等的措施，雖已歷經相當時日，然人類之間的和睦相處依舊不可得。可見，我們需要一套更有效的制度，或是信仰，或是理論，抑是……？使人類能更邁向文明，進而建立一個〝理想的國度〞。

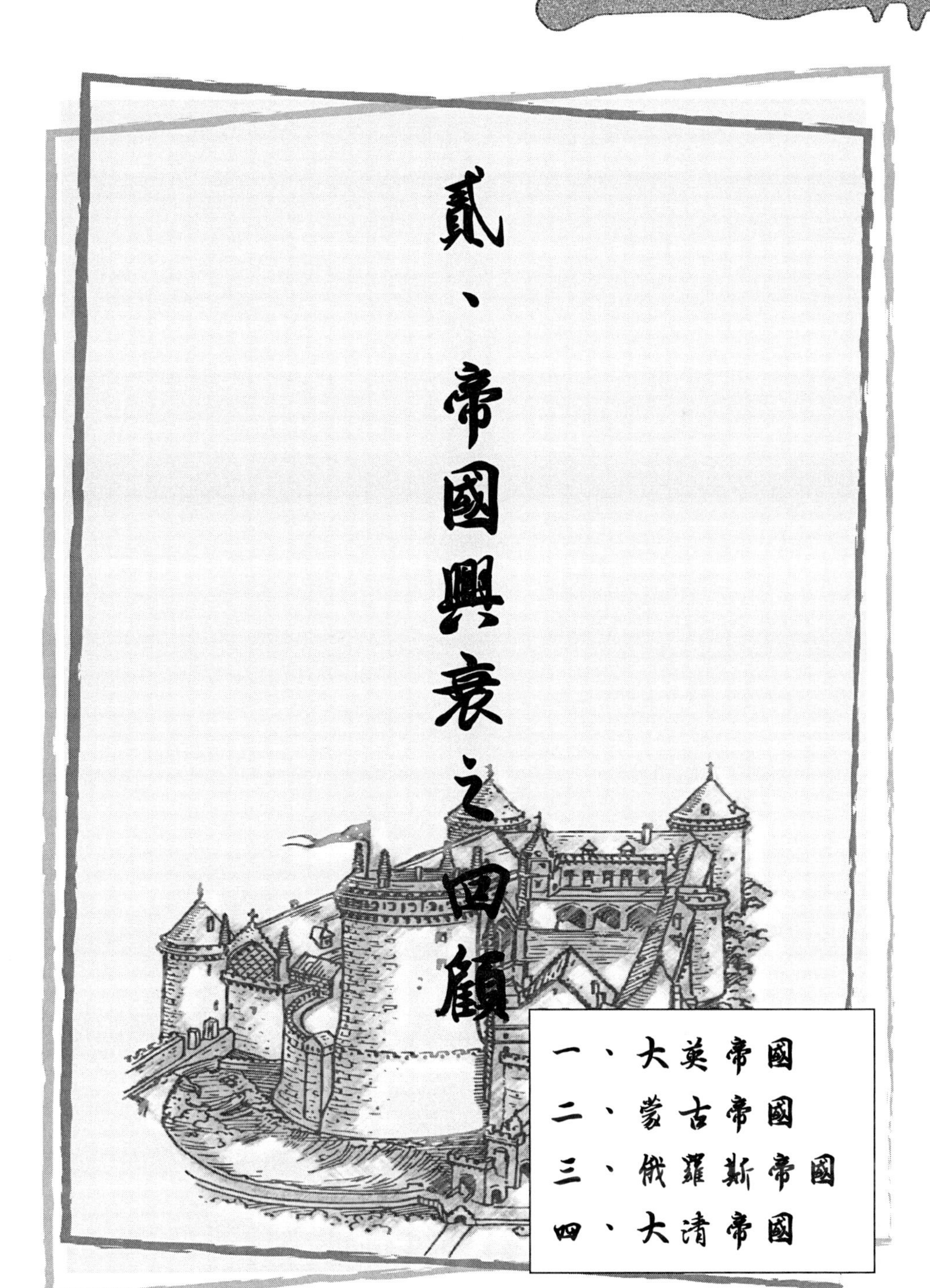

貳、帝國興衰之回顧

一、大英帝國
二、蒙古帝國
三、俄羅斯帝國
四、大清帝國

歷史上有很多領土廣大、人口眾多的帝國，這些帝國大致上可以分成兩類：一為典型帝國（Classical empires），二為殖民帝國（Colonial empires）。典型帝國對大部分被其征服的地區進行直接統治，通常是連接性擴張領土，如蒙古帝國；而殖民帝國則對大部分被其征服的地區作為附庸的殖民地建立從屬關係，通常是海外擴張領土，如大英帝國。

本單元〝帝國興衰之回顧〞，以較具代表性之大英帝國、蒙古帝國、俄羅斯帝國，以及大清帝國為例，說明其興衰的過程，據以論定天下萬物，皆有其：崛起、鼎盛、衰落等三部曲的法則，小至個人，大至國家皆是如此，無人可避免，只是時間長短問題而已。

一、大英帝國

大英帝國（英語：British Empire，公元1497年～1997年凡501年間），位於歐洲的國家，係指英格蘭王國，以及《1707年聯合法令》生效以來由英國統治的殖民帝國，是歷史上領土面積最大的帝國，有〝日不落國〞之稱。大英帝國的最大面積曾達3,400萬平方公里，包含：南極洲在內的七大洲、五大洋，最大人口數約4億五千八百萬人。在1921年，大英帝國達到其領土擴張的頂峰，在世界帝國中排名第一。版圖如下：

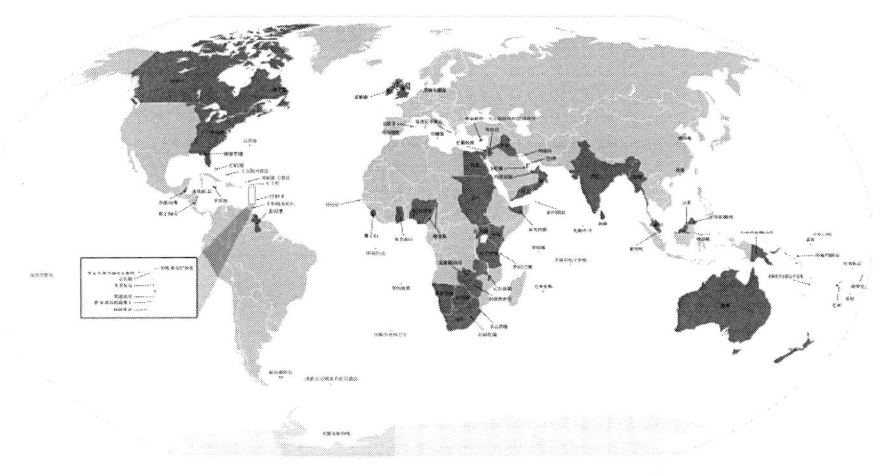

大英帝國版圖
圖片來源：《維基百科》

1. 非洲

地區	情況介紹
巴蘇陀蘭（今賴索托）	1868 年英國吞併該地區，1871 年交由好望角殖民政府管轄，1884 年英國恢復對其的直接管轄。1966 年獨立。
貝專納（今波札那）	1884 年英國遠征軍到達該地，1885 年宣布其為英國的保護國，1895 年貝專納部分地區交由好望角殖民政府管轄，其餘部分繼續直接隸屬於英國的管轄之下。1966 年獨立。
英屬多哥	原為德國的殖民地，一戰後被分為法屬多哥和英屬多哥。戰後英國對該地區進行委任統治，1919 年被併入黃金海岸，迦納獨立後成為其領土的一部分。

英屬喀麥隆	原為德國殖民地，一戰後英國對其部分地區進行委任統治，1961 年英屬與法屬喀麥隆合併並宣布獨立。
甘比亞	自 1661 年起該國就是英國商人的要塞，1821 年被併入獅子山，1888 年成為獨立的英國殖民地，1894 年部分內陸地區也被宣布成為英國的保護國，1965 年獲得獨立。
英屬黃金海岸（今迦納）	自 1631 年起英國商人就開始在此聚居，1821 年至 1874 年是英屬獅子山的下設行政區，其中 1828 年至 1843 年曾由商人控制。1830 年起其領土開始向內陸擴張，1874 年英國設立黃金海岸殖民地，1904 年其邊界最終被確定。1919 年將英屬多哥併入，1957 年獨立。
埃及	1882 年埃及被英國占領，1914 年至 1922 年期間是英國的保護國，1922 年獲得獨立，但對英國履行必要的條約義務，英國軍隊在該國持續駐軍直到 1954 年，1956 年蘇伊士運河危機後英國勢力才徹底退出埃及。
肯亞	1886 年英國與德國瓜分東非後獲得肯亞，1888 年將其併入不列顛東非公司管轄，1895 年由英國政府取代東非公司直接管理。1920 年成立肯亞殖民地，1963 年獲獨立。
模里西斯	1814 年英國從法國手中奪得模里西斯，1968 年獲獨立。
奈及利亞	1851 年在該國建領事館，1861 年吞併部分地區，1885 年成立尼日地區保護地，1886 年交由皇家尼日公司管理，1892 年至 1898 年間英國繼續占領奈及利亞的剩餘領土，1900 年英國政府開始直接對奈及利亞施行統治。1914 年南北奈及利亞合併，1919 年將英屬喀麥隆併入奈及利亞，1960 年獲獨立。

北羅德西亞（今尚比亞）	1891 年起劃歸英屬南非公司統治，1924 年英國政府開始直接統治該地，1953 年北羅德西亞與尼亞薩蘭和南羅德西亞成立中非聯邦，1964 年獲獨立。
尼亞薩蘭（今馬拉威）	1875 年起就有傳教士在此建立據點，1891 年英國在此建立中非保護地，1907 年被命名為尼亞薩蘭，1953 年與南北羅德西亞合併成立中非聯邦，1964 年獲獨立。
獅子山	自 1787 年起獅子山就是英國公司進行黑奴貿易的重要據點，1807 年成為英國殖民地，1896 年其內陸地區被宣布為英國的保護國，1961 年獲獨立。
南羅德西亞（今辛巴威）	1893 年英國從非洲部落手中奪得南羅德西亞，並由英屬南非公司管理，1923 年成立責任政府，由英國政府管理，1953 年至 1964 年間與北羅德西亞和尼亞薩蘭組成中非聯邦，1965 年該國的白人少數政府自行宣布獨立，只獲得南非等少數國家承認。1980 年白人政權與黑人族群達成共治協議，更名辛巴威，成為獲廣泛承認的主權國家。
英屬索馬利蘭	1884 年成為亞丁的保護國，1897 年劃定邊界，1905 年成為單獨的殖民地，1940 年至 1941 年間曾被義大利短暫占領，1960 年併入索馬利亞後獨立。
南非聯邦（今南非）	1795 年和 1806 年英國從荷蘭人手中兩次奪得好望角的部分領土，1814 年全面吞併好望角，1872 年起受英國直接管轄。英國占領這個原屬荷蘭的殖民地後，眾多荷蘭裔白人開始向奧蘭治自由邦和川斯瓦移民，但英國在 1900 年布爾戰爭後吞併這兩個地區。納塔爾則於 1843

	年被英國吞併並成為其殖民地。1910 年由上述殖民地合併組成南非聯邦，成為一個自治領。1961 年成立南非共和國，並一度退出大英國協，直到 1994 年廢除種族隔離制度後才重返大英國協。
西南非（今納米比亞）	1878 年納米比亞的華維斯灣被宣布為英國領地，1884 年被併入好望角殖民地，1915 年英國吞併該港周圍的德國殖民地，於 1919 年成立南非委任統治地。1990 年獨立。
史瓦帝尼	1890 年英國與川斯瓦對史瓦帝尼統治者進行聯合保護，1906 年英國單獨對其保護，1968 年獨立。
蘇丹	蘇丹原是埃及的殖民地，後在 1880 年代埃及統治被馬赫迪推翻；1898 年英國以埃及的名義重新占領蘇丹，並與埃及共同對蘇丹進行統治。1956 年蘇丹獨立。
坦噶尼喀	原為德國在東非的殖民地，1919 年英國開始對其進行委任統治，1961 年獨立，1964 年與桑給巴爾組成坦尚尼亞。
桑給巴爾	1841 年英國在該島建立領事館，1890 年宣布其為英國的保護國，1963 年獨立，次年與坦噶尼喀合併組成坦尚尼亞。
烏干達	1890 年不列顛東非公司與布干達王國簽訂條約，1894 年布干達正式成為英國的保護國，1896 年其他幾個地區陸續加入保護國，1905 年成立烏干達殖民地，1962 年獨立。

2. 美洲與大西洋

地區	情況介紹
阿森松島	1815 年拿破崙被囚禁於聖海蓮娜島後，英國為防止法國人控制該島而在此駐軍，1922 年起由聖海蓮娜島對其進行行政上的管轄。
英屬圭亞那（今蓋亞那）	英國於 1796 年和 1803 年分兩次奪得原屬於荷蘭的三塊殖民地：伯比斯、德梅拉拉和埃塞奎博。1831 年 3 塊殖民地被合併組成英屬蓋亞那殖民地，1966 年獨立。
英屬宏都拉斯（今貝里斯）	1636 年起就有英國的洋蘇木砍伐者在該國沿岸定居，之後西班牙與英國展開對該地控制權的爭奪，直到 1786 年英國取得完全的控制權。1862 年至 1884 年該地由牙買加管轄，1884 年成為單獨的殖民地，1981 年獨立。
加拿大	法屬加拿大在 1760 年被英國占領，1763 年成立英屬魁北克殖民地，1791 年加拿大被分上下兩個獨立的殖民地，之後下加拿大被重新命名為東加拿大，上加拿大被稱作西加拿大，東西加拿大又分別是後來魁北克省與安大略省的核心部分，他們與新布藍茲維和新斯科細亞於 1867 年合併組成加拿大自治領，之後英屬哥倫比亞、愛德華王子島、西北地區和紐芬蘭島又陸續加入加拿大自治領。1931 年取得自治權，1982 年取得修憲權後獲得完全獨立。

福克蘭群島	1765 年英國首次占領福克蘭群島，之後在西班牙的抗議下於 1774 年撤出，1833 年又重新占領，1841 年開始進行殖民統治。1982 年阿根廷宣布福克蘭群島歸其所有引發福克蘭戰爭，英國在戰爭勝利後重新取得該島的主權。目前，阿根廷與英國仍然對此島嶼的主權存有爭議。
紐芬蘭	15 世紀後期起英國的船隻就在該地區海域捕魚，1583 年漢弗萊．吉兒伯特爵士登陸紐芬蘭並宣布其為英國領土，1713 年英國政府開始對其進行直接的殖民統治，1855 年紐芬蘭成立責任政府，但 1934 年英國又恢復對其殖民統治，1949 年加入加拿大自治領。
安圭拉島	1650 年部分聖克里斯多夫移民到此，1663 年該島被宣布為英國領土，1882 年至 1967 年它與聖克里斯多夫由一個聯合政府共同管理，1967 年退出，1969 年英國恢復對該島的統治。
安地卡	聖克里斯多夫於 1632 年對其進行殖民統治，1663 年被置於英國的管轄之下，1981 年獨立為安地卡及巴布達。
巴哈馬群島	1717 年開始被英國統治，1973 年獨立。
巴貝多	1625 年起開始有人在該島上居住，1663 年歸英國政府統治，1966 年獨立。

百慕達群島	1612 年一家倫敦公司開始管理百慕達，1684 年起由英國政府直接管轄。
英屬維京群島	1666 年起就有人在此居住，1713 年起成為英國殖民地。
開曼群島	1670 年西班牙割讓該群島，行政上一直屬牙買加殖民政府管理，直到 1959 年成為獨立的殖民地。
多米尼克	1761 年英國從法國手中獲得該島，1778 年法國重奪多明尼加，英國則於 1783 年再度占領；1978 年獨立。
格瑞那達	1762 年英國從法國手中獲得該島，1779 年法國重奪格瑞那達，英國則於 1783 年再度占領；1974 年獨立。
牙買加	1655 年英國從西班牙手中奪得該島，1962 年獨立。
蒙哲臘	1632 年起島上開始有人居住，1663 年成為英國殖民地，法國曾在 1664 年~1768 年和 1782 年~1784 年兩度統治該島。
聖克里斯多夫和尼維斯	1623 年聖克里斯多夫成為英國在加勒比海地區的第一塊殖民地，1663 年起由英國政府直接統治，1782 年至 1783 年間曾被法國短暫占領。1882 年聖克里斯多夫與尼維斯島組成聯合政府，1983 年獨立，稱聖克里斯多福及尼維斯。

聖露西亞	1778 年英國從法國手中奪得該島，1783 年又歸還法國，1796 年和 1803 年英國又分別兩次重新占領，1814 年英國吞併聖露西亞，1979 年獨立。
聖文森	英國於 1762 年占領該島，1779 年~1783 年法國曾占領該島，1979 年聖文森及格瑞那丁獨立。
特立尼達島	1797 年英國從西班牙手中獲得該島，1888 年與多巴哥成立聯合政府，1962 年千里達及托巴哥獨立。
土克和凱克斯群島	1678 年起有居民居住在此，1766 年英國吞併該群島，之後曾先後由牙買加和巴哈馬的殖民政府管轄，1973 年成為單獨的殖民地。
聖海蓮娜島	1651 年英國吞併該島，1661 年起東印度公司對其進行管理，1834 年英國政府開始對其進行直接管轄。
泰瑞斯坦--達庫尼亞群島	為防範 1815 年被囚禁在聖海蓮娜島上的拿破崙而由英國皇家海軍於 1816 年占領該島，1938 年起成為隸屬於聖海蓮娜島行政管轄的英國殖民地。

3·南極洲

地區	情況介紹
英屬南極領地（爭議地區，參見阿根廷屬南極地區、智利南極省）	1819 年英國對該地區聲明主權，英國也因此成為世界上第一個對南極洲領土聲明主權的國家。1908 年和 1917 年英國分兩次聲明南極洲的部分領土主權。1959 年《南極條約》制訂，規定南緯60°以上的土地不屬於任何國家，也禁止在南極洲其他地區擁有領土的國家在此移民或從事其他與科學研究無關的活動，於是英國將其軍事存在撤回了南緯 60°以北。

4·亞洲

地區	情況介紹
英屬亞丁	1839 年不列顛東印度公司從阿拉伯人手中奪得該港口，1858 年東印度公司將統治權交給英國政府，成為英屬印度殖民政府的管轄範圍。1936 年亞丁與其內陸地區成為一個單獨的殖民地亞丁保護地。1963 年亞丁加入南阿

	拉伯聯邦，後者於 1967 年獨立為南葉門，1990 年南北葉門統一後亞丁依然是葉門的一個港口城市。
巴林	1820 年，英國政府與巴林埃米爾簽署協議，將其變為保護國，1971 年巴林宣布獨立。
不丹	1864 年英國通過戰爭占領不丹的邊境地區，1911 年不丹與英國簽署條約，不丹的外交政策交由英國執行，內部事務則保持自治，對不丹進行間接的殖民統治；1947 年印度獨立後英國也結束對不丹的控制。
英屬新幾內亞（現巴布亞紐幾內亞）	1884 年英國在此建立保護地，1906 年轉由澳洲管理並更名巴布亞，1949 年巴布亞與其餘的新幾內亞合併並獨立為巴布亞紐幾內亞。
英屬汶萊（現汶萊和平之國）	1888 年英國宣布汶萊為其保護國，1942 年至 1945 年間曾被日本占領，1984 年汶萊脫離英國的保護完全獨立。
英屬緬甸（現緬甸）	英國經過 1824 年、1852 年和 1885 年的三次戰爭後占領緬甸全境，並將其置於印度殖民政府的行政管轄之下，直到 1937 年。1942 年至 1945 年日本曾占領過緬甸，1948 年緬甸獨立。
英屬錫蘭（今斯里蘭卡）	〝錫蘭〞是斯里蘭卡的舊稱。1796 年東印度公司從荷蘭手中奪得該島的沿海地區，1802 年交由英國政府管理，1815 年英國廢黜錫蘭

	的國王，將錫蘭全島置於英國統治之下，1948年錫蘭取得獨立，1972年改國名為斯里蘭卡。
英屬香港（今香港特別行政區）	1841年中英鴉片戰爭勝利後與大清國簽訂南京條約，英國取得香港島；1860年英國在英法聯軍之役後與清廷簽訂中英北京條約又獲得九龍半島；1898年英國向大清國簽訂展拓香港界址專條，將廣東省新安縣深圳河以南、九龍界限街以北的地方及附近若干島嶼的新界租借予英國，租期99年。1984年英國在中英聯合聲明同意在新界租期屆滿後將全香港主權轉移到中國政府，1997年香港主權移交中國，香港成為中華人民共和國的第一個特別行政區。
英屬印度（今巴基斯坦、印度、孟加拉地區）	1609年起東印度公司在印度沿海建立起移民據點，1757年開始向內陸擴張領土，多數印度邦保持內部事務的自治，但是就必須服從東印度公司的絕對權威。1858年英國政府正式接管印度的統治，印度也逐漸成為英國在全球最重要的殖民地之一，被稱作〝王冠上的明珠〞。1876年起英國君主也被授予〝印度皇帝〞或〝印度女皇〞的稱號。1947年印度分裂為兩個國家--印度和巴基斯坦後獨立；1972年孟加拉國又從巴基斯坦分裂出來。
伊拉克	英國在一戰期間占領原屬土耳其的伊拉克，1920年開始對伊拉克進行國際聯盟授權下的委任統治，1922年伊拉克實行自治，1932年

	獨立。1941 年至 1945 年間英國曾重新占領過伊拉克。
科威特	1899 年起科威特埃米爾就與英國簽訂一系列的保護條約，喪失部分主權。1961 年科威特完全獨立。
馬來亞聯邦（今馬來半島地區）	1874 年至 1930 年間英國與馬來亞半島上的多個蘇丹簽訂一系列的保護條約；1896 年部分州組成馬來聯邦，1942 年至 1945 年間馬來亞全境被日本占領，1946 年除新加坡外的馬來亞組成馬來亞聯邦，1948 年組成馬來亞聯合邦，包括 1896 年沒有加入馬來聯邦的州，1957 年完全獨立。1963 年與新加坡（後獨立）、北婆羅洲和砂拉越共同組成馬來西亞，新加坡 1965 年退出，宣布獨立。
馬爾地夫群島	1887 年被納為英國的保護國，1965 年獨立。
英屬巴勒斯坦	1918 年一戰期間英國占領原屬土耳其的巴勒斯坦領土，1920 年英國開始對其進行委任統治，1948 年英國放棄委任統治，之後發生幾十年的猶太人與阿拉伯人的武裝衝突。今天巴勒斯坦的大部分領土被以色列占領。
尼泊爾	1814 年英國與尼泊爾王國戰爭，英軍勝利後從 1816 年起在尼泊爾宮廷派駐特別代表，對尼泊爾進行間接的殖民統治，1947 年印度獨立後尼泊爾也隨即獲得獨立。
英屬北婆羅洲（今馬來西亞的州	今東馬來西亞的沙巴。1881 年，汶萊蘇丹將該地區割讓給英國北婆羅洲公司，1906 年起英國政府對其進行直接管理，1942 年至 1945

屬之一）	年間曾被日本占領，1963 年更名沙巴並加入馬來西亞。
阿曼	英國自 19 世紀初開始就控制著阿曼繁榮的貿易，1891 年阿曼正式淪為英國的保護國，1971 年獨立。
卡達	1916 年起英國就與卡達的統治者協定，將卡達置於英國的保護之下，1971 年獨立。
英屬砂拉越（今馬來西亞的州屬之一）	1841 年汶萊蘇丹同意任命一位英國人詹姆士．布魯克擔任該地區的總督，1861 年至 1905 年間砂拉越的領土不斷擴大；1942 年至 1945 年日本曾占領該地區，1946 年英國政府正式取代布魯克家族對砂拉越進行統治，1963 年加入馬來西亞。
海峽殖民地	即今天的馬六甲、檳城和新加坡。1826 年這三個重要的港口城市被聯合組成海峽殖民地，由不列顛東印度公司管轄，1858 年起由印度政府管理，1867 年成為單獨的殖民地，交由英國政府直接管理。二戰中這三個城市都曾被日本占領。1948 年馬六甲和檳城加入馬來亞，1957 年獨立。新加坡則單獨繼續保留在大英帝國的版圖內，1959 年才允許其自治。1963 年新加坡加入馬來西亞，1965 年退出，宣布獨立。
外約旦	今約旦。1918 年英國占領曾經是土耳其約旦省中一部分的外約旦，1920 年起對其進行委任統治，1921 年外約旦與巴勒斯坦分離，1923 年英國允許約旦王國成立，但直到 1946 年才

	讓其完全獨立於英國。
特魯西爾酋長國（今阿聯）	1887 年起，英國與當地的阿拉伯統治者們簽訂保護條約，將該地區置於英國的〝保護範圍〞之下。1971 年獲得獨立。
英租威海衛	今中國山東省威海市。1898 年英國向清政府租借該港，1930 年歸還，劉公島為大英帝國海軍續租十年，至 1940 年歸還。

5．歐洲

地區	情況介紹
賽普勒斯	賽普勒斯自十五世紀成為鄂圖曼土耳其帝國屬地，1878年柏林會議決議將賽普勒斯的管治權交予英國，而主權名義上仍屬鄂圖曼帝國。1914 年，第一次世界大戰爆發，鄂圖曼帝國與英國開戰，英國正式終止賽普勒斯與鄂圖曼的從屬關係，至 1925 年，英國正式宣佈賽普勒斯成為英國殖民地。1960 年賽普勒斯脫離英國獨立。英國繼續設軍事基地至今。2004 年加入歐盟。
直布羅陀	1704 年，西班牙王位繼承戰爭爆發，英軍同年攻佔西班牙南端的直布羅陀，至 1713 年，列強簽定烏特勒支和約結束戰爭，和約中西班牙將直布羅陀割讓予英國，自此英國佔有直布羅陀至今。而西班牙至今一直要求英國歸還直布羅陀。

馬爾他	1798 年，法國派拿破崙領兵遠征埃及，法軍途經馬爾他，將統治當地兩百多年的聖約翰騎士團趕走，馬爾他一度成為法國領土。1800 年，英軍擊潰馬爾他的法軍，佔領馬爾他，馬爾他人也主動要求英國管治。1814 年英國正式宣佈馬爾他成為英國殖民地。1964 年馬爾他脫離英國獨立。2004 年加入歐盟。
英國	大英帝國的主體國家；1535 年，英格蘭王國以《聯合法案公章》合併威爾斯公國，而後通過《1707年聯合法案》與蘇格蘭王國以共主聯邦的形式合併成為大不列顛王國，最終以《1800年聯合法案》聯統愛爾蘭王國成立大不列顛暨愛爾蘭聯合王國。1922 年，愛爾蘭自由邦脫離聯合王國成為獨立自治領，而北愛爾蘭則選擇留在聯合王國。1937 年，愛爾蘭共和國成立並在隨後廢棄君主制，英國國名於1927 年改為大不列顛暨北愛爾蘭聯合王國(由先前的愛爾蘭更替為北愛爾蘭）。
愛爾蘭	英國於 1921 年 12 月 6 日在倫敦簽署的愛爾蘭自由邦協定規定的從大不列顛和愛爾蘭王國分裂出來。英國繼續控有北愛爾蘭。1937 年12 月 29 日，愛爾蘭採用新的愛爾蘭憲法，將國名正式定為〝愛爾蘭〞。1949 年 4 月 1 日通過的愛爾蘭共和國法案最終廢除君主制，將國王職權全部交予作為虛位元首的愛爾蘭總統，愛爾蘭成為議會制共和國。

6·太平洋地區

地區	情況介紹
澳大利亞聯邦	新南威爾斯是英國在澳洲最早的一個殖民地，1770年詹姆士·庫克就提出對澳洲東部沿海進行開發，1788年第一批英國犯人被移民到此拓荒，1855年新南威爾斯成立責任政府。1824年昆士蘭成為英國在摩頓灣所建的第一個殖民地，一開始隸屬於新南威爾斯殖民政府，1859年脫離，成立獨立的責任政府。1834年英國國會決定在澳洲成立新的殖民地，1836年第一批英國殖民者到達南澳，1855年南澳成立責任政府。塔斯馬尼亞則早在1803年就被歐洲人殖民，最早被稱作范迪門蘭，是新南威爾斯殖民政府下的一個行政區。1825年脫離新南威爾斯成為獨立的英國殖民地，1856年成立責任政府。1834年，來自塔斯馬尼亞的英國人又到菲利浦港殖民，1851年維多利亞殖民地成立，4年後成立責任政府。西澳則從1826年開始就被殖民，但直到1890年才成立責任政府。1901年由新南威爾斯、昆士蘭、南澳、塔斯馬尼亞、維多利亞和西澳合併組成澳大利亞聯邦，後取得自治領地位。1986年取得完全的終審權，至此完全獨立。

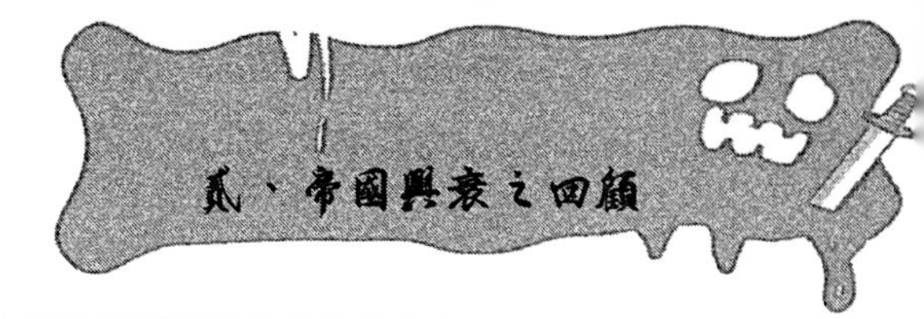

埃利斯群島（今吐瓦魯）	1892 年該群島被英國宣布為其保護國，1916 年埃利斯群島與吉兒伯特群島組成殖民地，1978 年獨立。
吉兒伯特群島（今吉里巴斯）	1892 年與埃利斯群島一同成為英國的保護國，1916 年與埃利斯群島組成殖民地，1979 年獨立。
斐濟	1835 年起就有傳教士和殖民者在斐濟定居，1874 年應斐濟酋長的要求，英國將斐濟置於其保護之下，1970 年獨立。
諾魯	原屬德屬新幾內亞，一戰結束後澳洲開始對其進行委任統治，一直持續到 1968 年諾魯獨立。
紐西蘭	詹姆士．庫克分別於 1769 年和 1770 年對紐西蘭北島和南島提出主權要求，1840 年英國與當地毛利人簽訂條約，英國開始統治紐西蘭，1856 年紐西蘭成立責任政府，後取得自治領地位。2004 年取得完全的終審權，至此完全獨立。
彼得開恩群島	1790 年，英國軍艦邦蒂號發生軍變，9 名水手逃亡該島，並在此定居，1838 年英國將其納入帝國版圖。
索羅門群島	1893 年起成為英國保護地，二戰期間曾被日本占領，1978 年獨立。
東加	1879 年東加統治者與英國簽訂友好條約，1900 年起受英國保護，1970 年獨立。
新赫布里底群島（今萬那杜）	原為英國和法國的共屬殖民地，1980 年獨立。

表文來源：《維基百科》

以下將分崛起、鼎盛、衰落等三個單元敘述如後：

1·大英帝國的崛起：

大英帝國的基礎，來自於英格蘭與蘇格蘭兩個王國。1496年，英格蘭的國王亨利七世（Henry VII，1457年～1509年，從1485年到1509年在位24年），繼西班牙和葡萄牙在海外探險成功後，便委託約翰·卡博特（John Cabot，1450年～約1499年）率領探險隊，發現一條經北大西洋通

英格蘭國王亨利七世像
圖片來源：《維基百科》

約翰·卡博特像
圖片來源：《維基百科》

克里斯多夫·哥倫布像
圖片來源：《維基百科》

往亞洲的航線。卡博特於1497年航行，即克里斯多夫·哥倫布（Christopher Columbus，1451年～1506年）第一次航行五年後，在紐芬蘭海岸登陸，並沒有試圖建立殖民地。次年，卡博特率領另一次航行前往美洲，但他再也沒有返航。

直至1580年代，英國女王伊莉莎白一世（Elizabeth I，1533年～1603年）統治時期（從1558年到1603年在位45年），才進一步嘗試在美洲建立殖民地。在與此同時，西班牙已成為美洲的主要勢力，正在探索太平洋；而葡萄牙已在非洲、巴西和中國沿海建立了貿易站和堡壘；法國則開始在聖羅倫斯河區域定居，即後來的新法蘭西，是法國位於北美洲的殖民地。

英國女王伊莉莎白一世像
圖片來源：《維基百科》

英國擊敗西班牙的無敵艦隊
圖片來源：《維基百科》

儘管英格蘭在建立海外殖民地方面，落後於葡萄牙、西班牙和法國，但自從

1588年，英國擊敗西班牙的無敵艦隊，成為英國歷史上最重大的軍事勝利之一，由此確定了英國海上霸權的地位。該霸權的根源，可追溯到1485年至1509年在位的英格蘭國王亨利七世，所採取積極的海洋政策，並在英格蘭國王理察三世（Richard III，1452年～1485年，從1483年到1485年在位2年)時所建立起來的羊毛貿易的基礎上，以及亨利七世創建近代英國海洋商貿體系，發展造船工業與導航技術的基礎上。亨利七世也下令在樸茨茅斯建造英國的第一個乾船塢，加強建設當時還規模很小的英國皇家海軍。

英格蘭國王理察三世像
圖片來源：《維基百科》

華特．雷利爵士像
圖片來源：《維基百科》

　　此等基礎為日後的貿易機構，如馬薩諸塞灣公司和英國東印度公司之類的貿易企業，為大英帝國海外的擴張做出重要的貢獻。1587年華特．雷利爵士（Sir Walter Raleigh，1552年～1618年）在羅阿諾克

島（Roanoke Island，今北卡羅來納州境內）宣布維吉尼亞為英格蘭殖民地。但由於食物缺乏、天氣惡劣，加上當地原住民的反抗，英格蘭很快就不得不放棄這片殖民地。

1603年，未婚的英格蘭女王伊莉莎白一世逝世後，由蘇格蘭國王詹姆士六世（James VI，1566年～1625年，從1567年到1625年在位58年）繼承英格蘭王位，稱詹姆士一世（James I），並從1603年到1625年在位22年，開啟蘇格蘭與英格蘭及愛爾蘭共主邦聯的時代，成為現代英國第一位國家元首。

詹姆士六世及一世像
圖片來源：《維基百科》

1607年，英格蘭在維吉尼亞的詹姆士鎮（Jamestown）建立海外殖民地，是英國在美洲建立的第一個永久性的殖民地，並以當時的英國國王詹姆士一世命名。在之後的三個世紀中，英格蘭不斷地在海外擴張勢力範圍，並鞏固國內的政治發展。1707年英格蘭與蘇格蘭的議會在倫敦合併，組成大不列顛議會。

1625年，詹姆士六世及一世逝世後，由次子查理一世（Charles I，1600年～1649年）繼位，從1625年登基至1649年被處死在位23年。他是唯一以國王身分被處死的英格蘭國王、蘇格蘭及愛爾蘭國王。他之所以被處死，乃企圖推翻英格蘭與蘇格蘭國會的權威，雙方爆發了戰爭，史稱〝英國內戰〞。查理一世在第一次英國內戰（1642年～1645年）中被擊敗，英格蘭國會希望他能夠接受君主立憲。然而，查理一世執迷不悟，並與蘇格蘭結盟，逃到了懷特島郡，這種行為徹底激怒了國會，從而導致第二次英國內戰（1648年～1649年），他再次被擊敗，隨後便被拘捕，審判，定罪，並以叛國罪處死。君主體制瓦解，英格蘭成了共和國，由國會領袖奧立弗．克倫威爾（Oliver Cromwell，1599年～1658年）護國公獨裁執政。

查理一世像
圖片來源：《維基百科》

奧立佛．克倫威爾像
圖片來源：《維基百科》

查理一世被克倫威爾處

死，並廢除英國君主體制，是為英格蘭共和國，查理二世（Charles II，1630年～1685年）被迫流亡外國。1658年克倫威爾去世，由其子理察·克倫威爾（Richard Cromwell，1626年～1712年）繼稱護國公，然理察無力鎮壓反叛的貴族與軍官，以致英國政壇非常混亂，國會遂聲明恢復君主體制，查理二世因此得以返回英國。

理察·克倫威爾像
圖片來源：《維基百科》

1660年，查理二世在多佛登陸，回到倫敦即位（從1660年到1685年在位25年）。1661年4月正式加冕。即位之初他就與強勢的議會妥協，謹慎地行使其有限王權，並在1665年與1672年，發動兩次英荷戰爭，結果因為戰局不利，得失參半，國內政局反而捲入外國勢力的鬥爭，深受法、荷的操控與干擾。1678年，反天主教的激進派議會，利用〝天主教陰謀〞釀成的政治大風暴，展開對天主教徒的強力迫害，並

查理二世像
圖片來源：《維基百科》

試圖徹底架空王權。1679年，查理二世簽署國會制定的《人權保護法》，以後政治人物即使身處風暴，仍有一定的人權保障。1681年後查理二世掌握主動，打敗政敵並大幅提升王權，重建了其父英格蘭國王查理一世的絕對君主制。

查理二世繼位的同年，即成立英國皇家非洲公司，查理國王專屬授權該公司，在非洲英國加勒比殖民地供應奴隸的貿易。在1807年廢除奴隸貿易之前，跨越大西洋的奴隸有三分之一是由英國運送，達到350萬人。為促進這種貿易，英國在詹姆士島、阿克拉，以及Bunce等島之西非海岸建立了堡壘。這種利潤豐厚的奴隸貿易，成為布里斯托、格拉斯哥與利物浦等英國西部城市的主要經濟支柱，這些城市構成了與非洲、美洲三角貿易的第三角。

於是大英帝國的雛型便於17世紀中期形成，它通過戰爭來逐步擴大，此時英格蘭已在美洲建立多個殖民地，包含：德拉瓦、賓夕法尼亞、紐澤西、喬治亞、康乃狄克、麻薩諸塞灣、馬里蘭、南卡羅來納、新罕布夏、維吉尼亞、紐約、北卡羅來納、羅德島等北美十三州，以及加拿大大西洋省份和太平洋省份，以及非洲加勒比海上牙買加、巴貝多、巴哈馬等一些小島嶼。

2·大英帝國的鼎盛：

19世紀是英國的世紀、英國的時代。19世紀初期，法國皇帝·拿破崙一世（Napoleon I，1769年～1821年）發動戰爭而席捲歐洲，西班牙的殖民地趁拿破崙入侵西班牙而獨立，導致英國的殖民地在面積上成為世界第一。

跨越阿爾卑斯山聖伯納隘道的拿破崙一世像
圖片來源：《維基百科》

1815年，第七次反法同盟由英國、俄國、普魯士、瑞典、奧地利、荷蘭，以及很多德意志邦國組成的同盟國，共同對抗法國，擊敗拿破崙法蘭西第一帝國後，英國在世界上僅俄羅斯帝國（俄國）能與其並駕齊驅。但由於俄羅斯的經濟和科技遠遠落後於英國，以致此後的一個世紀（100年）間，英國皆把持著世界第一列強的寶座。尤其是19世紀初期，英國的工業革命對英國的霸權如虎添翼，讓原本只能藉著與法國敵對的方式來干涉歐洲事務，轉變成可利用其獨有的工業革命產品，來掌控歐洲的經濟命脈。

　　在19世紀前後，世界有任何國家對大英帝國不服，它便用世界最強大的皇家海軍對其進行隨心所欲的制裁，中國清朝的鴉片戰爭就是最明顯的例子，一個亞洲最大最強的國家，卻被幾千名手持後膛槍的英國海軍士兵迅速打敗，英國成為主導地球發展的〝世界帝國〞不是沒有原因。它是歐洲五大列強：英．法．俄．奧．普之首，前後操縱國際事務大致達200年之久。

中英鴉片戰爭，1840年6月5日，第一次定海之戰，英軍艦攻擊清軍的帆船；圖片來源：《維基百科》

　　大英帝國皇家海軍（British Empire Royal Navy），從9世紀阿佛烈大帝（Alfred the Great，849年～899年，從871年到899年在位28年）首先使用海上軍隊，而自14世紀初起便開始參與海戰。現代皇家海軍可追溯至16世紀初，為英國三軍中最早成立的軍種，17世紀中期起至18世紀，英國皇家海軍、荷蘭皇家海軍，以及法國海軍對

阿佛烈大帝像
圖片來源：《維基百科》

峙，由此展開海權的爭奪戰。自18世紀中期後成為世界最強大的海軍力量，直至第二次世界大戰期間為美國海軍所超越。

1843 年的維多利亞女王像
圖片來源：《維基百科》

1877年，維多利亞女王（Queen Victoria；1819年～1901年，從1837年到1901年在位64年）繼承了最後一個印度帝國--莫臥兒王朝的王位，順利登基成〝印度女皇〞（Empress of India），亦成為英國歷史上第一個擁有〝皇帝頭銜〞的君主，也讓英國在名號上真正成為帝國級的國家。由於大英帝國的領土、屬土遍及包括南極洲在內的七大洲、五大洋，故有「英國的太陽永遠不會落下」的說法，是繼西班牙帝國之後的第二個「日不落帝國」。

愛德華七世像
圖片來源：《維基百科》

1901年，維多利亞女王駕崩，愛德華七世（Edward VII，1841年～1910年，從1901年到1910年在位9年）繼位。

愛德華七世去逝後，由喬治五世（George V，1865年～1936年，從1910年到1936年在位26年）。在位期間，見證1914年的第一次世界大戰，也見證1921年大英帝國達到最大版圖，領土是全球土地面積的22.5%，人口4.6億人達到全球五分之一，不過之後英國便開始快速衰落，1936年駕崩，由長子愛德華八世（Edward VIII，1894年～1972年）繼承王位，但因堅持與美籍名流華麗絲．辛普森（Wallis Simpson，1896年～1986年）成婚，於同年12月11日退位，是英國歷史上在位時間最短的君主之一，僅326日。

喬治五世像
圖片來源：《維基百科》

愛德華八世像
圖片來源：《維基百科》

3.大英帝國的衰落：

20世紀初，民族主義情緒高漲，加上美、蘇兩國的打壓，導致大英帝國體系越來越難以維持，尤其是1870年的普法戰爭，德意志帝國打敗法國成為歐洲大陸上陸軍最強的國家，而德意志帝國與美國所開啟的第二次工業革命，又衝擊原本英國在科技領域領先的地位，導致英國國力下降，其軍力和科技也一併落後於美、德兩國。德意志帝國戰勝法國後，便開始對英國挑釁，由於德國不但在經濟和陸軍上反超英國，其海軍和殖民地也想徹底擊敗英國。因此，英國不得不與法國、俄羅斯聯手對抗德國，列強兩極分化最終釀成第一次世界大戰（1914年7月28日至1918年11月11日）。

由於戰爭的摧殘，1921年後英國正式被美國全面超越，陸軍更不如德國、蘇聯，甚至最引以為傲的海軍，都被美國、大日本帝國、義大利王國等超越；但因英國是一戰對付德國的主要勝利國之一，根據《巴黎和會》託管大部分德國的殖民地，造成了英國殖民地達到有史以來最多，其國土覆蓋地球25%的土地和20%的人口，成為〝世界歷史上面積最大、跨度最廣的國家〞。然而在1929年，世界經濟大蕭條[1]的影響，英國政府最終於1931

[1] 經濟大蕭條（英語：Great Depression），又稱經濟大危機、經濟大恐慌，是指 1929 年至 1933 年之間全球經濟大衰退、第二次世界大戰前最嚴重的全球經濟衰退。經濟大蕭條是二十世紀持續時間最長、影響最廣、強度最大的經濟衰退。

年宣布放棄對加拿大、澳洲、紐芬蘭、愛爾蘭、紐西蘭和南非等六個殖民地，在政治上的直接控制，開啟〝大英國協體系[2]〞逐步取代〝大英帝國體系〞，尤其是英國對殖民地採取民主議會制度和精英教育的方式，導致印度、非洲等殖民地的民智漸開，便開始反思英國的統治，並謀求完全的獨立。由此，英國也喪失世界霸主的地位。

喬治六世加冕服像
圖片來源：《維基百科》

1936年，愛德華八世退位，由喬治六世（George VI，1895年～1952年，從1936年到1952年在位15年），是聯合王國及其自治領國王、末代印度皇帝，也是首任大英國協元首。

---

[2] 大英國協（Commonwealth of Nations），是一項由 56 個主權國家所組成的現代國際組織，該組織無權約束旗下任何成員國內政，所有成員國的地位都一律平等，這些成員國大多由英國的舊殖民地所組成，能以英語為它們國內的溝通語言，歷任國協元首通常由英國君主兼任，首任是喬治六世（George VI，1895 年～1952 年），現任為查爾斯三世（Charles III，1948 年～），但元首並無實權，秘書長才是大英國協實際上的掌權者；該國協設置最高機構--政府首腦會議（CHOGM），主席由其中一個成員國的政府首腦兼任，每兩年更改在任的成員國；而秘書長必須是大英國協公民，由大英國協成員國政府首腦提名，並在大英國協政府首腦會議中選舉產生，是大英國協秘書處的首腦，負責公開代表大英國協；現任秘書長為多米尼克·帕特里夏·史考蘭德（Patricia Janet Scotland, Baroness Scotland of Asthal，1955 年～）。

1939年，英國對德國宣戰，然因經濟大蕭條的影響，英國經濟在1930年代增長遲緩，但敵對之德國卻在1933年德國元首希特勒（Adolf Hitler，1889年～1945年）上臺執政後經濟增長迅速。1940年德國進攻英國本土時，英軍雖然奮力抵抗將德軍擊退，但德國空軍之後持續不斷的轟炸倫敦等英格蘭南部城市，以及德國海軍的U型潛艇在大西洋不斷襲擊駛向英國的補給船，也給英國經濟造成不小的打擊，也導致英國一直實行食物配給制度至1954年，而位於英吉利海峽的英國屬地海峽群島也在1940年至1945年間被德軍占領。

1938 年的希特勒像
圖片來源：《維基百科》

1944 年的羅斯福像
圖片來源：《維基百科》

到1945年5月德國投降前，英國的戰爭物資基本上全部進口自加拿大和美國，造成二戰結束後英國經濟對美依賴度增加，美國也藉此通過施壓等手段迫使英鎊實行浮動匯率，導致英鎊迅速貶值，美元最終取代英鎊成為世界通用貨幣，美國總統富蘭克林．羅斯福

（Franklin Delano Roosevelt，1882年～1945年）利用租借法案迫使英國放棄其持有的美國公司股份，以及英國軍隊位於西半球的軍事基地，以換取美國的援助，此舉導致英國在西半球的軍事影響力被美國取代。

第二次世界大戰（1939年9月1日至1945年9月2日），日本偷襲珍珠港事件後，便開始進攻並占領英國位於東南亞的殖民地英屬馬來亞、北婆羅洲、緬甸，以及海峽殖民地等。雖然英國在1945年日本投降後重新占領殖民地，但日軍擊敗駐守的英軍，讓當地居民認為英國並非像以往一樣不可戰勝，以致當地民族主義情緒上升，間接推動以上地區在1950年代相繼脫離英國而獨立。

日本偷襲珍珠港--亞利桑納號中彈燃燒的景象
圖片來源：《維基百科》

1947年的經濟危機，迫使英國首相克萊曼·艾德禮（Clement Richard Attlee, 1st Earl Attlee，1883年～1967年）放棄繼續維護英國作為世界一流強國，接受美國的崛

克萊曼·艾德禮像
圖片來源:《維基百科》

起，並以安定內部為首要。二戰結束後，澳洲和紐西蘭於1951年加入美國主導的澳新美地區安全條約，使得美國取代英國成為在太平洋地區新的軍事主導國家。在加勒比、非洲、亞洲和太平洋地區，戰後的非殖民化運動以前所未有的速度實現，而英國幾乎沒有能力抵制這股浪潮。

1947年印度獨立，這是印度長達40年反抗殖民主義鬥爭的勝利，英國從此失去在海外最重要的殖民地。印度獨立後世界便掀起去殖民化浪潮，大英帝國開始瓦解。而英國為了讓印度留在大英國協，從而讓大英國協於1949年發表《倫敦宣言》，允許新成員國自由選擇政體，而不必將英國君主視為國家元首，僅需將英國君主視為大英國協元首即可。1948年6月22日，英國國王喬治六世（George VI，1895年～1952年）放棄印度皇帝頭銜，自此英國君主失去皇帝（Emperor）或女皇（Empress）的頭銜。

1948年緬甸也獲得獨立，並選擇不加入大英國協；之後又有同年的斯里蘭卡的獨立和以色列建國；1957年馬來亞獨立；1960年賽普勒斯最終獲得獨立，但英國在賽普勒斯島保留兩塊主權基地；1964年英國位於地中海的殖民地馬爾他獨立，至此英國在歐洲的殖民地僅剩位於伊比利半島南端的直布羅陀。

1952年，喬治六世駕崩，伊莉莎白二世（Elizabeth II，1926年～2022年，從1952年到2022年在位70年）繼位，並相應成為加拿大、澳洲、紐西蘭、南非、巴基斯坦、錫蘭（現名斯里蘭卡）女王，1953年6月2日加冕，時年27歲；儘管在位期間，以她為元首的國家有所增減，在其逝世前，除英國、加拿大、澳洲、紐西蘭外，還有牙買加、巴哈馬、格瑞那達、巴布亞紐幾內亞、索羅門群島、吐瓦魯、聖露西亞、聖文森及格瑞那丁、貝里斯、安地卡及巴布達、聖克里斯多福及尼維斯共11個國家仍尊其為君主，其餘國家則已自立國家元首。

伊莉莎白二世像
圖片來源：《維基百科》

1956年，埃及蘇伊士運河危機中，英、法、以色列三國聯軍，占領蘇伊士運河區和西奈半島，但在美國的經濟制裁威脅和蘇聯的核威懾下，三國被迫從埃及撤軍。該危機導致時任英國首相的安東尼·伊登（Robert Anthony Eden, 1st Earl of Avon，1897年

安東尼·伊登像；圖片來源：《維基百科》

～1977年）下臺，其後上臺的英國首相哈羅德．麥米倫（Maurice Harold Macmillan, 1st Earl of Stockton，1894年～1986年）則加快了去殖民化的腳步，英國勢力自此徹底退出蘇伊士運河區。該事件代表著美、蘇兩國正式取代英、法成為新的世界霸主。

哈羅德．麥米倫像；圖片來源：《維基百科》

1957年，非洲地區的迦納，經過10年的民族主義運動後終於獨立、1960年奈及利亞獨立、1961年獅子山和坦噶尼喀與烏干達也獨立、1963年肯亞和桑給巴爾獨立、1965年甘比亞獨立、1966年波札那和賴索托亦獨立，以及1968年史瓦帝尼也相繼獨立。

1958年，英國將其在加勒比海地區的殖民地，整合成西印度群島聯邦，但由於內部的政治鬥爭，導致該聯邦在1962年解散。西印度聯邦解散後的20年裡，其組成部分大多脫離英國獨立，僅剩小部分島嶼仍然保留英國海外領地的地位。

1961年，英國在波斯灣地區的殖民地科威特宣布獨立，之後的葉門、卡達、巴林、阿曼、特魯西爾酋長國等，也相繼獲得獨立。

1964年，羅德西亞與尼亞薩蘭聯邦隨著馬拉威和尚比亞的分別獨立而分裂，南羅德西亞的白人宣布獨立，拒絕接受一個非洲人政府的管轄。在南非白人政府的支持下，這個羅德西亞政權一直持續到1979年，直到雙方達成協議，於1980年成立一個多數共治的辛巴威共和國，至此英國結束了它在非洲大陸的殖民統治。

1966年，由於英國國力的衰退，在聯合國區域集團重新劃分後，由英國主導的大英國協國家組被取消，英國、加拿大、澳洲和紐西蘭四國被劃入西歐及其他組，而其餘大英國協國家則被劃分到相應的地區組，這一象徵性舉動標誌著英國喪失主導世界的地位。英國在亞洲最後一個保護國，汶萊也在1984年脫離英國獨立，而英國最後一塊人口超過6百萬的殖民地香港，則於1997年7月1日移交給中華人民共和國。由此，標誌著大英帝國徹底終結501年的統治。

如今，英國總面積243,610平方公里，為世界面積第80大的主權國家，是歐洲面積第11大，人口約6,636萬人，為全球第21名，歐洲第3名，不包含14塊海外領地。大英帝國雖已成為歷史，但其對世界的影響至今依然存在，儘管英國幾乎所有殖民地都已擺脫英國而獨立，但絕大多數國家在獨立後，依舊選擇加入大英國協這個組織。迄今為止，英國依舊擁有14塊海外領地，且仍有大英國協15個獨立國家以英國君主作為其國家元首。

其中，除本土外的14塊海外領地為：南極領地、英屬印度洋領地、直布羅陀、聖海蓮娜和阿森松和特里斯坦—達庫尼亞、百慕達、土克凱可群島、開曼群島、英屬維京群島、安圭拉、蒙哲臘、福克蘭群島、南喬治亞和南桑威治群島、皮特肯群島、亞克羅提利與德凱利亞等，總面積約1,727,570平方公里，人口約25萬人。

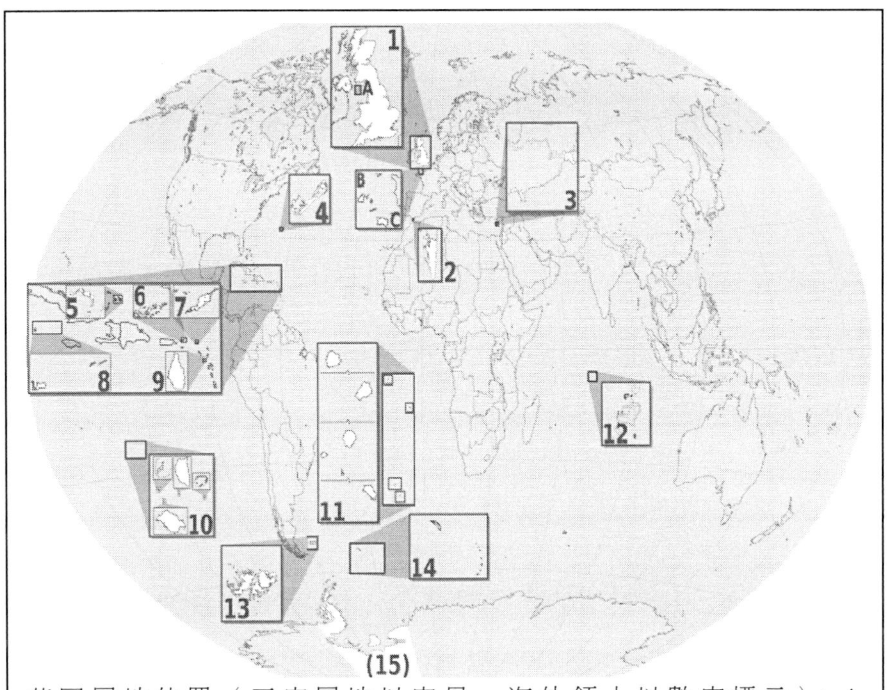

英國屬地位置（王室屬地以字母、海外領土以數字標示）：A 曼島；B 根西；C 澤西；1 本土；2 直布羅陀；3 亞克羅提利與德凱利亞；4 百慕達；5 土克凱可群島；6 英屬維京群島；7 安圭拉；8 開曼群島；9 蒙哲臘；10 皮特肯群島；11 聖海蓮娜、阿森松和特里斯坦—達庫尼亞；12 英屬印度洋領地；13 福克蘭群島；14 南喬治亞和南桑威治群島；15 南極領地。

圖片來源：《維基百科》

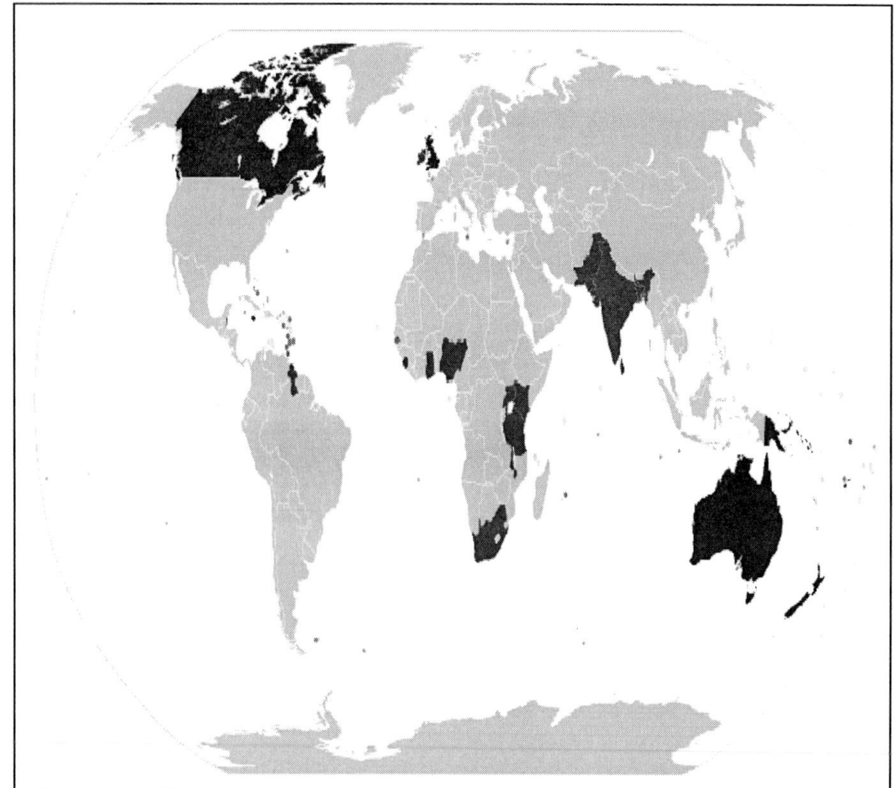

藍色表示的是當今為大英國協王國的國家，紅色表示的是曾經為大英國協王國的國家。
圖片來源：《維基百科》

而大英國協王國則有：安地卡及巴布達、澳洲、巴哈馬、貝里斯、加拿大、格瑞那達、牙買加、紐西蘭、巴布亞紐幾內亞、聖克里斯多福及尼維斯、聖露西亞、聖文森及格瑞那丁、索羅門群島、吐瓦魯、英國等15國。

二、蒙古帝國

蒙古帝國（蒙語：Их Монгол Улс）（公元 1206 年～1635 年凡 430 年間），是一個橫跨歐亞兩洲的全球帝國，也是世界歷史上鄰接版圖最遼闊的國家。蒙古人武力興盛的時期，曾發動三次大規模的蒙古西征，也就是元憲宗九（1259）年到至大二（1309）年之間，蒙古帝國的版圖最大曾達到約 2,400 萬平方公里，包含藩屬國的疆域更高達 3,500 萬平方公里[3]，東邊到達了東海和太平洋，包含朝鮮半島之南、北韓等國；西邊則至中亞地區的裡海、黑海，包含土耳其、伊朗、阿富汗、哈薩克斯坦等國；南邊則到印度洋，包含緬甸、越南等國；北邊到達了北冰洋，包含俄羅斯在亞洲的全境，總人口則約有 2 億人。

蒙古帝國的藩屬國有：高麗（今之南北韓）、緬甸、安南（今之越南），以及欽察汗國、察合臺汗國、與伊兒汗國等國，在世界帝國中排名第二。下圖為元武宗時期（1309 年），元朝與諸汗國關係圖，綠色區域：大元朝；灰色區域：察合臺汗國；黃色區域為欽察汗國；紫色區域：伊兒汗國。

---

[3] 地球分為：亞洲、非洲、北美洲、南美洲、南極洲、歐洲，以及大洋洲等七大洲；總面積為：陸地 148,940,000km^2（29.2%），水域 361,132,000km^2（70.8%），合計 510,072,000km^2；亞洲是七大洲中最大的洲，總面積為：54,792,114km^2，約占地球總面積約 10.7%，占地球總陸地面積約 36.8%）。

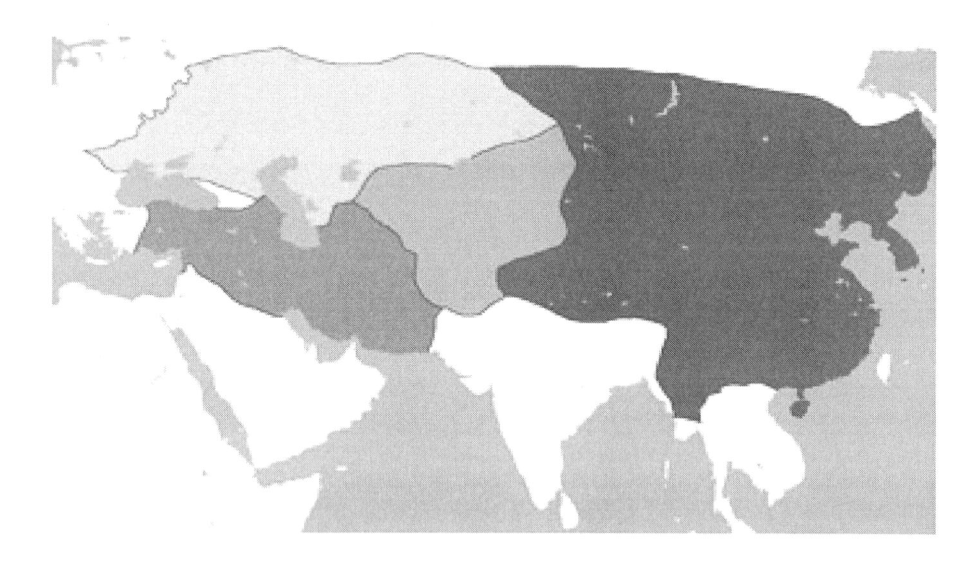

蒙古帝國版圖；圖片來源：《維基百科》

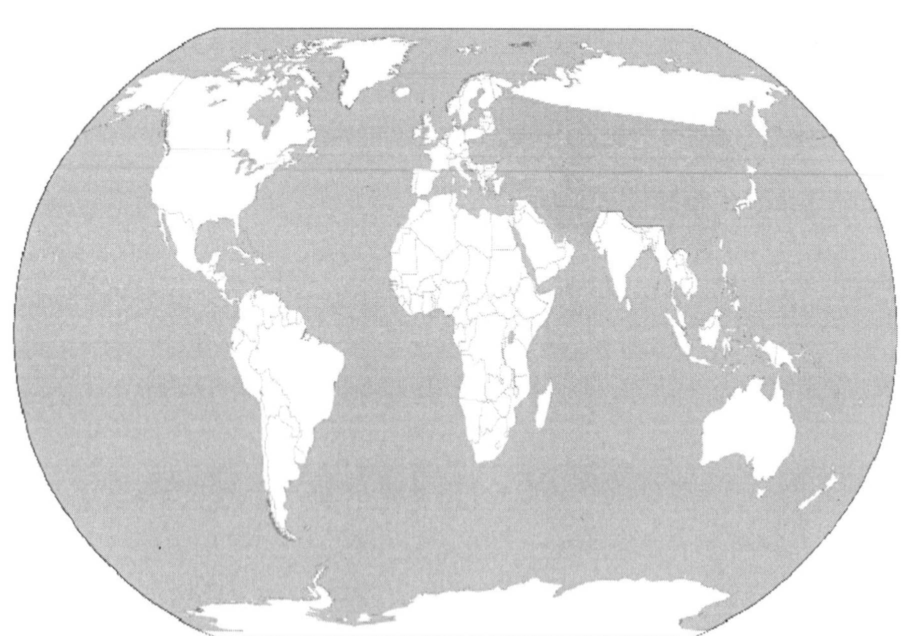

蒙古帝國在地球上的位置；圖片來源：《維基百科》

以下將分崛起、鼎盛、衰落等三個單元敘述如後：

1·蒙古帝國的崛起：

太祖成吉思汗畫像；
圖片來源：《維基百科》

蒙古帝國是由蒙古人鐵木真（公元1162年～1227年，從1206年到1227年在位21年），於元太祖元年在斡難河（今之蒙古鄂嫩河，位於今蒙古國肯特省）畔建立，國號〝大蒙古國〞。時間約為鐵木真征服蒙古高原各部落後，始有〝成吉思汗〞之稱號，並定公元1206年為太祖元年。

公元七世紀，蒙古族生活在今中國東北大興安嶺北段、額爾古納河南岸一帶。九世紀時，一部分蒙古人遷徙斡難河、怯綠連河（今蒙古克魯連河）一帶的漠北草原。十世紀後，蒙古形成互不統屬的許多大小部落，直至十二世紀初，蒙古族尚處於原始部落時期，以遊牧為生。漠北草原遊牧民族除蒙古族之外，還有塔塔爾、泰赤烏、蔑兒乞、乃蠻、克烈、汪古部，以及以尼倫和迭列斤兩大部落所組成的蒙兀王國等許多部族。因這些部族共同生活在蒙古高原，在遼金時期被泛稱為〝韃靼〞，隨著社會的發展，蒙古部落私有制出現，並日益發達。

女真人於公元1115年，在會寧府（今黑龍江省哈爾濱市阿城區）定鼎立國，建立金朝國號〝大金〞後即開始強大，蒙古族無法忍受女真貴族的殘酷壓迫，故與金朝經常交兵，蒙古各部落亦相互征伐不斷，造成人民生活很困苦。十二世紀初，蒙古族領袖鐵木真完成了蒙古各部落的統一，於1206年被公推為〝成吉思汗〞，又稱〝成吉思皇帝〞或〝成吉思可汗〞，是為太祖。蒙古帝國正式建立，太祖鐵木真為蒙古帝國第一位大汗[4]，並開始以鯨吞天下之勢向外擴張。

2·蒙古帝國的鼎盛：

蒙古帝國建立後，屢次對外擴張，開始征伐西夏、金朝、西遼、花剌子模[5]等國，其繼承人第二任大汗窩闊臺（1186年11月～1241年，從1229年到1241年在位12年），是為太宗。又經過兩次

太宗窩闊臺汗畫像
圖片來源：《維基百科》

[4] 太祖鐵木真為蒙古帝國締造者，故為蒙古帝國第一位大汗，後元世祖忽必烈追謚其先祖，也就是太祖鐵木真之父也速該（1133年～1170年）為烈祖，才會出現烈祖在蒙古帝國君主年表排為第一位大汗的現象。

[5] 花剌子模是一個位於中亞西部阿姆河三角洲地區的大型綠洲，它的南部為卡拉庫姆沙漠，北部是鹹海，西部為烏斯秋爾特高原，東部是克孜勒庫姆沙漠；在中世紀曾建立一個強大的帝國--花剌子模帝國，今為烏茲別克、哈薩克和土庫曼的一部分。

大規模的西征，至憲宗九（1259）年蒙古帝國第四任大汗蒙哥（1209年～1259年，從1251年到1259年在位8年）去世前已占領包括：蒙古高原、中國西北、西南、東北、華北、中亞、西亞以及東歐在內的廣大地域。

蒙古帝國的三次西征，將其鐵蹄遍及歐亞廣大的地區。第一次西征為元太祖十四至十九年（1219年～1224年），是成吉思汗率軍與花剌子模國進行的一場戰爭。第二次西征為元太宗八至十四年（1236年～1241年），是窩闊臺汗遣拔都等諸王，率軍征服伏爾加河以西諸國的戰爭。第三次西征為元憲宗二至世祖中統元年（1252年～1260年），是蒙哥汗派其弟旭烈兀率領10萬大軍攻打波斯的戰爭。

第一次西征，由元太祖成吉思汗發動並為主帥，滅西遼、花剌子模、亞美尼亞、喬治亞和亞塞拜然，並越過高加索山擊破欽察人各部。

1219年６月，成吉思汗親率蒙古主力軍，大約10萬人向西擴張，並在中途收編了5萬突厥軍。1220年底，一直被蒙古軍追擊的花剌子模首領摩訶末蘇丹，病死在寬田吉思海（今裡海）中的一個名為額別思寬島（或譯為阿必思昆島，已陸沉）的小島上，並在臨死前傳位札蘭丁·明布爾努。蒙古軍先後取得河中地區和呼羅珊等地。1221年，蒙古軍隊消滅花剌子模王國，同年11月成吉思汗率軍追擊札蘭丁一直追到申河（今印度河）岸邊，札蘭丁大敗僅率少數人渡河逃走。

當初，成吉思汗命令速不臺（1176年～1248年）和哲別（？年～1223年）率領二萬騎兵追擊向西逃亡的摩訶末蘇丹，他逃入裡海後，速不臺與哲別率領蒙古軍繼續向西進發，征服了太和嶺（今高加索山）一帶的很多國家，然後繼續向西進入欽察草原。1223年，他們於迦勒迦河之戰（今烏克蘭日丹諾夫市北）中，擊潰基輔羅斯諸國王公與欽察忽炭汗的聯軍，然後又攻入黑海北岸的克里木半島。

速不臺畫畫像
圖片來源：《維基百科》

哲別畫畫像：圖片來源：《Ancient Origins》

1223年底，速不臺與哲別率軍東返，經過窩瓦河（又稱伏爾加河），攻入此河中游的不里阿耳（今俄羅斯聯邦的韃靼斯坦共和國），遭遇頑強抵抗後，沿河南下，經由裡海，鹹海之北，與成吉思汗會師東歸，在東返途中，哲別病逝。

第二次西征，成吉思汗於1227年過世，由元太宗窩闊臺汗繼位，是為蒙古帝國第二位大汗，他並發動第二次西征，命朮赤長子拔都（1208年～1255年）、察合臺長子斡兒答（1204年～1251年）、窩闊臺長子貴由、拖雷長子蒙哥各統本王室軍，萬戶以下各級那顏亦分遣長子從征（史稱長子西征），並以拔都為主帥，速不臺為副帥，共15萬大軍自各地出發，秋季抵達伏爾加河東岸會師，諸王商定後，各率本部兵前進。首先征服了伏爾加保加利亞汗國，又稱卡馬突厥國（今楚瓦什共和國與韃靼斯坦共和國）。接著又滅位於東歐平原的基輔羅斯，進而擊潰波蘭王國、匈牙利王國、保加利亞第二帝國等國大敗，先鋒部隊遠征至匈牙利治下的達爾馬提亞（今為克羅埃西亞共和國管轄），以及南斯拉夫地區的拉什卡（今為塞爾維亞共和國管轄）。

1236年春天，蒙古軍隊進攻伏爾加保加利亞。保加爾人早期居住於黑海以北，以及高加索一帶，為芬蘭人、斯拉夫人與突厥人的混合部落。在七世紀，可薩帝國[6]之可薩人（也譯作卡扎人、哈扎爾人）的打擊下，分兩支逃亡，一支移居到亦的勒河（也稱也的里河，即今伏爾加河）上游卡瑪河匯流處，即為伏爾加保加利亞汗國；

[6] 可薩帝國（或可薩汗國），是西遷到高加索地區的一支突厥化部族建立的國家；公元 7 至 9 世紀，可薩人在伏爾加河中下游建立了強大的可薩汗國，成為絲綢之路北道上的重要中轉站，同拜占庭帝國和阿拉伯帝國保持着密切的政治經濟聯繫；8 世紀中葉，可薩人從薩滿教的信仰者轉而皈依猶太教。

另一支西走多瑙河上成立保加利亞第一帝國。而在此次西征中，蒙古軍於秋天猛攻伏爾加保加利亞之首都比里阿耳城（今俄羅斯維亞特卡－波利亞納東），歷時45天，城破後被拔都徹底毀滅，估計數十萬保加爾人被殺，然後焚毀了這座城市。

同年冬天，蒙古軍循伏爾加河而下。居於烏拉爾河與伏爾加河之間玉里伯里山的欽察部（為突厥種氏族，後來蒙古所建立的欽察汗國），其首領忽魯速蠻見狀，已先遣使納款，並由其子班都察舉族迎降。另一部落斡勒不兒里克部首領八赤蠻則堅持抵抗，他們隱伏於伏爾加左岸的叢林中，不時對蒙古軍襲擊。

1237年春天，速不臺自比里阿耳城移師南下增援蒙哥，八赤蠻見速不臺攻至大懼，逃入海中。蒙古軍以獵圈形式進行搜索，八赤蠻被迫逃至寬田吉思海（裡海）的一個小島上。蒙哥即率軍乘風破浪，生擒八赤蠻，附近的阿蘭部、哈赤兒兀庫剌亦被征服。比里阿耳與欽察部的征服，使西進斡羅斯（今俄羅斯歐洲北部的基洛夫州和韃靼自治共和國以西地區和烏克蘭、白俄羅斯）的

定宗貴由汗畫像
圖片來源：《維基百科》

門戶大開，蒙古大軍從此沒有後顧之憂，毫無忌憚地遠征。1241年12月11日窩闊臺汗去世，由第三任大汗貴由（1206年～1248年，從1246年到1248年在位2年）繼承，是為定宗。

第三次西征，由第四任大汗蒙哥，是為憲宗發動，以旭烈兀（1218年～1265年）為主帥，率領10萬大軍，滅了木剌夷國[7]（今之伊朗北方），以及阿拔斯王朝（今之伊拉克），並重創敘利亞，取得埃宥比王朝[8]的控制權。蒙古帝國在三次的西征中共侵吞40多個國家。

憲宗蒙哥汗畫像
圖片來源：《維基百科》

自從蒙古帝國消滅了花剌子模王國，征服東歐各國之後，蒙古帝國的勢力範圍已

[7] 在中世紀的西亞裡海之濱出現過一個以山寨為堡，從事暗殺活動的阿薩辛派，它是伊斯蘭教什葉派伊斯瑪儀派的分支尼紮裡耶派的俗稱，中國漢文史籍稱之為〝木剌夷〞，為阿拉伯語al-Mura'i或Mulahid的音譯，意為〝假道學〞或〝異端〞、〝迷途者〞，是穆斯林正統派賦予當地信徒的稱呼；這群迷途者因首任領袖的名字叫伊斯梅爾，而被稱為伊斯梅爾派，是創始人哈桑本薩巴（？～1124年）以波斯阿拉穆特堡（Alamut）為中心建立的伊瑪目王朝（1090年～1256年）。

[8] 埃宥比王朝為12～13世紀統治埃及、敘利亞、葉門的伊斯蘭教王國；該王朝由庫德人建立，全盛時期的版圖延伸至聖城麥加與北伊拉克，由埃及民族英雄薩拉丁帶領下獲得了獨立地位。

擴展到中亞和東歐。元憲宗元年（1251年），蒙哥即汗繼位後，便遵奉祖父成吉思汗的遺訓拓展疆土，加上當時位於伊朗的木剌夷國、報達國（或稱黑衣大食王國，即今伊拉克首都巴格達），以及敘利亞國不肯對蒙古稱臣和朝貢，尤其是木剌夷人屢劫蒙古商旅。蒙哥大汗為了維護蒙古人的權益，擴大疆土，決定遠征波斯，以圖在該地建立一個統一的政權。因此，蒙古藉此發起第三次西征，該次西征蒙哥因集中對付南宋，故命旭烈兀領軍征戰中東。

征戰木剌夷國：1253年7月，旭烈兀命將領怯的不花（1184年～1260年）率1萬2千人率先進攻，為主力軍作準備。而旭烈兀則仍留在和林，繼續籌建主力軍，為長征作準備，並於隔年10月，率軍出征。蒙古軍經過阿力麻里（今新疆霍城西北方的阿脫諾克），到達突厥斯坦（今指錫爾河以北的草原和毗鄰地帶），並在該地駐紮。1256年9月，蒙古軍攻進撒馬爾罕（今之烏茲別克斯坦），之後再進軍至鐵門關（今之烏茲別克南方），以及木剌夷國。旭烈兀把蒙古軍分為三部，向木剌夷國之都城麥門底司堡（今之伊朗西北部吉蘭省內）進軍。阿薩辛派教主魯克賴丁於11月投降。12月，蒙古軍進入蘭麻撒耳，木剌夷國最終全部被旭烈兀所占領。

征戰阿拔斯王朝：1257年9月，旭烈兀率軍向阿拉伯帝國的阿拔斯王朝發動攻擊，首先派怯的不花率領騎兵，進入木剌夷國和阿拉伯帝國之間的山地，打開從哈馬丹通往阿拔斯王朝首都巴格達的通道，接著蒙古軍分為三路進攻阿拔斯王朝。11月，三路蒙古軍隊同時向巴格達進軍。中路蒙古軍攻破開爾曼沙後，於12月進軍火勒完。這時，左路蒙古軍占領羅耳之地；右路蒙古軍在塔克利特（今伊拉克首都巴格達附近）渡過底格里斯河，並利用水淹的方法殲滅了阿拉伯帝國的軍隊。1258年1月，蒙古軍開始圍攻巴格達。2月，阿拔斯王朝哈里發（統治者）穆斯塔欣帶領皇子、貴族和官員投降，阿拔斯王朝正式滅亡。

征戰敘利亞的阿尤布王朝：旭烈兀滅阿拔斯王朝之後，繼續向西進攻，進入阿拉伯地區。1258年9月，蒙古軍進攻敘利亞的阿尤布王朝，並分為三路進攻。1259年3月，蒙古軍圍攻敘利亞的首都大馬士革，4月大馬士革投降，蒙古軍占領了敘利亞大部份國土，阿尤布王朝至此名存實亡，僅統治中部哈馬這個城市。後來旭烈兀繼續進軍小亞細亞[9]，並在克塞山戰役中戰勝魯姆蘇丹國的聯軍，攻陷富浪國（今之賽普勒斯）。拜占庭帝國（東羅馬帝國）與西歐眾國均派使者與旭烈兀會面聯盟。旭烈兀原本準備進軍埃及，但1259年8月，蒙哥汗於合州

[9] 小亞細亞半島（Asia Minor Peninsula），又稱安納托利亞半島，亞洲西部的半島，位於土耳其境內，主要由安納托利亞高原和土耳其西部低矮山地組成，陸地面積約為約 50 萬平方公里，主要農作物有小麥、玉米、甜菜、棉花、煙草等。

（今之重慶市合川區）戰死，旭烈兀班師回朝，怯的不花則受旭烈兀命令，固守敘利亞。同年9月，埃及的軍隊在大馬士革南方的阿音札魯特戰役大敗蒙古軍，怯的不花陣亡，此役制止了蒙古帝國的擴張野心。蒙古帝國的第三次西征正式結束，蒙古的西征亦正式完結。

元世祖忽必烈畫像
圖片來源:《維基百科》

蒙哥汗去世後，其四弟忽必烈（1215年～1294年，從1260年到1271年在位11年）和七弟阿里不哥（1219年～1266年）爭汗位，以致引發內戰之後走向分裂。儘管忽必烈於至元元（1264）年擊敗阿里不哥，成為蒙古帝國第五位大汗，是為元世祖；然而，他主張承襲〝蒙古大汗〞之位的繼承權，並沒有獲得一致認同，直到元朝第二位皇帝，蒙古帝國第六位大汗，元成宗鐵穆耳時期才達成內部共識，使元朝的宗主地位獲得認同。而原屬蒙古帝國的朮赤（1181年～1227年）後王封地、察合臺（約1183年～1242年）後王封地、窩闊臺後王封地和忽必烈之弟

阿里不哥畫像
圖片來源:《維基百科》

旭烈兀的封地，取得事實上的獨立地位，被稱為〝四大汗國〞，其他蒙古帝國時期建立的小型汗國多依附於四大汗國。至元八（1271）年，忽必烈建立元朝，國號為〝大元〞，全名為〝大元大蒙古國〞，是為元朝第一位皇帝，也自稱〝蒙古大汗〞。至元十六（1279）年大元滅南宋，自此被元朝所控制的領地包含蒙古高原和現今中國大部分地區。實際處於獨立地位的欽察汗國、察合臺汗國、窩闊臺汗國，以及伊兒汗國等蒙古四大汗國，與大元之間互不統屬，以致戰爭不斷。在忽必烈去世後，其繼任者元成宗與四大汗國達成協議，以大元國皇帝為名義上的〝蒙古大汗〞，之後四大汗國的疆土又陸續經歷演變。

在成吉思汗時期，他便將蒙古帝國的土地分給他的幾個兒子。由於各個兒子均聽從父親的號令，故所封的汗國成為一個整體，服從大汗的領導。然而，自從成吉思汗，以及繼任者窩闊臺汗、貴由汗過世後，蒙古各派系對大汗的繼承人存在爭論，一度形成了危機。後來在西征擁有大功的領導人拔都之支持下，蒙哥才能繼承第四任汗位，於是大汗之位由窩闊臺家族轉移至拖雷家族。為報

拔都汗畫像；
圖片來源：《維基百科》

答拔都的支持，蒙哥汗允許拔都建立的〝欽察汗國（今俄羅斯）〞，又稱金帳汗國（1242年～1502年）保持相對獨立的地位，也就是欽察是朮赤的封地，由其子拔都建立欽察汗國，並為第一位汗王[10]。

海都汗畫像；圖片來源：《維基百科》

1258年，蒙哥汗親征南宋失利，1259年卒於四川，其弟忽必烈和阿里不哥分別於1260年集會自稱為大汗。隨後征戰中原的忽必烈與留守蒙古本土的阿里不哥開始交戰，歷經四年的內戰，最終忽必烈勝利，並於1271年在中原地區正式建立元朝。然而，由於忽必烈的自行即位及〝行漢法〞主張，引起蒙古大多數宗派的強烈不滿，拒絕承認忽必烈的汗位。原窩闊臺和察合臺派系在海都（1235年～1303年）的帶領下結盟，反對忽必烈，逐漸形成獨立的窩闊臺汗國和察合臺汗國，並聯合早已獨立的欽察汗國，多次與忽必烈的元軍進行交

---

[10] 欽察地區是蒙古帝國的疆域，是朮赤的封地，所以朮赤只能是〝王〞，不能稱為〝可汗（皇帝）〞；欽察地區獨立後，成為一個國家，所以稱〝可汗〞。

戰，互有勝負。唯一承認忽必烈汗位的是其弟，西征主帥旭烈兀，他宣布承認忽必烈的汗位，以換取忽必烈汗支持他建立獨立的〝伊兒汗國（今波斯地區）〞（1256年～1357年），也就是旭烈兀是伊兒汗國的建立者，並為第一位汗王。至於〝窩闊臺汗國（今新疆）〞（1224年～1309年），原為窩闊臺的封地，由其孫海都建立，並為第一位汗王。〝察合臺汗國（今中亞地區）〞（1224年～1680年）則為察合臺封地，由其孫阿魯忽（？年～1266年）真正建立獨立國家，並為第一位汗王。

旭烈兀汗畫像
圖片來源：《維基百科》

上面中間者阿魯忽汗畫像
圖片來源：《維基百科》

1274年，忽必烈汗派樞密院使伯顏（1236年～1295年）率軍南下攻伐南宋，與阿術（1227年～1287年）統中路取鄂州、漢陽等地，沿長江東下，取黃州、蘄州、江州、安慶、池州等地，大

南宋太皇太后謝道清畫像
圖片來源：《維基百科》

敗南宋宰相賈似道(1213年～1275年)軍隊於丁家洲(今安徽蕪湖魯港),收降太平州、滁州,下建康(今南京)。1276年,南宋太皇太后謝道清(1210年～1283年)帶宋恭帝趙㬎(1271年～1323年)出降,都城臨安陷落。此後,元軍開始著手消滅南宋的殘餘勢力。1279年,宋元雙方在崖山(今廣東江門市新會區南約50公里的崖門鎮)外海進行了大海戰,史稱〝崖山之戰〞,宋軍戰敗,宰相陸秀夫(1237年～1279年)背負8歲的宋少帝趙昺(1272年～1279年)跳海而死。至此,南宋滅亡,元朝統一中國。除此以外,蒙古帝國還入侵:

宋恭帝趙㬎畫像;圖片來源:《維基百科》

宋少帝趙昺畫像;圖片來源:《維基百科》

高麗王朝(918年～1392年),今之南北韓(朝鮮半島):早在1231年,窩闊臺汗以殺使事件為由入侵高麗,先後展開了七次戰爭(窩闊臺汗時期3次,貴由汗時期1次,蒙哥汗時期2次,忽必烈汗時期1次)。高麗起初難以抵擋蒙軍,神騎都領洪福源(1206年～1258年)不得已向蒙古稱臣,1232年因不堪蒙古的壓迫而遷都江華島，地方官民轉移至山城或海島，長期抵抗蒙軍。雖曾取得射殺蒙古主帥撒禮塔（？年～1232年）等戰果，但最終力不能支，高麗元宗王禃（1219年～1274年），率王室於1270年投降蒙古，離開江華島，而三別抄為首的崔怡（？年～1249年），高麗反蒙勢力繼續在珍島、耽羅島（今濟州島）堅持抗戰，到1273年被徹底消滅，蒙麗戰爭結束，高麗歸順蒙古帝國。

陳朝王國（1226年～1400年，即今之越南北部）：在1257年，蒙古帝國為實現三面圍攻南宋的戰略，曾派兀良合臺（1201年～1272年）進攻陳朝。元滅宋後，又分別於1285年和1287年兩度攻佔陳朝，後陳朝與占婆（137年～1832年，即今之越南中部地區），聯合擊退了元軍。

蒲甘王國（849年～1297年，今之緬甸北部）：1287年，元軍攻入緬甸北部的蒲甘王國，並深入緬甸北部、中部、東部，部分元軍進入阿薩姆地區（今印度東北部），之後在1303年退出緬甸南部地區，而緬甸北部中部東部是中國領土，屬元朝的雲南省。

日本國（鎌倉幕府1192年～1333年）：1268年，忽必烈汗曾遣使日本，要求日本效法高麗來朝通好，否則將用兵征討。但為鎌倉幕府執政者北條時宗（1251年～1284年）所拒，並積極備戰。1274年，忽必烈汗派大將忻都（？年～？年），以及高麗大將洪茶丘（1244年～1291年）出征日本，元軍攻陷對馬島（日本九州北方玄界灘以西的島嶼），在日本肥前（今日本佐賀縣及長崎縣的本土部分）沿海登陸並擊敗日軍。但元軍無法突破九州崎嶇的地形，且遭到日軍頑抗。隨後，征日大將劉複亨（？年～1283年）受傷，元軍撤至船上，當夜意外而來的颱風掀翻元軍200多艘兵船，忻都連夜乘剩餘船隻撤退回國。1275年後，日本繼續加強戰備，而元朝派去日本的使者杜世忠（1242年～1275年）、何文著（？年～1275年）等均被日本斬首。忽必烈汗為此十分惱火，遂開始積極籌劃第二次入侵。1281年，忽必烈汗又派行省右丞相阿刺罕、行省右丞范文虎（？年～1302年）分統10餘萬軍隊、4千餘艘船隻，分別自南、北兩路征日，在對馬島上會師。會師之後，阿刺罕逝世，忽必烈汗命中書省右丞阿塔海（1234年～1289年）前往接替。然范文虎沒有等阿塔海到達，即行進軍，在日本平壺島（今日本長崎北）登陸，結果不久碰上颱風，這次颱風歷時多天，好不容易風雨停住（日本人後來稱之為神風）。在奪取壹岐島（日本九州北方玄界灘的島），進而攻打九州的戰役中，元軍進展不利，最終除了范文虎、

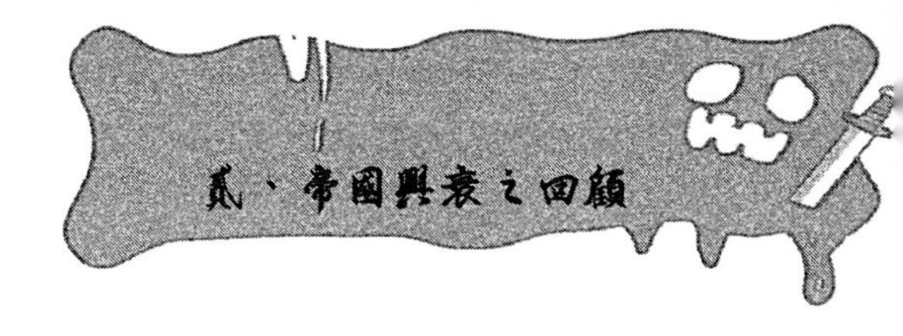

忻都等人率領少量士卒逃回之外，其餘部隊都被日本殲滅或俘虜。

1294年，元世祖忽必烈汗駕崩後，因太子真金（1243年～1286年）早死，其三子鐵穆耳（1265年～1307年，從1294年到1307年在位13年）在庫里爾臺大會中獲得重臣伯顏與玉昔帖木兒（1242年～1295年）等人支持，順利繼位為元成宗，是元朝第二位皇帝，蒙古帝國第六位大汗。

元成宗鐵穆耳畫像
圖片來源：《維基百科》

鐵穆耳主要恪守元世祖時期的成憲，任用侄子海山（為答剌麻八剌之子）鎮守和林以平定西北海都之亂，奠定後來取得四大汗國認同的基礎，他並下令停止征討日本與安南等地區。大德七（1303）年，元成宗鐵穆耳與察合臺汗都哇（？年～1306年），以及窩闊臺汗察八兒（？年～？年）成功講和，至此元朝在名義上成為其它汗國的宗主，四大汗國一致承認元朝皇帝是元太祖成吉思汗皇位的合法繼承人，蒙古帝國復歸一統。

3·蒙古帝國的衰落：

元成宗鐵穆耳繼位後，在內政方面，專力整頓國內政治，減免江南部分賦稅。然而，由於鐵穆耳過度賞賜皇親貴族，入不敷出，致使國庫資財匱乏。1307年正月，元成宗駕崩，由於太子德壽（？年～1306年）早逝，左丞相阿忽臺（？年～1307年）擁護皇后卜魯罕（？年～？年）與安西王阿難答（1273年～1307年）監國，並有意讓阿難答稱帝。海山之弟愛育黎拔力八達與右丞相哈剌哈孫（1257年～1309年）發動大都政變。他們斬殺阿忽臺，控制大都局勢，擁護海山（1281年～1311年，從1307年到1311年在位4年）稱帝，即元武宗，是元朝第三位皇帝，蒙古帝國第七位大汗。

元武宗海山畫像
圖片來源：《維基百科》

元仁宗愛育黎拔力八達畫像
圖片來源：《維基百科》

元武宗因愛育黎拔力八達擁護有功，冊封他為皇太弟（即未來繼任的元仁宗），並相約武宗系族與仁宗系族交替稱帝，即史稱〝武仁之約〞。元武宗為解決元成宗時期的財政危機，特設置常平倉以平抑物價，下令印製至大銀鈔，然而反而使銀鈔嚴重貶值，後又沉耽淫樂、酗酒過度而於1311年逝世。由皇太弟愛育黎拔力八達（1285年～1320年，從1311年到1320年在位9年）繼位，是為元仁宗，是元朝第四位皇帝，蒙古帝國第八位大汗，也是元朝首次和平繼承帝位者。

元仁宗力圖改變元武宗時造成的財政枯竭、政治混亂的局面，他推行〝以儒治國〞的政策，並且減裁冗員、加強中央集權以整頓朝政，卻未能制止太后答己（1266年～1322年）干預朝政，也無力制裁備受太后重用的重臣鐵木迭兒（？年～1322年）貪贓枉法，並聽從鐵木迭兒的建議，廢除武仁之約。他將元武宗長子周王和世㻋外放鎮守雲南，次子圖帖睦爾放逐海南島，引起元武宗舊臣皆感憤怒而擁護和世㻋叛變，最後敗走漠北，依附察合臺汗國。1320年元仁宗駕崩後，皇太子碩德八剌（1302年～1323年，從1320年到1323年在位3年）即位為元英宗，是元朝第五位皇帝，蒙古帝國第九位大汗。

元英宗碩德八剌畫像
圖片來源：《維基百科》

元英宗繼續實行元仁宗的以儒治國，加強中央集權和官僚體制的政策，並下令拔除權臣鐵木迭兒在朝廷的勢力。然而支持鐵木迭兒的蒙古群族與色目[11]群族的保守派，厭惡英宗的新政，有意發動政變。1323年鐵木迭兒的義子鐵失（？年～1323年）趁元英宗去上都[12]避暑，在上都以南15公里的南坡地刺殺英宗及宰相拜住（1298年～1323年）等人，史稱〝南坡之變〞，元仁宗系族自此未能再奪得皇位。同年元世祖忽必烈的曾孫，真金（1243年～1286年）之孫，甘麻剌（1263年～1302年）之子，也就是鎮守和林的也孫鐵木兒（1293年～1328年，從1323年到1328年

元泰定帝也孫鐵木兒畫像
圖片來源：《維基百科》

---

[11] 色目人，意為各色名目之人，是元朝時主要對中亞、西亞、歐洲民族的統稱，也是元朝的四類人民之一，其地位在蒙古人之下，漢人、南人之上，並被當時的蒙古人視為〝闊端赤〞（意為家人、同伴或隨從）；徙居中原的色目人大約有三、四十萬，而在江浙閩地區的色目人，在元朝滅亡後和滯留的蒙古人一起淪為墮民，或自發改漢姓，隱入漢民族當中。

[12] 上都或稱元上都，即開平，位於今內蒙古自治區錫林郭勒盟正藍旗上都鎮，坐落灤河河畔；元世祖忽必烈即位以前，於 1256 年三月，命劉秉忠建王府於此；1260 年 5 月 5 日，忽必烈在開平即位，1263 年 6 月 16 日，忽必烈下詔升開平為上都，設有上都路。

在位5年）率兵南下，殺掉行剌元英宗的叛臣並自己稱帝，即元泰定帝[13]，是元朝第六位皇帝，蒙古帝國第十位大汗。

泰定帝召回被放逐到海南島的武宗系族圖帖睦爾（1304年～1332年）並封為懷王。在泰定帝統治期間，廣西、四川、湖南、雲南等少數民族地區經常爆發反抗元朝統治的暴亂，泰定帝一般使用軟硬兼施的手段來平息這些暴亂。雖是如此，但從整體來說，整個國家基本上是相對比較安寧。泰定帝於1328年7月駕崩於上都，丞相倒剌沙（？年～1328年）擁立七歲的阿剌吉八（1320年～1328年，從1328年10月3日到1328年11月14在位42天）為帝，是為元天順帝[14]，是元朝第七位皇帝，蒙古帝國第十一位大汗。

元天順帝阿剌吉八畫像
圖片來源：《維基百科》

[13] 也孫鐵木兒被視為〝自立〞的非法君主，沒有得到漢文廟號、諡號與蒙古汗號，一般以其第一個年號而通稱為〝泰定帝〞。

[14] 阿剌吉八因繼承其父也孫鐵木兒被視為〝自立〞的非法君主，也沒有得到漢文廟號、諡號與蒙古汗號，一般以其第一個年號而通稱為〝天順帝〞。

元文宗圖帖睦爾畫像
圖片來源：《維基百科》

而鎮守大都[15]的燕帖木兒（1285年～1333年）與伯顏擁立周王和世㻋於漠北（戈壁沙漠以北，包括今外蒙古在內的地域）、懷王圖帖睦爾於江陵（又稱沙市城郭，大致範圍為原湖北省沙市市城區）。1328年圖帖睦爾（1304年～1332年，從1328年10月16日到1329年4月3日在位169天）先至大都繼位，是為元文宗，是元朝第八位皇帝，蒙古帝國第十二位大汗。

元明宗和世㻋畫像
圖片來源：《維基百科》

而燕帖木兒則率軍攻入上都，然天順帝不知所終。隔年和世㻋（1300年～1329年，從1329年2月27日到1329年8月30在位184天）於漠北和林稱帝，即元明宗，是元朝第九位皇帝，蒙古帝國第十三位大

[15] 大都，或稱元大都，自元世祖忽必烈至元四年正月三十日（1267年2月25日）至元惠宗至正二十八年八月初二（1368年9月14日），為元朝京師；位於今北京市市區。

汗。後元文宗圖帖睦爾放棄帝位，派燕帖木兒迎元明宗和世㻋繼位，圖帖睦爾並被立為皇太子。然而燕帖木兒毒死了元明宗，元文宗復位（從1329年到1332年在位4年），改元天曆，史稱〝天曆之變〞。

元文宗圖帖睦爾時期雖大興文治，設立了奎章閣學士院，掌進講經史之書，考察歷代治亂，於奎章閣學士院下設藝文監，專門負責將儒家典籍譯成蒙古文字，以及校勘，並下令編纂《元經世大典》，為元朝一部重要的記述典章制度的巨著。然而，丞相燕帖木兒自恃有功，玩弄朝廷，導致朝政更加腐敗。

1333年元文宗去世後，為洗刷毒死元明宗的罪行，特留遺詔立年僅七歲的元明宗和世㻋次子懿璘質班（1326年～1332年，從1332年10月23日到1332年12月14日在位62天）為帝，是為元寧宗，是元朝第十位皇帝，蒙古帝國第十四位大汗。但元寧宗僅在位兩個月便去世，不久後燕帖木兒也去世。元明宗和世㻋的長子妥懽貼睦爾（1320年～1370年，從1333年到1368年在位35年）被文宗皇后卜答失里（1305年～1340年）從靜江（今廣西桂林）召回並立為

元寧宗懿璘質班畫像
圖片來源：《維基百科》

帝，是為元惠宗，又稱元順帝，是元朝第十一位皇帝，蒙古帝國第十五位大汗。元朝在二十六年內，總共換了八位皇帝，由此從鼎盛走向衰敗。

元惠宗妥懽貼睦爾畫像
圖片來源：《維基百科》

另外，四大汗國中，最先滅亡的是窩闊臺汗國（1224年到1309年凡85年）。海都汗於1301年去世後，國家開始走下坡路，其領土不久被元朝和察合臺汗國所瓜分，窩闊臺汗國遂滅亡。而伊兒汗國（1256年到1357年凡101年）與察合臺汗國（1224年到1680年凡456年）則均在14世紀走向分裂，最終被帖木兒（1336年～1405年）所滅，並建立帖木兒帝國（1370年到1507年凡137年）。最後滅亡的是欽察汗國（1242年到1502年凡260年），其統治俄羅斯等地長達兩個多世紀，直到1480年俄羅斯才擺脫蒙古的統治而獨立。其後，欽察汗國分裂為幾個小汗國，最終歸順於俄國。

帖木兒汗畫像：圖片來源：《維基百科》

公元1368年，明太祖朱元璋（1328年～1398年）攻入大都，元惠宗妥懽貼睦爾北逃應昌（應昌城又名魯王城，今內蒙古自治區赤峰市克什克騰旗西北達里諾爾西南的達日罕烏拉蘇木）。至此大元被驅逐出中原（長城以北），版圖縮小回蒙古高原地區，史稱〝北元〞（1368年到1388年凡20年），元惠宗為北元的第一位君主，元朝在中國的統治結束。

明太祖朱元璋畫像
圖片來源：《維基百科》

元惠宗雖試圖恢復中原故土，然經過與明朝的幾次戰爭後，失去幾十萬兵力，再也無力南下與明朝爭鋒。元惠宗死後，皇太子愛猷識理達臘（1339年～1378年，從1370年到1378年在位8年）即位，是為元昭宗，是北元的第二位君主，蒙古帝國第十六位大汗。宣光八（1378）年，元昭宗去世，

元昭宗愛猷識理達臘畫像
圖片來源：《維基百科》

其弟元天元帝脫古思帖木兒（1342年～1388年，從1378年到1388年在位10年）繼位，是為元天元帝，是北元的第三位君主，蒙古帝國第十七位大汗。1388年，阿里不哥後裔也速迭兒（1359年～1391年，從1388年到1391年在位3年）殺害元天元帝自己稱帝，並廢除大元國號，復稱〝大蒙古國〞（明朝稱之為韃靼），是蒙古帝國第十八位大汗，至此北元結束。北元的滅亡，對於明朝而言是失去了政治上的敵人，蒙古國成為〝邊患〞。

元天元帝脫古思帖木兒畫像
圖片來源：《維基百科》

自天元十（1388）年，也速迭兒殺害元天元帝篡位稱汗之後，蒙古帝國便開始逐漸分裂為東部韃靼、西部瓦剌、韃靼東部兀良哈三大部落聯盟，即蒙古本部、衛拉特、朵顏三衛三大勢力。後蒙古東路諸王和河西西域諸王先後歸順明朝，明朝冊封為朵顏三衛和關西八衛。

蒙古大汗也速迭兒畫像
圖片來源：《維基百科》

直到林丹汗（1592年～1634年，從1604年到1634年在位30年）蒙古帝國第三十八位大汗，也是最後一任受到公認的蒙古大汗。在他統治期間，蒙古內部的紛爭中削弱了自身的力量。明崇禎七（1634）年，被後金皇太極（1592年～1643年），也就是清太宗崇德皇帝擊敗並病逝，隔年其子額哲（1622年～1641年）歸降皇太極，漠南蒙古諸部亦於後金天聰十（1636）年正月聚集瀋陽，承認皇太極為大汗，統轄漠南蒙古諸部，象徵元太祖成吉思汗建立的蒙古帝國，歷經430年之後正式結束。

清太宗皇太極像
圖片來源：《維基百科》

三、俄羅斯帝國

俄羅斯帝國（俄語：Российская империя，公元1505年～1917年凡412年間），位於歐亞的國家，是一個統一君主制的國家，也是俄羅斯歷史上最後一個君主制的朝代。俄羅斯帝國的最大面積曾達約2,360萬平方公里，總人口約1億7千6百多萬人。版圖跨越歐、亞兩洲，東至阿拉斯加；南及土庫曼與南高加索、西達波蘭；北至北冰洋。與挪威、瑞典、德國、奧匈帝國、羅馬尼亞、鄂圖曼帝國、波斯、阿富汗、蒙古國、中國、朝鮮，以及日本接壤。僅次於大英帝國的歐洲第二大列強，人稱〝歐洲憲兵〞，在世界帝國中排名第三。

俄羅斯帝國的屬地：波蘭、芬蘭大公國，以及俄屬北美。版圖如下：

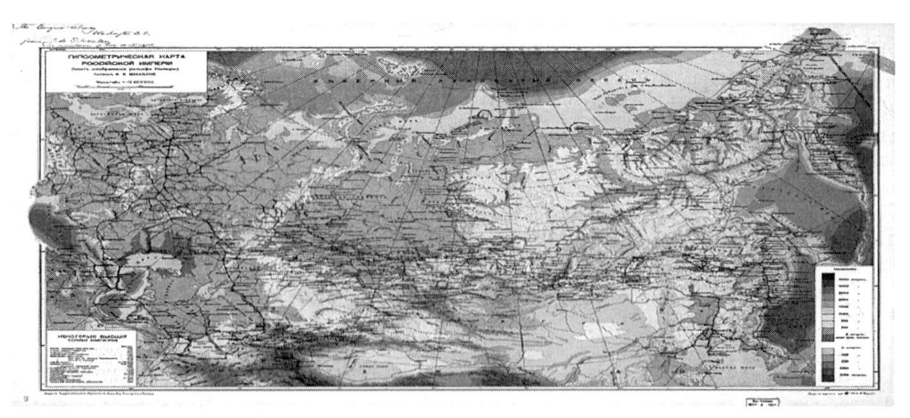

俄羅斯帝國版圖；圖片來源：《維基百科》

俄羅斯帝國在地球上的位置：圖片來源：《維基百科》

以下將分崛起、鼎盛、衰落等三個單元敘述如後：

1.俄羅斯帝國的崛起：

公元1237年，蒙古帝國成吉思汗之孫〝拔都〞率軍西侵羅斯，先後攻陷諾夫哥羅德、基輔、莫斯科，在伏爾加河下游建立〝金帳汗國〞。從此，東北羅斯（今俄羅斯）處在蒙古人的統治，西南羅斯（今烏克蘭）和西部羅斯（今白俄羅斯）歸併於波蘭和立陶宛。

拔都汗畫像；
圖片來源：《維基百科》

伊凡三世‧瓦西里耶維奇像
圖片來源：《維基百科》

在東北羅斯中，莫斯科公國封建土地所有制最發達，具備有利的地理條件，並為金帳汗國所信任而日漸強大，遂成為東北羅斯的政治中心。15世紀末到16世紀初，伊凡三世‧瓦西里耶維奇（俄語：Иван III Васильевич，1440

年～1505年，從1462年到1505年在位43年），人稱伊凡大帝，是俄羅斯的開創者，他讓俄羅斯取得了獨立的莫斯科大公。

在伊凡三世在位期間，莫斯科大公國最終統一了雅羅斯拉夫爾、諾夫哥羅德、彼爾姆、特維爾等幾個俄羅斯公國。蒙古人的金帳汗國（又稱欽察汗國1242年到1502年凡260年），不久由於內鬥而分裂成喀山汗國、阿斯特拉罕汗國、諾蓋汗國、昔班尼國、克里米亞汗國等幾個小汗國。伊凡三世於是在1480年停止對金帳汗國的納貢，從而結束了兩個半世紀的金帳汗國統治，並在1502年滅掉了金帳汗國。只可惜，1500年其子瓦西里三世為獲取大公權力公然造反，讓他束手無策，只好於1502年被迫將大公稱號授予瓦西里，大權旁落的伊凡三世在抑鬱中死去。

瓦西里三世．伊萬諾維奇像
圖片來源：《維基百科》

1505年，伊凡三世駕崩，由瓦西里三世·伊萬諾維奇(俄語：Василии III Иванович，1479年～1533年，從1505年到1533年在位28年）繼位。在他統治時期，莫

斯科公國相繼征服各公國，結束東北羅斯長期分裂割據的局面，建立統一的俄羅斯國家，徹底擺脫蒙古人兩個多世紀的統治。

瓦西里三世的繼位，是經歷一番鬥爭，他的父親伊凡三世本來要把大公爵位傳給長子伊凡・伊萬諾維奇，但是長子伊凡卻在1490年去世，使得伊凡三世必須要在瓦西里和長子伊凡的兒子德米特里・伊萬諾維奇中作出選擇。由於瓦西里的母親在莫斯科並不受歡迎，大多數貴族都支持德米特里。故在少數貴族的支持下，瓦西里決定鋌而走險發動政變，但陰謀很快就敗露，被其父伊凡三世抓起來，他的支持者都被處決或流放。後因德米特里的幕僚，捲入謀害瓦西里的陰謀，而在1502年被伊凡三世監禁，於是繼承者只剩下瓦西里。

在瓦西里三世時代，莫斯科公國致力於恢復西部和西南部被君主制國家波蘭、立陶宛聯盟吞併的土地。故於1507年、1508年、1512年間，與立陶宛開戰，並圍困斯摩棱斯克，但未能攻克。直到1514年才取得優勢，使斯摩棱斯克重新併入俄國版圖，並在1520年與立陶宛簽訂為期5年的和平條約。莫斯科公國與東面的蒙古人諸汗國的關係也日趨緊張，克里米亞蒙古人在1507年、1516年、1518年和1521年曾多次對俄國發動侵襲，而且還存在他們與立陶宛結盟的危險。

然而，自從伊凡三世在1487年攻占喀山以來，莫斯科公國就部分控制著喀山的政治事務，瓦西里三世並於1506年對喀山進行了圍攻，但沒有成功。1516年喀山汗國絕嗣後，瓦西里三世便在該國建立傀儡政權。1518年瓦西里三世任命自己的臣屬沙阿・阿里為喀山汗，並於1523年對喀山汗國發動遠征，修建了著名的〝瓦西里蘇爾斯克〞要塞。1524年與1531年再次遠征喀山汗國，並命自己的臣屬為喀山汗。而在1508年，瓦西里三世與瑞典簽定了一份60年和平條約，從而結束了伊凡三世時代發生的俄瑞戰爭。

1533年，瓦西里三世駕崩，遺詔由伊凡四世的母親葉蓮娜同七位大貴族組成攝政會議，在伊凡四世成年之前代理朝政。但葉蓮娜很快就與許多大貴族水火不容，她廢除攝政會議，獨攬大權。1538年，葉蓮娜被政敵所毒害猝然離世，她的兄弟格林斯基擊敗政敵，繼續控制了朝政。

伊凡四世・瓦西里耶維奇像
圖片來源：《維基百科》

1547年，伊凡四世・瓦西里耶維奇（俄語：Иван IV Васильевич，1530年～1584年，從1547年到1584年在位37年）正式加冕。同年，格林斯基在一次大火災引起的民變中被打死，伊凡四世正式走上歷史舞臺，以他獨特的方式統治這個國家。

伊凡四世又稱雷帝（俄語groznyi，意為〝令人懼怕〞的意思），是俄羅斯沙皇國的開創者，也是俄羅斯歷史上的第一任沙皇[16]，他消除領主政體，建立沙皇專制政體，也打擊地方割據勢力，統一俄羅斯，建立了中央集權。從1533年至1547年為莫斯科大公；1547年至1584年則為俄國沙皇。伊凡四世成為俄國沙皇，起於1547年的演說，他要親政並正式自稱沙皇，從此伊凡四世便成為第一位沙皇，莫斯科公國（1263年到1547年凡284年間）改為俄羅斯沙皇國，通稱沙皇俄國。1552年，攻陷喀山汗國象徵帝國第一次，向傳統羅斯諸國領土的擴張，為俄羅斯越過烏拉爾山脈，併吞地域遼闊的西伯利亞鋪平道路。

1556年，俄羅斯帝國併吞阿斯特拉罕汗國，隨後又吞併了諾蓋人和巴什基爾人，使北高加索許多民族歸順俄羅斯，使該帝國成為多民族國家。到1557年，西伯利亞汗國，也臣服於伊凡四世並於17世紀被占領。1558年

16 〝沙皇（Царь）〞，為〝凱撒〞的俄語發音，此稱號來自伊凡四世，又被尊稱為伊凡大帝。早期羅斯人認為，東羅馬帝國是羅馬帝國的繼承人，是世界的中心。羅斯人稱東羅馬帝國的君主為沙皇，而認為基輔羅斯諸公國的大公們是東羅馬沙皇的大臣，另一方面他們也稱呼《舊約聖經》故事中的領袖們為沙皇。

發動戰爭意圖奪得波羅的海更多沿海領土，在擴張時被瑞典帝國和波蘭、立陶宛聯合抵擋，結果伊凡四世直到1584年離世前，才與對方簽約，放棄戰時帝國奪取的所有土地。伊凡四世一生取得許多令人驚訝的非凡成就，他使俄羅斯沙皇國（1547年到1721年凡174年間）躋身歐洲強國之林。

費奧多爾一世・伊萬諾維奇像
圖片來源：《維基百科》

1584年，伊凡四世駕崩，由其子費奧多爾一世・伊萬諾維奇（俄語：Фёдор I Иоа́ннович，1557年～1598年，從1584年到1598年在位14年），是俄羅斯第二任沙皇。費奧多爾一世思維簡單，對朝政毫不關心，他的嗜好就是到各地的教堂去〝敲鐘〞，因此也叫敲鐘者，政治上依賴伊琳娜皇后。在費奧多爾一世死後絕嗣，他的遺命雖要伊琳娜出家，然而伊琳娜卻自稱攝政。

鮑里斯・戈東諾夫像
圖片來源：《維基百科》

1598年，費奧多爾一世駕崩無子嗣，全俄縉紳會議推舉鮑里斯·費奧多羅維奇·戈東諾夫（俄語：Борис Федорович Годунов，1552年～1605年，從1598年到1605年在位7年）為俄羅斯第三任沙皇。戈東諾夫為蒙古貴族出身，曾侍奉過伊凡四世，他妹妹伊琳娜·戈東諾娃嫁給費奧多爾一世，然費奧多爾一世身體有病，智力不健全，因此大權被戈東諾夫所掌握，因此得以順利繼位。

費奧多爾二世像
圖片來源：《維基百科》

戈東諾夫繼承伊凡四世的遺志，停止與波蘭的戰爭，在北方向瑞典發動戰爭，擴大了波羅的海出海口。向東繼續侵略西伯利亞汗國，南方與克里米亞汗國交戰，修建了一系列要塞城市。在位末期，由於發生三年大饑荒，約2百萬人（全國人口30%）餓死，因此不

偽德米特里一世像
圖片來源：《維基百科》

斷發生農奴起義。

1605年，戈東諾夫駕崩，其子費奧多爾・鮑里索維奇・戈東諾夫（1589年～1605年，從1605年4月23日至6月20日在位不到兩個月）繼位，又稱費奧多爾二世，是俄羅斯第四任沙皇，然他繼位不久即被殺。其後偽德米特里一世（俄語：Лжедмитрий I，1582年～1606年，從1605年到1606年在位1年）在波蘭支持下自立為俄羅斯第五任沙皇。

偽德米特里一世，自稱是伊凡四世的幼子德米特里・伊萬諾維奇，並在波蘭軍隊和哥薩克起義軍的幫助下進入莫斯科。事實上，偽德米特里一世是一名出逃的修道士，他讓天主教徒糟蹋東正教教堂，以及波蘭軍隊在莫斯科的胡作非為也引起了俄羅斯人民的不滿，最終偽德米特里一世被俄國人民起義推翻。

1606年，瓦西里・伊萬諾維奇・叔伊斯基（俄語：Васи́лий Иванович Шу́йский，1552年～1612年，從1606年到1610年在位

瓦西里四世像
圖片來源：《維基百科》

4年），通稱瓦西里四世，是俄羅斯第六任沙皇。瓦西里四世策劃推翻和謀殺偽德米特里一世，自此成為沙皇，因此被波蘭、立陶宛聯邦干涉，最終爆發戰爭。1610年，波蘭瓦迪斯瓦夫四世派遣斯坦尼斯瓦夫・若烏凱夫斯基率領波蘭軍隊攻入莫斯科，瓦西里四世被推翻及俘虜，被帶回波蘭囚禁，1612年死於波蘭。

2·俄羅斯帝國的鼎盛：

彼得大帝像
圖片來源：《維基百科》

俄羅斯沙皇國在經過幾任沙皇後，直至彼得・阿列克謝耶維奇・羅曼諾夫（俄語：Пётр Алексе́евич Романов，1672年～1725年），簡稱彼得一世，為俄羅斯的最後一任沙皇（從1682年到1720年在位38年），以及俄羅斯帝國的第一任皇帝（從1721年到1725年在位4年），又有很大的改變。他在位期間，力行歐式改革，使俄羅斯近代化，並定都聖彼得堡，人稱〝彼得大帝〞（俄語：Пётр Вели́кий）。至聖主教公會和樞密院在1721年授予〝祖國之父（ОТеЦ ОТечесТВО）〞的稱號。

彼得大帝的親政之路並不順遂。1682年，彼得大帝的異母兄費奧多爾三世駕崩，身後無嗣。彼得大帝的另一個異母兄伊凡五世·阿列克謝維奇·羅曼諾夫（俄語：ИваН Ⅴ Алексеевич РОМаНОВ，1666年～1696年，從1682年到1696年在位14年）雖有優先的繼承權，然而他有嚴重的身體和精神上的問題，故波雅爾杜馬[17]乃選舉當時年才十歲的彼得大帝為沙皇。同年四月，他的異母姊姊索菲婭·阿列克謝耶芙娜·羅

伊凡五世像
圖片來源：《維基百科》

17 波雅爾杜馬，是指俄羅斯大公下設的最大封建主會議，初期不是常設機關，也沒有一定的機構和職權，到 15 世紀末開始成為具有嚴格職能規定的常設機關，並正式獲得〝波雅爾杜馬〞之稱，其成員由大公推薦；會議在宮廷舉行，由大公任主席，共同解決國家在立法、管理、審判、對外政策等方面的重大問題，它也是國家的最高司法審級，負責審理政治罪、瀆職罪、門第之爭的案件等，並且是各部判決的最高上訴審級；隨着專制制度的發展，波雅爾杜馬的權力逐漸縮小，作用日益下降，至 1711 年被撤銷。

曼諾娃煽動射手衛隊暴動。暴亂後，伊凡五世和彼得大帝共同成為沙皇，以伊凡五世為長，索菲婭則擔任攝政，掌控實際大權。

1689年，因為戰事失利，彼得大帝開始圖謀推翻索菲婭的統治，索菲婭則再次鼓動射手衛隊抗命，彼得大帝只得在半夜逃往謝爾蓋聖三一修道院，並召集支持者進行推翻，索菲婭最終被軟禁於一所修道院中。1694年，彼得大帝的母親娜塔莉・基里爾洛夫娜・納雷什金娜病死，他才真正掌握了實權。1695年，彼得大帝為謀求在黑海的出海口而向克里米亞汗國開戰。1696年，伊凡五世病死，彼得大帝最終成為唯一的沙皇。

1697年，為了對抗克里米亞汗國的宗主國鄂圖曼帝國，他隱姓埋名遊歷西歐各地，並同時派出一個龐大的代表團，尋求西方各國的支持，史稱大出使。但當時歐洲各大國的注意力全集中在西班牙王位繼承的爭執中，而奧地利則為了維持自己的戰爭，而不願意破壞與鄂圖曼的和平。雖然沒能結成反鄂圖曼的同盟，但他在荷蘭卻花費大量時間學習造船，並目睹了歐洲各國文藝復興的盛況，由此定下日後俄羅斯改革的基石。

俄羅斯經過彼得大帝一連串的改革，尤其是1700年、1721年發動大北方戰爭，戰勝瑞典取得波羅的海出海口，1722年、1723年對波斯戰爭，取得裡海沿岸一帶，並兩次對土耳其戰爭，但未能占領黑海港口。雖是如此，然俄羅斯已經成為面貌一新的歐洲強國。彼得大帝亦於大北方戰爭後（1721年11月2日）正式稱帝，建立俄羅斯帝國。

1725年，彼得大帝駕崩，由葉卡捷琳娜一世·阿列克謝耶芙娜（俄語：Екатерина I Алексеевна，1684年～1727年，從1725年到1727年在位2年）繼位，是俄羅斯帝國的第二任皇帝（女皇），簡稱凱瑟琳一世，她是立陶宛農民塞繆爾·斯卡烏龍斯基之女。凱瑟琳一世在大北方戰爭中，被俄軍俘虜，不久便為彼得大帝所寵，生下五子六女，卻只有兩個女兒存活。丈夫死後，得到近衛軍的支持，於1725年加冕成為俄羅斯帝國的女皇，但不太參與國政，實權被緬什科夫掌握。

凱瑟琳一世像
圖片來源：《維基百科》

彼得二世像
圖片來源：《維基百科》

1727年，凱瑟琳一世駕崩，由彼得二世·阿列克謝耶維奇（1715年～1730年，從1727年到1730年在位3年）繼位，是為俄羅斯帝國第三任皇帝，他是彼得大帝的皇儲阿列克謝和布倫瑞克--沃爾芬比特爾親王國夏洛特郡主之子。凱瑟琳一世臨終時，彼得二世因是皇朝最後的男嗣，而被推為皇儲，並得到姨父神聖羅馬帝國皇帝卡爾六世的支持。彼得二世在位約3年，後因天花而去世，其家族男系絕嗣。

安娜·伊凡諾芙娜像
圖片來源:《維基百科》

1730年，彼得二世駕崩，皇位由安娜·伊凡諾芙娜（俄語：Анна Ивановна，1693年～1740年，從1730年到1740年在位10年）繼承，是俄羅斯帝國第四任皇帝(女皇)，她是沙皇伊凡五世與妻子普拉斯科維亞·費奧多羅芙娜的第四女，彼得大帝的侄女。

伊凡六世像
圖片來源:《維基百科》

1740年，安娜·伊凡諾芙娜因腎結石及腎病去世，她將帝位傳給安娜·利奧波多芙娜之子伊凡六世（1740年～1764年，從1740年到1741年在位約1年），是俄羅斯帝國第五任皇帝，以確保帝位由伊凡五世的後裔繼承，並由恩斯特・約翰・比隆成為攝政。比隆隨即被安娜・利奧波多芙娜夫婦推翻並成為攝政。可惜只有兩個月大的伊凡六世在位約一年後，便被彼得大帝的女兒伊莉莎白所推翻。

1741年，伊莉莎白・彼得羅芙娜（俄語：Елизаве́та I Петро́вна，1709年～1762年，從1741年到1762年在位21年）奪得皇位，是俄羅斯帝國第六任皇帝（女皇）。她是彼得一世與葉卡捷琳娜一世的第三女。伊莉莎白的母親及未婚夫於1727年先後逝世，皇位落入她同父異母的哥哥阿列克謝・彼得羅維奇的兒子彼得二世手上，其後又傳至堂姊安娜・伊凡諾芙娜手上，兩者與伊莉莎白都不親近，所以她的婚事遙遙無期，然她又不想嫁給平民而放棄王位繼承權，所以錯過了適婚年齡。

伊莉莎白・彼得羅芙娜像
圖片來源:《維基百科》

因此，伊莉莎白便謀劃推翻伊凡六世，並趁機親近帝國軍團，於1741年利用軍團發動宮廷政變推翻伊凡六世而即位。她宣布繼承彼得大帝的傳統，廢除壞了名聲的內閣，恢復元老院，並把權力集中於中央。雖然伊莉

莎白喜好奢華，以及放任親信、用人不公的低效統治，但她仍然以驚人的美貌、氣質，與彼得大帝親生女的身分，以及趕走前任的日耳曼權貴、重用俄羅斯親信的緣故，廣受俄國人民的愛戴，大多數的朝臣與貴族，都被她親切的魅力所俘虜。

伊莉莎白在軍事和對外政策方面，她積極練兵，把軍隊從二十餘萬擴大到三十餘萬，締造許多優異成績：如首先在俄瑞戰爭（1741年～1743年）獲勝，把瑞典收為附屬的衛星國；其次在1746年參加末期的奧地利王位繼承戰爭，幫助奧地利對抗法國、普魯士，促使戰事在1748年結束；最後是在七年戰爭（1756年～1763年）中，與奧、法結盟，屢次打敗普魯士的腓特烈大帝。

1762年，伊莉莎白病逝，皇位由親普魯士的彼得三世·費奧多羅維奇（俄語：Пётр III Фёдорович，1728年～1762年，從1762年1月5日到1762年7月9日在位185天）繼承，是俄羅斯帝國第七任皇帝。彼得三世是霍爾斯坦--戈托普王朝王室的卡爾·腓特烈和安娜·彼得羅芙娜之子，彼得大帝的外孫，是德意志人，幾乎不會說俄語。

彼得三世像
圖片來源：《維基百科》

他因伊莉莎白女皇無嗣，在1742年被挑選成為俄羅斯帝國皇位繼承人。彼得三世即位後，便停止了對俄羅斯帝國有利的七年戰爭，與腓特烈大帝訂立了攻守同盟。這個行為被稱為布蘭登堡王室的奇蹟，讓普魯士起死回生，逃過一劫。

彼得三世雖宣告解除貴族的服役義務，停止對非東正教信徒的迫害。可是由於沒收修道院領地，強迫軍隊普魯士化，對外把自己出身的霍爾斯坦家族的利益置於俄羅斯國家利益之上，引起了俄羅斯僧侶階級、貴族和軍人的反感。1762年6月28日，彼得三世在宮廷政變中被妻子葉卡捷琳娜二世廢黜，並於7月17日將其毒死，葉卡捷琳娜二世對外宣稱是消化不良而死，並撰寫回憶錄醜化彼得三世。

1762年，葉卡捷琳娜二世·阿列克謝耶芙娜（俄語：Екатерина Алексеевна，1729年～1796年，從1762年到1796年在位34年）在政變中取得皇位，是俄羅斯帝國第八任皇帝（女皇），也是俄羅斯帝國史上在位時間最長的君主。在其治下俄羅斯帝國經歷復興，達到其歷史上的頂峰，並成為歐洲列強之一。她通過軍

葉卡捷琳娜二世像
圖片來源:《維基百科》

事及外交迅速擴張：在南方，俄羅斯通過俄土戰爭，擊敗鄂圖曼帝國並擊潰克里米亞汗國，對黑海及亞速海的廣闊區域進行了殖民，即新俄羅斯；在西方，波蘭與立陶宛聯邦被瓜分，俄羅斯獲得最大面積的領土；在東部，俄羅斯帝國開始對阿拉斯加進行殖民，在其子保羅一世統治時期建立俄屬北美。葉卡捷琳娜二世統治時期，被稱為〝葉卡捷琳娜時代〞，被認為是俄羅斯帝國及俄羅斯貴族的黃金時代，由此獲得開明專制君主的稱號。她亦支持藝術事業，推動啟蒙時期的發展，並建立斯莫爾尼宮，是歐洲首家由國家資助的女性高等教育機構。

保羅一世像
圖片來源：《維基百科》

1796年，葉卡捷琳娜二世死後，保羅一世（（俄語：Па́вел I Петро́вич，1754年～1801年，從1796年到1801年在位5年）繼位，是俄羅斯帝國第九任皇帝。是彼得三世與葉卡捷琳娜二世的兒子，其長相及性格是其父彼得三世的翻版，1801年被反對派暗殺，其皇位由葉卡捷琳娜二世親自撫養的長孫亞歷山大一世，也是保羅一世的長子繼承。

亞歷山大一世·巴甫洛維奇（俄語：Александр I Павлович，1777年～1825年，從1801年到1825年在位24年）在父親被謀殺後即位，是俄羅斯帝國第十任皇帝。他為維護君主專制、反對革命，並採取自由主義的政策，設立所謂〝非正式委員會〞解決各類問題。1802年，設各部大臣制；1803年，頒布自由耕作法，宣告被束縛在土地上的農奴可以得到解放，並開辦哈爾科夫大學和喀山大學。

亞歷山大一世像
圖片來源：《維基百科》

對外政策方面，亞歷山大一世參加第三、四次反法同盟，在奧斯特里茨、弗里德蘭的會戰中失敗。1807年，與拿破崙簽訂提爾西特和約，之後得到法國支持，贏得與瑞典、土耳其的戰爭，奪得芬蘭和高加索的領地；1812年，擊退拿破崙對俄羅斯的遠征；1814年，率領俄軍進擊到巴黎。不久活躍在維也納會議上，作為有力的領導人之一，並改善了俄羅斯帝國經濟，使之迅速從拿破崙東征的影響下恢復過來。

1825年，亞歷山大一世駕崩，由尼古拉一世·巴甫洛維奇（俄語：Николай I Павлович，1796年～1855年，從1825年到1855年在位30年）繼位，

是俄羅斯帝國第十一任皇帝，是保羅一世第三子。他之所以能繼位，乃因其兄亞歷山大一世死後無男嗣，次兄康斯坦丁大公放棄皇位繼承權，因此被立為俄羅斯帝國的皇帝，平息了由此產生的十二月黨人起義[18]。在尼古拉一世統治期間，最大的貢獻，即是農奴獲得了解放，可從事商業和從一個地主的屬地遷徙到另一個地主屬地的自由，因此農奴的比例也降到35%。

尼古拉一世像；圖片來源：《維基百科》

1855年，尼古拉一世駕崩，由其長子亞歷山大二世·尼古拉耶維奇（俄語：Александр II Николаевич，1818年～1881年，從1855年到1881年在位26年）繼位，是俄羅斯帝國第十二任皇帝。亞歷山大二世對內政的改革，主要實行解放農奴政策，並設立地方自治議會，修訂司法制度，充實初等教育，改革軍制，以謀求俄國的近代化革命。在俄羅斯歷史上有三次改革，一為伊凡四世、二為彼得一世、三為亞歷山大二世。

---

[18] 十二月黨人起義，是一場在 1825 年 12 月 26 日發生，由俄國軍官率領 3,000 士兵針對俄羅斯帝國政府的起義；由於這場革命發生於 12 月，因此有關的起義者都被稱為〝十二月黨人〞，而這次革命發生在聖彼得堡的樞密院廣場，在 1925 年，該國為了紀念這場革命發生一百週年，樞密院廣場改名為〝十二月黨人廣場〞。

對外則努力試圖廢除1856年巴黎條約，1877年、1878年與土耳其發生戰爭，簽訂《聖斯特法諾條約》，獲得有利的媾和條件，但是由於列強國家的干涉，被迫接受1878年6月〝柏林會議〞的調停，俄羅斯帝國對巴爾幹半島的野心便被阻止。亞歷山大二世在位期間，也從中國（清朝）手中獲取了外東北和外西北近144萬多平方公里的土地，增加俄羅斯帝國的版圖。

亞歷山大二世像
圖片來源：《維基百科》

1881年，亞歷山大二世遭到民意黨人扔炸彈襲擊而駕崩，皇位因長子早死，而由其次子亞歷山大三世・亞歷山德羅維奇（俄語:Александр III Александрович，1845年～1894年，從1881年到1894年在位13年）繼位，是俄羅斯帝國第十三任皇帝。在亞歷山大三世統治時期，沒有國內戰爭且和平穩定，是俄羅斯帝國後期最繁榮的時期，亞歷山大三世被譽為和平締造者。

亞歷山大三世像
圖片來源:《維基百科》

在亞歷山大三世統治時期，只發動一次對外戰爭，在1884年征服梅爾夫綠洲城市，土庫曼斯坦正式劃入俄羅斯帝國的版圖，並推出114艘新型戰艦，包括17艘戰列艦和10裝甲巡洋艦，讓其海軍上升到世界第三名，僅次於英國和法國，艦隊總噸位達到30萬噸，是世界上最大的海軍艦隊，因此激化了英國之間的矛盾。在其晚年，由長子尼古拉二世監督建造連接莫斯科和海參崴的西伯利亞鐵路，並於1891年動工，1916年完成，耗時25年，以便征服中亞。亞歷山大三世讓資本主義迅速發展，以致階級矛盾日趨激化，除了農民反對地主的鬥爭外，也出現初期的工人運動，民粹派、人民意志黨等激進工農民粹思潮此起彼落，暗殺及恐怖主義活動更蔚然成風。

3·俄羅斯帝國的衰落：

1894年，亞歷山大三世駕崩，由長子尼古拉二世·亞歷山德羅維奇·羅曼諾夫（俄語：Николай II Александрович Романов，1868年～1918年，從1894年到1917年在位23年）繼位，是俄羅斯帝國第十四任，也是末代皇帝。他生於俄羅斯帝國經濟大崛起的時

尼古拉二世像
圖片來源：《維基百科》

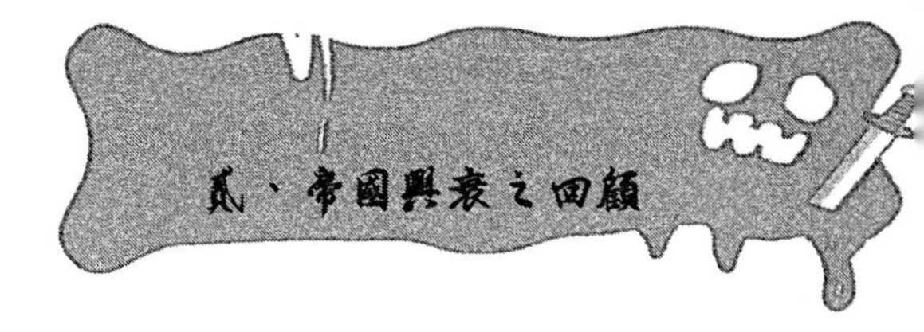

代，但他堅信君主專制，反對任何形式的民主改革。

1900年，尼古拉二世派軍鎮壓中國清朝義和團之後，又參與八國聯軍。1904年，他出兵中國東北，引發日俄戰爭（1904年2月8日至1905年9月5日），該戰爭是一場大日本帝國和俄羅斯帝國為爭奪在大韓帝國和中國滿洲地區的勢力範圍戰爭，其主戰場位於遼東半島以及朝鮮半島的周邊海域。戰爭中，俄羅斯帝國遭遇連場敗仗，最終在美國總統西奧多·羅斯福（英語：Theodore Roosevelt Jr.，1858年～1919年）斡旋下，簽訂《朴次茅斯和約》以結束戰爭。俄羅斯帝國在日俄戰爭失敗後，損失了做為維持其帝國的常規軍事力量，因此國內自此動蕩不安，爆發一連串革命事件。日俄戰爭的慘敗，是1905年爆發血腥星期日革命事件最直接的導火線。為

日俄戰爭
圖片來源：《維基百科》

了穩定國內形勢，尼古拉二世任命謝爾蓋・維特主持政府，宣布實行君主立憲制，卻又限制國家杜馬[19]的權力與作用，引起普遍不滿。尤其是他主導俄羅斯帝國政府陷入巴爾幹問題[20]，不顧民怨下令參戰造成900萬士兵傷亡，最終導致1917年先後爆發二月革命和十月革命。

血腥星期日前夕的景象
圖片來源：《維基百科》

---

19 俄羅斯聯邦會議國家杜馬（俄語：Государственная Дума Федерального собрания Российской Федерации），簡稱國家杜馬（Госуда́рственная Ду́ма），是俄羅斯帝國的下議院，為俄羅斯聯邦會議兩個組成機構之一，是常設立法機構，主要負責起草和制定國家法律，參加議員的資格為最少21歲以上的公民，任期五年，有450個席位。

20 在歐洲列強的角逐中，巴爾幹成為當時帝國主義矛盾的焦點，對巴爾幹半島的控制權成為列強爭奪的重點；原統治巴爾幹地區的奧斯曼帝國，自17世紀末期以來逐步走向衰弱，到19世紀已經難以維持在巴爾幹的有效統治；所以，那裏成為歐洲列強企圖進行再瓜分的熱點地區，使巴爾幹問題更加複雜，緊張的局勢日益加劇，小規模、小範圍的戰爭不斷發生，火星四濺的巴爾幹成為歐洲戰爭一觸即發的〝火藥桶〞。

1914年，尼古拉二世帶領俄羅斯帝國加入第一次世界大戰，由於戰況不利，德國及奧匈帝國很快反攻佔領俄屬波蘭，至1917年德軍已攻至白俄羅斯中部，以及波羅的海地區，尤其是國內供應的糧食困難等原因，更激起人民的不滿。1917年，德國皇帝威廉二世私底下協助列寧（俄語：Влади́мир Ильи́ч Улья́нов，1870年～1924年），從瑞士穿過德國領土，經芬蘭回國讓其發動革命，以使俄羅斯帝國退出戰爭。接著，聖彼得堡市民發動反飢餓遊行，引發二月革命[21]。

1917年，二月革命爆發，尼古拉二世在3月15日退位，越過其子阿列克謝・尼古拉耶維奇・羅曼諾夫（俄語：Алексе́й Никола́евич Ромáнов，1904年～1918年）皇儲，傳位給弟弟米哈伊爾・亞歷山德羅維奇（俄語：Михаил Александрович，1878年～1918年）大公，但大公並未立即接受皇位。而隨著俄國臨時政府接管俄羅斯帝國，創建俄羅斯共和國，俄羅斯帝國結束412年的統治。

尼古拉二世退位後，英國國王喬治五世拒絕其家族

---

[21] 俄國二月革命，是在 1917 年 3 月 8 日於俄羅斯發生的民主革命，是俄國革命的序幕；革命結果是俄羅斯帝國皇帝尼古拉二世被迫遜位，俄羅斯帝國滅亡，有大約 1500 至 2000 人在混亂中被殺或受重傷；繼而統治俄國的新政府是自由主義者與資本主義者的政治聯盟所所組成的臨時政府，用以謀求政治改革，以及創造一個以民主選出的行政部門與立憲會議。

前往英國避難，該家族遂被亞歷山大・費奧多羅維奇・克倫斯基（俄語：Алекса́ндр Фёдорович Ке́ренский，1881年～1970年）所領導的臨時政府（任總理），安置在西伯利亞的托博爾斯克。1917年11月7日，俄國爆發十月革命[22]，該家族被社會民主工黨中之布爾什維克派的軍隊逮捕，囚禁於葉卡捷琳堡伊帕切夫別墅。1918年7月16日深夜，尼古拉二世家族包括和他們在一起的僕人近10人被領至一廢棄教室內，被契卡（秘密警察）人員使用手槍和刺刀將全家集體處決。事後他們的屍體被澆上硫酸和汽油銷毀，殘餘骨渣被埋藏在葉卡捷琳堡地區的一個廢棄洞穴中。

亞歷山大・克倫斯基像
圖片來源:《維基百科》

[22] 十月革命，反對者稱之為十月政變，是 1917 年俄國革命中推翻俄羅斯帝國的二月革命後的第二次革命，再次推翻以克倫斯基為領導的俄國臨時政府，由於革命發生於公曆 1917 年 11 月 7 日，俄曆則為 10 月 25 日，所以也可以稱為十一月革命、紅色十月、布爾什維克革命。

四、大清帝國

大清帝國（滿語：ᡩᠠᡳᠴᡳᠩ，公元1636年～1912年凡276年間），又稱滿清帝國，位於亞洲的國家，是中國歷史上由滿人建立的大一統朝代，亦為中國歷史上最後一個帝制王朝，皇族為起源於明代建州女真的愛新覺羅氏。大清帝國的最大面積曾達約1,470萬平方公里，總人口約4億3千2百多萬人。版圖：西抵葱嶺和巴爾喀什湖，西北包括唐努烏梁海，北至漠北和西伯利亞，東到太平洋（包括庫頁島），南達南沙群島。同時與17個國家接壤：北方為俄羅斯帝國；西方為哈薩克汗（今哈薩克共和國）、布魯特汗（今吉爾吉斯）、浩罕汗（今哈薩克南部、烏茲別克東部及塔吉克與吉爾吉斯部分領土）、巴達克山（今塔吉克斯坦北部及阿富汗南部）、阿富汗、乾竺特（今巴基斯坦坎巨提地區）、拉達克（今印度聯邦屬地，喀什米爾的東部）、錫克帝國（今巴基斯坦北部及印度西北部）、蒙兀兒帝國（今在阿富汗、孟加拉、印度、巴基斯坦等國的境內）、廓爾喀哲孟雄（今尼泊爾及印度境內部分土地），以及不丹王國等國；南方為緬甸、暹羅（今泰國）、南掌（今寮國），以及安南（今越南）等國；東方為朝鮮王國（今南北韓）等國。

大清帝國的藩屬國則有：朝鮮與琉球國、安南、南掌、暹羅、緬甸、蘭芳共和國（今印度尼西亞西加里曼丹省）、尼泊爾、哲孟雄（或稱錫金，今是印度的一個內陸邦）、不丹、哈薩克汗國、布魯特汗國、浩罕汗國、布哈爾汗國（今澤拉夫尚河和卡什卡河流域，土庫曼、塔吉克和阿富汗的部分地區，以及錫爾河北岸、土耳其斯坦城及其附近一帶）、阿富汗、巴達克山、乾竺特，以及拉達克等18國，在世界帝國中排名第四。其版圖如下：

圖片來源：《維基百科》

大清帝國在地球的位置
圖片來源：《維基百科》

以下將分崛起、鼎盛、衰落等三個單元敘述如後：

1.大清帝國的崛起：

15世紀初期，位於東北亞的女真族大致分成三部分，其中以建州女真最為強大。建州女真源自於遼金時期女真完顏部的附屬五個部落，居於牡丹江與松花江匯流的地方，在元代時期便組成為五個萬戶府，元末因受野人女真部落與朝鮮族滋擾不斷，以及明朝的招撫等因素，讓他們選擇歸附明朝。明朝將其部遷至原渤海地（今綏芬河流域）為他們設置新的聚居地，並依據原渤海建州的地名稱呼為〝建州女真〞，設置了〝衛所〞為地方軍事行政機構，冊封阿哈出（？年～1411年）並賜名李承善，為建州衛指揮使，猛哥帖木兒（1370年～1433年）為建州衛左都督。

其後於1416年，又建立建州左衛，以猛哥帖木兒為指揮使，並賜姓童。猛哥帖木兒在被野人女真所殺後，其弟凡察與其子董山被迫率眾南移，最後定居赫圖阿拉（今遼寧新賓），併入建州衛內。1442年，明朝又從建州左衛分立出右衛，以凡察領導右衛、董山領導左衛，形成建州三衛，三衛首領也是世襲制，但須經明朝政府認可後方能生效。

由於建州三衛對明朝過度干預而產生不滿，因而逐漸不遵守朝廷命令。明朝便於1467年聯合朝鮮削弱建州三衛，即〝成化犁庭〞之役[23]，並於遼東邊界興建長城。萬曆初年（約1572年間），董山的後代覺昌安（？年～1583年）與其子塔克世（？年～1583年）偕同明朝遼東總兵李成梁（1526年～1615年），以建州右衛王杲（1515年～1575年）叛亂為由，攻滅王杲與其子阿臺，然而覺昌安同其子塔克世在入城勸降叛明的阿臺時發生混戰，被明軍誤殺死亡。1586年明廷襲封塔克世之子努爾哈赤（1559年～1626年）為指揮使，世襲建州衛作為補償。雖是如此，但努爾哈赤深覺被明朝背叛，以祖、父遺留的十三副遺甲崛起，統一建州女真後陸續併吞女真各部，並與漠南蒙古友好。

清太祖努爾哈赤像
圖片來源：《維基百科》

建州女真勢力日愈興盛，1595年明朝授予努爾哈赤龍虎將軍的稱號，其勢力更加強大。一直到1616年，努

23 成化犁庭，又名丁亥之役。成化指的是發生在明朝成化年間，具體是 1467 年；犁庭則是形容這次戰況的慘烈，就像整個土地被犁過一樣徹底，這場明朝憲宗朱見深發起的戰爭中，建州女真部損失慘重。

爾哈赤在建立八旗制度後於赫圖阿拉（後稱興京）稱汗立國，即後來的〝金汗國〞，是為天命汗，後金的第一位大汗（從1616年至1626年在位10年），後由其第八子清太宗皇太極追尊其為清太祖武皇帝，康熙元年又改為清太祖高皇帝。兩年後他以〝七大恨〞為由起兵反明。在1619年的〝薩爾滸（今遼寧省撫順市東部渾河中上游）〞之戰中，擊敗楊鎬（？年～1629年）指揮的明軍與葉赫指揮的朝鮮聯軍，接著佔領瀋陽、遼陽、撫順等城市，戰無不勝的他更堅定了入主中原之志。1626年，在與明朝大將袁崇煥交戰的〝寧遠（今遼寧興城）〞戰役中受挫，數月後逝世，第八子皇太極（1592年～1643年）歷經權力鬥爭後繼位。

寧遠之戰
圖片來源：《維基百科》

皇太極即位後，針對其父時期的社會矛盾進行一系列改革，史稱〝天聰新政〞；並改文館為內國史院、內秘書院、內弘文院，這是清朝內閣的雛形，還繼續完善和擴大蒙古八旗、漢軍八旗，同時設立理藩院管轄蒙古等地事務。1634年，皇太極將都城瀋陽改名為〝盛京〞，更改女真族名為〝滿洲(地名，今遼寧省、吉林省、黑龍江省等地)〞。1635年，皇太極之弟多爾袞(1612年～1650年)於征伐漠南蒙古時，聲稱得到元順帝離開中原時帶走的傳國玉璽，皇太極親率文武百官出城迎接，並拜天行禮。1636年，漠南諸部尊皇太極為〝柏格達徹辰汗〞，是後金的第二位大汗(從1626年至1636年在位10年)，並在盛京稱帝，國號〝大清〞，改年號為崇德，是為崇德帝，史稱〝清太宗〞，是大清帝國的第一位皇帝(從1636年至1643年在位7年)。

清太宗崇德帝像
圖片來源：《維基百科》

1643年，皇太極病死，議政王大臣會議推舉皇太極五歲的第九子福臨(1638年～1661年)繼位，改年號順治，是為順治帝，史稱〝清世祖〞，是大清帝國的第二位皇帝(從1643年至1661年在位18年)，並由其叔多爾袞攝政。

清世祖順治帝像
圖片來源：《維基百科》

明朝崇禎末年（約1644年間），李自成（1606年～1645年）於陝西西安建立〝大順朝〞，張獻忠（1606年～1647年）於四川成都建立〝大西朝〞與明朝抗衡。1644年李自成經河南、山西順利地攻入北京，明思宗崇禎帝朱由檢（1611年～1644年）在皇宮御花園景山（煤山）自縊身亡。同年山海關守將吳三桂（1612年～1678年）不願投降大順，面對李自成的順軍，吳三桂引清兵入關，於一片石戰役（今遼寧綏中西70華里的九門口）擊敗順軍，史稱〝甲申之變〞。李自成遂放棄北京，率軍退回陝西。清朝攝政王多爾袞成功迎順治帝入關，並在北京天壇圜丘行祭天之禮，祝文宣佈受天命、建王朝，名稱仍用大清國號，並將首都遷到北京。

明思宗崇禎帝像
圖片來源：《維基百科》

1644年，崇禎帝殉國後，當時藩王中尚存的明神宗朱翊鈞（1563年～1620年）直系子孫，有福王朱由崧（1607年～1646年）、惠王朱常潤（1594年～1645年）、潞王朱常淓（1608年～1646年5月23日），以及桂王朱常瀛（1597年～1645年）等人。論輩分親疏，又以福王為最適當人選，於是南京朝廷的首席重臣史可法（1602年～1645年）積極奔走，聯絡各方人士；結果大臣馬士英（1596年～1647年）與高傑、黃得功、劉良佐、劉澤清等人則搶先一步，推舉福王擔任監國，並於同年5月15日在南京應天府即位為皇帝，改年號弘光，即弘光帝，南明正式成立，然而弘光朝因為黨爭與宦官之亂而混亂分裂。

同年，多爾袞先派阿濟格（1605年～1651年）與吳三桂等將領，分陝北、河南二路攻打陝西李自成，李自成最後於湖北滅亡；後派豪格（1609年～1648年）攻滅四川張獻忠，其餘部投降南明以抗清。多爾袞接著對付位於江南的南明諸勢力。1645年，名將多鐸（1614年～1649年）率清軍攻破史可法駐守的揚州，弘光帝逃至蕪湖被逮，送到北京殺害。明朝魯王朱以海（1618年～1662年）與唐王隆武帝朱聿鍵（1602年～1646年），分別在浙江與福建建立勢力，然而雙方不和，不久便被清軍各個擊破，擁護隆武帝的鄭芝龍也宣佈投降。之後桂王朱常瀛於廣東的肇慶即位為永曆帝。1661年，清軍攻入雲南，逃亡緬甸的永曆帝最後被吳三桂所滅，南明亡。

此時只剩下臺灣的明鄭鄭成功（1624年～1662年）勢力和緬甸果敢（今緬甸撣邦下轄的一個自治區）的明軍，清朝基本佔領明朝全部領地。然而，由於華南反清勢力較大，清帝冊封吳三桂為平西王、耿仲明（1604年～1649年）為靖南王，以及尚可喜（1604年～1676年）為平南王，以鎮守雲南、廣東與福建等地，史稱〝三藩〞。

1661年，順治帝英年早逝，其子8歲的玄燁（1654年～1722年）繼位，改年號為康熙，即康熙帝，史稱〝清聖祖〞，是大清帝國的第三位皇帝（從1661年至1722年在位62年），並由索尼（1601年～1667年）、遏必隆（1610年代～1673年）、蘇克薩哈（？年～1667年）與鰲拜（1600年～1669年）四大臣輔政。康熙帝於繼位之初，便運用計謀消滅跋扈的權臣鰲拜，而後再處理三藩等叛變勢力，以穩固皇權。最終，平西王吳三桂極力籠絡的王輔臣（？年～1681年）、靖南王耿繼忠與平南王尚之信先後投降，佔領福建沿岸的鄭經（1642年～1681年）被擊敗。1681年清軍攻入雲南，繼承平西王吳三桂之孫吳世璠（1666年～1681年）在昆明自殺，三藩之亂終在1681年完全被消滅。同年，鄭經之子鄭克塽（1670年～1707年）繼位，然因明鄭內亂不斷導致不少將領降清。清朝便派明鄭降將施琅（1621年～1696年）率領水師攻打臺灣，並佔領澎湖，逼近東寧（今臺灣臺南），鄭克塽率領大臣降清，至此明鄭亡，也意味明朝徹底滅亡。

清聖祖康熙帝像
圖片來源：《維基百科》

2·大清帝國的鼎盛：

康熙帝平定三藩後，清朝進入康雍乾時期，是清朝最鼎盛的年代，長達一百三十多年歷史，史稱〝康雍乾盛世〞。康熙帝實施仁政，更留心民間疾苦，親政不久即宣佈停止〝圈地〞[24]，放寬墾荒地的免稅年限，並整頓吏治，恢復京察、大計[25]等考核制度。受康熙帝的〝滋生人丁，永不加賦〞[26]政策，以及外來農作物如玉米、番薯、土豆、花生等的引進增產等影響，清朝人口大大提升。在乾隆末年時，中國人口突破三億大關，約占當時世界人口的三分之一，這種成就是空前絕後，因明朝以前，中國人口很難突破一億。這其中固然有社會安定、

[24] 圈地為圈占無主荒地歸八旗軍士所有，一般是指順治元(1644)年 11 月 22 日，頒布圈地令，多爾袞三次下令圈地；清初多爾袞率清軍入關，滿族人口大量湧入北京附近，為安置滿族諸王、勳臣、解決八旗官兵生計，列土分茅、豢養旗人，除了佔有明代的皇莊及無主土地之外，順治元年 12 月在京畿地區大量圈佔民有田地，欺壓漢人，史稱〝圈地令〞。

[25] 大計是明清考核地方官制度，每三年舉行一次；布政司、按察使由督府寫出考語咨送吏部，吏部彙核具題請旨定奪；其他官員則由州、縣、府、道、司逐級考察，造冊申報督府，督府注考語後，繕寫彙冊送至吏部；大計亦依四格標準，分列等級，列一等者為卓異，知縣以上引見，得旨後加一級回任候升；其不合格者劾以〝六法〞，與京官同；貪酷者，特參。

[26] 清康熙五十一（1712）年，康熙帝頒佈了著名的〝滋生人丁，永不加賦〞詔，此詔令使得丁稅的數量成為定額，新增加的人口不必再負擔丁稅。

輕徭薄賦等的成果，但最要還是大航海時代（16世紀）新型農產品的引進。

康熙帝六次南巡期間，考察民情習俗外，更親自監督河工，起用靳輔（1633年～1692年）及于成龍（1617年～1684年）治理黃河與大運河，得到輝煌的成績。為安定社會秩序，他頒行十六條聖諭，要地方人士循循告誡鄉民。又派心腹打探地方物價、人民收入與官紳不軌之事，並以密摺奏報。此即密摺制度的萌芽，到雍正時期趨於完善。康熙帝重視對於漢族士大夫的優遇，多次舉辦博學鴻儒科，創建南書房制度，並向來華傳教士學習西方科學與文化。

清初蒙古分為四大部。其中準噶爾汗國與俄羅斯帝國友好，噶爾丹可汗（1644年～1697年）先滅領葉爾羌汗國與青海和碩特，又佔領喀爾喀蒙古，使得喀爾喀三部南下投靠清朝。康熙帝首先派薩布素（1629年～1701年）於雅克薩（今俄羅斯聯邦阿爾巴津）戰役，驅除入侵黑龍江的俄羅斯軍隊，簽訂《尼布楚條約》，以確立東北疆界並獲得俄羅斯的中立。

1690年至1697年間，烏蘭布通（今內蒙古克什克騰旗西邊）之戰，與三征準噶爾汗國，使噶爾丹戰死，進行在多倫（今內蒙古自治區錫林郭勒盟多倫縣）與蒙古各部貴族進行的會盟，以將喀爾喀蒙古納入版圖並直接統治。青藏地區的和碩特汗國，協助黃教達賴五世阿旺羅桑嘉措（1617年～1682年）擊敗紅教統一全藏，可惜之後又分裂成青海與西藏和碩特。在達賴六世倉央嘉措（1683年～？年）時，藏區政事交由第巴（理事大臣）桑結嘉錯（1653年～1705年）管理，他聯合準噶爾汗國對抗西藏和碩特的拉藏可汗（？年～1717年）。1705年，拉藏汗先下手殺死專權的第巴桑結嘉措，廢黜其擁立的六世達賴倉央嘉措，重新選定阿旺伊西嘉措（1686年～？年）為六世達賴，得到康熙的冊封。1717年噶爾丹的侄子策妄阿拉布坦（1665年～1727年）入侵西藏，殺死拉藏汗，並且佔領首都拉薩。清軍多次被準噶爾軍擊敗，最後於1720年由撫遠大將軍王胤禵（1688年～1755年）率軍驅除成功，協助達賴七世格桑嘉措（1708年～1757年）入藏，以拉藏汗舊臣管理藏區。

康熙帝晚期，由於官員薪資過低，以及律法過寬，導致官吏貪汙，吏治敗壞，並發生南山案文字獄事件[27]。康熙帝本來按照中國立嫡立長的傳統冊封胤礽（1674年

[27] 南山案，發生於清聖祖康熙五十二（1713）年的文字獄，由左都御史趙申喬舉發，趙舉發翰林戴名世的作品《南山集》「狂妄不謹、語多狂悖」，與莊廷鑨明史案並稱〝清朝江浙兩大獄〞，後戴名世被斬。

～1725年）為太子，然由於胤礽的素質問題及其在朝中結黨而被康熙帝廢除太子的地位，使得諸皇子為其皇位互相結黨傾軋，故太子一度復立，然康熙帝實無法容忍其結黨而再度廢除。康熙帝於1722年去世，胤禛（1678年～1735年）繼位，改年號為雍正，即雍正帝，史稱〝清世宗〞，是大清帝國的第四位皇帝（從1722年至1735年在位13年）。

清世宗雍正帝像
圖片來源：《維基百科》

雍正帝獲得重臣隆科多（1658年～1728年）的協助繼位，依賴撫遠大將軍年羹堯（1680年～1726年）平定青海亂事，得以穩固政局。後因年羹堯擁兵自重，目無法紀，被雍正帝賜死，並幽禁隆科多。雍正帝在位期間，對內針對康熙時期的弊端採取補救措施，以延續康雍乾盛世。他設置軍機處加強皇權，並削弱親王勢力，注重皇子教育，採取秘密立儲制度，以防康熙晚年諸皇子爭位的局面再度發生；將丁銀人頭稅併入田賦稅，以減輕無地貧民的負擔，並廢止賤民政策，令世代受到奴役且地位低賤的賤戶被解放。

為解決地方貪腐問題使火耗[28]歸公，耗羨[29]費用改由中央政府計算，並設置養廉銀[30]以提高地方官員的薪水。

對外，雍正初（1723）年青海親王羅卜藏丹津（1692年～？年）意圖復興和碩特汗國而叛亂，隔年為年羹堯與岳鍾琪等人所平定。為此雍正帝佔領部分西康地區，又在西寧與拉薩分置辦事大臣與駐藏大臣，以管理青藏地區，並將喀爾喀蒙古併入清朝；1727年，與俄羅斯帝國簽訂《恰克圖條約》，確立塞北疆界。1729年，以靖邊大將軍傅爾丹（1680年～1752年）與寧遠大將軍岳鍾琪（1686年～1754年）兵分二路於科布多對抗準噶爾汗噶爾丹策零（1695年～1745年），最後於1731年和通泊（今新疆阿勒泰北與蒙古國邊界地區）之戰戰敗。1732年，噶爾丹策零東征喀爾喀蒙古，兵至杭愛山（今蒙古

---

28 火耗，又稱火耗銀。〝火耗〞一詞原本指零碎白銀經火鎔鑄成銀錠或元寶過程中所生的損耗，後引申指清朝於正規稅糧或稅金之外的一種附加稅。

29 〝耗羨〞，是地方官向民眾徵收稅金時，會以運送與鎔鑄等耗損為由，多徵銀兩，稱為火耗或耗羨，但耗羨的範圍大於火耗，耗羨還包含雀鼠耗等；徵納運京的米穀，被雀鼠偷食損耗，稱為雀鼠耗。

30 〝養廉銀〞，是清朝官員的俸祿制度，在中國歷史上為清朝特有，為雍正元（1723）年，雍正帝所創立的制度，本意是想藉由高薪來培養及鼓勵官員廉潔的習性，進而避免貪污的情事發生，因此取名為〝養廉〞；但因在攤丁入畝、火耗歸公之後，清政府將所有稅收改歸朝廷所有，致使地方財政困難；因此，看似高薪養廉，然實際上將地方的行政費用歸於地方首長所有，導致清朝地方貪腐的情況為史上之最。

國中部的山脈），被喀爾喀親王策棱（1672年～1750年）擊敗，並於1734年與清朝和談，以阿爾泰山（位於新疆）為界，西北大致和平。

雍正帝勤於政事，自詡「以勤先天下、朝乾夕惕」，是清朝最勤勞的一位皇帝。他在位期間的奏摺大多由他親自批改，軍機處的諭旨也由他再三修改。他所親信的內外臣僚如張廷玉（1672年～1755年）、鄂爾泰（1677年～1745年）、田文鏡（1662年～1733年），以及李衛（1688年～1738年）等人也都以幹練著稱。他所派遣的特務遍及天下，以監控地方事務，密摺制度至此完善。

清高宗乾隆帝像
圖片來源：《維基百科》

雍正帝於雍正十三（1735）年去世，其子弘曆（1711年～1799年）繼位，改年號乾隆，即乾隆帝，史稱〝清高宗〞，是大清帝國的第五位皇帝（從1735年至1796年在位61年），是中國歷史上最長壽的皇帝，以及實際掌權時間最長的皇帝。乾隆帝繼位之初，獲得張廷玉與鄂爾泰的協助，穩定政局。對內他以〝寬猛相濟〞理念施政，介於康熙帝的仁厚與雍正帝的嚴苛之間，人口不斷增加使乾隆末年突破三億大關，約佔當時世界人口的三分之一。江南與廣東等地的絲織業與棉織業非常發達，景德鎮的瓷器也達到歷史高峰，山西亦出現私人銀行的銀號。國庫庫存銀亦從雍正十三（1735）年的34,530,485銀兩，上升至乾隆三十九（1774）年的73,905,610銀兩。

乾隆三十七（1772）年起，乾隆帝多次詔令各省督撫、學政收集書籍，翌年更下令考據補遺與《古今圖書集成》之編撰，並建立四庫全書館以編寫《四庫全書》。四庫館以皇六子永瑢（1744年～1790年）等人為總裁，總理其事，其下有總纂官紀昀（1724年～1805年）等人主編，下設纂修、總校、分校、總目協勘、督促、收掌、監造、繕寫等職位，動員近四千人，成為世界最龐大的類書，這些都成為盛世的文化標誌。然而為維護統治卻嚴厲控制思想，編書期間藉機對不符其思想的書籍進行禁毀與秘藏，又大興文字獄，使得如戴名世（1653年～1713年）等人被株連殺害或是流放。中期以後，乾隆多次下江南，有安撫百姓，檢閱軍隊，視察水利，增加科舉，以及免除稅收之舉。然而乾隆晚期多從寬厚，寵信貪官和珅，官員腐化使政治大壞。

18世紀，西方傳教士將中國文化介紹給歐洲人，引

發〝中國風〞的熱潮。歐洲人追崇中國文化、思想與藝術，在1769年更有人寫道：「中國比歐洲本身的某些地區還要知名」。英國特使馬戛爾尼（英語：George Macartney，1737年～1806年）在其日記著作中寫道：「中國政府的行政機制和權力是如此地有組織和高效，有條件能夠迅即排除萬難，創造任何成就。」

對外，乾隆十（1745）年準噶爾汗噶爾丹策零去世，國內諸子爭位。1752年冬，綽羅斯和碩親王達瓦齊（？年～1759年）襲奪準噶爾汗國汗位，阿睦爾撒納（1723年～1757年）在隨後的內鬥中被擊敗，不得不歸附清廷。乾隆帝乘機於1755年派其為引導，以定北將軍班第（？年～1755年）率軍平定準噶爾，攻下伊犁。而後阿睦爾撒納想要成為新一代準噶爾汗，由於沒有獲得乾隆帝支持而叛變，後於1757年出天花病死在托波爾斯克（今俄羅斯秋明州的一座城市）。隨著阿睦爾撒納的死去，天山北路遂告平定，準噶爾亡，其族在乾隆帝的屠殺令下慘遭滅絕。

然在天山南路，脫離準噶爾統治的回部領袖大小和卓兄弟起兵反清，史稱〝大小和卓之亂〞。其領袖波羅尼都（？年～1759年）大和卓，與霍集占（？年～1759年）小和卓，佔據喀什噶爾與葉爾羌，意圖自立。1758年，乾隆帝再命定邊將軍兆惠（1708年～1764年）西征，兆惠率輕軍渡沙漠圍攻葉爾羌（今新疆莎車），反被包

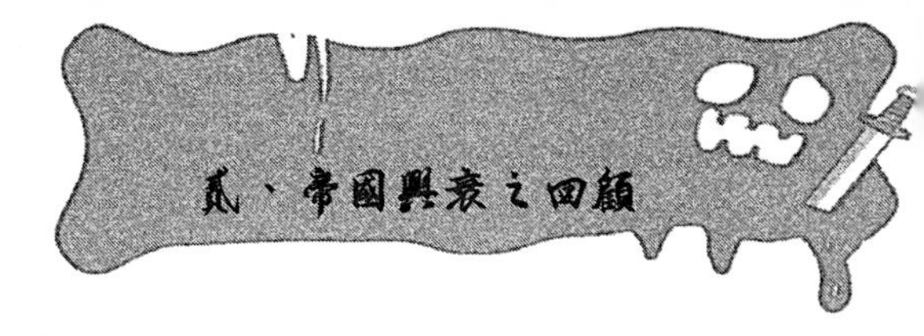

圍於黑水營。隔年都統富德（？年～1776年）率軍解圍，兆惠與富德最終攻滅大小和卓，並讓帕米爾高原以西的中亞各國成為藩屬國。

在西南方面，乾隆初年派名將張廣泗（？年～1749年）平定貴州苗民之亂，隨後清軍前往平定大渡河上游的大小金川（今四川金川縣與小金縣）動亂，史稱〝大小金川之役〞，也就是在1747年到1749年期間發生大金川之戰，清軍於此吃盡苦頭。1771年第二次小金川之戰爆發，四川大金川土司索諾木朋楚克（？年～？年）與四川小金川土司僧桑格（？年～1774年）均叛變，清將溫福（？年～1773年）戰死，名將阿桂（1717年～1797年）歷經多次作戰，直到1776年方平定。在這期間，緬甸貢榜王朝與清朝爆發清緬戰爭，清軍四次進攻皆失敗。1784年，暹羅卻克裡王朝派使朝貢；1788年緬甸為應付暹羅威脅，也派使朝貢。1789年，安南（今越南北部）發生西山朝（越南朝代名稱），統一後黎朝（越南朝代名稱）、鄭朝（越南朝代名稱）與廣南朝（越南朝代名稱）的事件。清軍入安南擊敗西山朝，護送黎朝黎湣帝（1765年～1793年）復位，但途中遭西山軍的伏擊而敗，史稱〝清越戰爭〞。西山朝阮惠（1753年～1792年）遣使向清廷謝罪，清廷封為安南王。

乾隆帝雖以「十全武功」自譽，但他發動太多戰事，皆使國庫嚴重損耗，民不聊生，因此開始爆發民變。當時人口暴增與鄉村土地兼併嚴重，使得許多農民失去土地；加上貪官和珅等官員腐敗，於乾隆晚期到嘉慶時期陸續發生民變。白蓮教於1770年代舉兵，後來又於1796年爆發川楚教亂，八年後被清軍鎮壓，領袖王三槐（？年～1800年）被處死。臺灣天地會領袖林爽文（1756年～1788年），於1787年發動林爽文事件，歷時一年多的事件，導致清朝國力開始衰退。

3.大清帝國的衰落：

1795年，乾隆帝禪位給其子顒琰（1760年～1820年），改年號嘉慶，即嘉慶帝，史稱〝清仁宗〞，是大清帝國的第六位皇帝（從1796年至1820年在位24年）。乾隆雖為太上皇，但依然〝訓政〞直至1799年去世，嘉慶帝方能親政，並將貪官和珅賜死，抄收其家產。然而他並沒有藉此全面整頓政風，加上地方出現賣官以平衡開支的現象，使得貪汙腐敗的風氣更加嚴重，也加重人民的負擔。

清仁宗嘉慶帝像
圖片來源：《維基百科》

針對乾隆時期過度開銷的弊端，嘉慶帝提倡節儉，縮減朝廷與宗室的開支，把貧窮的旗民送到關外開墾，終因朝野反彈而妥協。此時八旗兵等軍紀腐敗不可堪用，只能靠地方地主勢力的團練平定亂事，而後期更由此形成湘軍與淮軍等地方軍。當時民亂不斷，有白蓮教的川楚教亂[31]、東南有海盜侵襲，華北又有天理教之亂[32]等情事，國力更是一落千丈。

1820年，嘉慶帝駕崩，旻寧（1782年～1850年）繼位，改年號道光，即道光帝，史稱〝清宣宗〞，是大清帝國的第七位皇帝（從1820年至1850年在位30年）。此時，朝廷暮氣沉沉，滿朝文武只知迎合貪汙謊報。道光帝雖提倡儉樸，所穿龍袍是宮內舊料所製，然滿朝文武故意在朝服補丁，以示簡樸，大臣奏章大多報喜不報

清宣宗道光帝像
圖片來源：《維基百科》

[31] 〝川楚教亂〞，又稱為白蓮教之亂，指清朝嘉慶年間爆發於四川、陝西、河南和湖北邊境地區的白蓮教徒武裝反抗政府的事件。

[32] 〝天理教亂〞，天理教為白蓮教支派，在嘉慶十八（1813）年曾攻入紫禁城，隨即被消滅。

憂。中英鴉片戰爭時，前方將帥不斷撒謊，敗將奕山（1790年～1878年）竟被欽命優敘。

19世紀上半葉，西方各國為使通商正常化，多次派使者前往中國協商。然清政府以天朝上國自居，不願與西方各國平起平坐，屢次不了了之。當時大英帝國對中國茶葉與絲綢的需求龐大，對華貿易成逆差狀態。為此，英國將鴉片大量輸入中國以改善本身經濟，致中國人民健康被削弱，清朝經濟也發生通貨膨脹，國力更持續衰退。道光帝為解決此弊端，派林則徐到外貿口岸廣州宣佈禁煙，此即虎門銷煙。為此，1840年中英兩國爆發鴉片戰爭，清軍戰敗後和英國簽訂《南京條約》，割讓香港島及開放廣州、福州、廈門、寧波和上海等五口為通商口岸，這是近代中國首條不平等條約。

清文宗咸豐帝像
圖片來源：《維基百科》

1850年，道光帝駕崩，第四子奕詝（1831年～1861年）繼位，改年號咸豐，即咸豐帝，史稱〝清文宗〞，是大清帝國的第八位皇帝

（從1850年至1861年在位11年）。咸豐帝在位時，西方各國迫使清政府開港通商，加上地方官吏、地主兼併土地，使得傳統農村經濟受到破壞，民更是不聊生。於是，各地紛紛起事要推翻滿清。

其中華北以捻亂[33]為主，華中與華南以洪秀全（1814年～1864年）的太平天國[34]、雲南杜文秀（1827年～1872年）與馬如龍（1832年～1891年）的回變[35]為主。洪秀全改造基督教教義，1851年於廣西金田起義，聯合天地

---

[33] 〝捻亂〞發生於咸豐三年～同治七年，西元 1853～1868 年間，起因係 19 世紀中葉，黃河改道造成淮北民不聊生；同時諸多難民聽聞太平軍占領南京，受到鼓舞而起義，捻軍的主力是私鹽販子，他們走私來的鹽物美價廉，受到民眾的喜愛；再加上政府過當的刻扣使民眾傾向叛軍；同治三（1864）年，清廷收復天京，江淮間太平軍與捻軍合流，清廷派兵進剿失敗後，曾國藩奉命督師圍堵，捻軍被拆為分為東、西兩捻；同治六年～七年，左宗棠和李鴻章才終於將其平定。

[34] 〝太平天國〞是清道光晚年、咸豐至同治初年間建立的政教合一政權，創始人為洪秀全和馮雲山；洪秀全與少年時代的私塾同學馮雲山經過多年傳播拜上帝會，於道光三十（1850）年末至咸豐元（1851）年初與楊秀清、蕭朝貴、曾天養、石達開等人，在廣西省右江道潯州府桂平縣（今廣西壯族自治區貴港市桂平市金田鎮金田村）組織團營舉事，後建國號〝太平天國〞，史稱太平天國之亂，並於咸豐三（1853）年攻下江蘇省江寧道江寧府城（今江蘇省南京市），號稱天京，並定都於此；同治三（1864）年天京被湘軍攻破，湘軍縱兵屠城、奸淫擄掠，洪秀全之子兼繼承人洪天貴福被俘虜，及後被清朝判以凌遲處死。

[35] 〝回變〞即雲南回族起義，是 1856 年發生在大清帝國雲南省的一次大規模回族穆斯林武裝的暴亂，1872 年被清軍鎮壓。

會[36]、三合會[37]北伐。兩年後攻陷並定都江寧，後再發動兩次西征，不久又發動北伐，最遠達天津近郊。後由晚清四大名臣之曾國藩（1811年～1872年）、左宗棠（1812年～1885年），以及李鴻章（1823年～1901年）紛紛組織湘軍與淮軍共同抵抗太平天國。1856年，太平天國發生〝天京事變〞[38]後國力衰退，部分勢力轉入捻軍。

1864年，曾國藩弟曾國荃率湘軍攻陷首都天京，隨後湘軍屠城，許多當地平民和太平軍人被殺，太平天國也因此敗亡。在此期間，英、法兩國趁中國內亂，於1858年發動英法聯軍之役，清軍於〝八裡橋之戰〞（今北京市通州區與朝陽區交界處的通惠河上）戰敗，英法聯軍攻陷北京，放火燒毀圓明園，迫使清廷簽訂《天津條約》及《北京條約》。同年，俄羅斯帝國以調停有功，逼清

---

36 〝天地會〞後為洪門會，簡稱洪門，主要為洪英後人，因認為洪英為創會始祖，後來發展出清幫與漢留，均為清朝主要的秘密結社，其活動主要於華南，以及福建、廣東、湖廣等地區。

37 〝三合會〞是反清秘密組織，始於清朝康熙、雍正年間。

38 〝天京事變〞又稱〝天京之變〞，也有學者稱作〝楊（楊秀清）韋（韋昌輝）內訌〞或〝楊韋事件〞，是一次太平天國領導層的嚴重內訌。發生於清朝後期的1856年，地點在首都天京（今江蘇南京），東王楊秀清、北王韋昌輝及燕王秦日綱在此事件中被殺，包括翼王石達開的全部親人（石達開本人逃出），軍、民共有約兩萬人喪命。〝天京事變〞被視為導致太平天國失敗的其中一個重要原因，亦是太平天國由盛而衰的轉捩點。

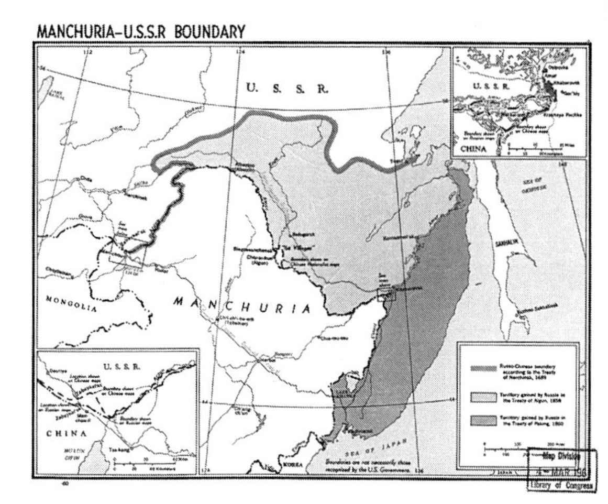

《瑷琿條約》規定劃歸俄國的黑龍江北岸和「共管」的烏蘇里江東岸地區
圖片來源：《維基百科》

廷簽訂《瑷琿條約》[39]，取走外東北領地；1864年又強迫清廷訂立《勘分西北界約記》[40]，割佔外西北，兩約合計超過100萬平方公里的領土，是臺灣近30倍大。面對內外交迫的局面，清廷為使國力恢復而發起自強運動。

1861年，咸豐帝駕崩，其唯一存活六歲的兒子載淳（1856年～1875年）繼位，改國號同治，即同治帝，史稱〝清穆宗〞，是大清帝國的第九位皇帝（從1861年至

[39] 《瑷琿條約》是1858年5月28日，大清帝國遣黑龍江將軍奕山和俄羅斯帝國在瑷琿（今黑龍江省黑河）簽定的條約，該條約令中國完全失去對黑龍江以北約60萬平方公里的領土，烏蘇里江以東（黑龍江下游段）的40萬平方公里土地中俄共管，俄方暫時取得關鍵的出海口，並只准中俄兩國船隻通行，是中國近代史上一次放棄領土所有權最多的條約。

[40] 《中俄勘分西北界約記》是俄羅斯帝國割佔中國西北部巴勒喀什池（今巴爾喀什湖）以東、以南和齋桑淖爾（今齋桑泊）南北44萬平方公里的領土。

1875年在位14年）。咸豐帝本任命肅順（1816年～1861年）等八大臣輔佐政務，東、西兩宮太后與恭親王奕訢（1833年～1898年）發動辛酉（1861年）政變，使得兩宮得以垂簾聽政，最後由西宮慈禧太后獲得實權。

清穆宗同治帝像
圖片來源：《維基百科》

西宮慈禧太后像
圖片來源：《維基百科》

同年，朝野也認識到西方的船堅炮利，並且鑒於兩次鴉片戰爭的失敗，以「師夷長技以制夷」、中體西用為方針展開自強運動（又稱洋務運動）。當時總理各國事務衙門，與隨後的北洋通商大臣，負責對外關係與自強運動的策劃與推行，先後引入國外科學技術，建立現代銀行體系、現代郵政體系、鋪設鐵路、架設電報網。同時也建立翻譯機構同文館、新式教育（新學），培訓技術人才並派遣留學生到歐美日等先進工業國家，培育出如唐紹儀（1862年～1938年）與詹天佑（1861年～1919年）等人才。尤其是開設礦業、建立輪船招商局、江南製造總局與漢陽兵工廠等，製造工廠與兵工廠，同時也建立新式陸軍與北洋艦隊等海軍。洋務運動使得中國社會出現較安定的局面，史稱同治中興。

其間，太平天國於1864年滅亡。1865年，僧格林沁親王的滿蒙騎兵（八旗兵），中了捻軍埋伏而後全殲，僧格林沁親王也因此戰死，端賴洋務派李鴻章與左宗棠分別滅東、西捻，因此捻亂到1868年為止，即全部平定。1862年至1878年間，左宗棠先後平定陝甘回變，平定新疆回亂，並收回伊犁。雲南回變也於1867年因馬如龍降清，以及1872年杜文秀自殺而停止。更因西方各國對中國的租借地關係，將西方思想帶入中國，推動中國革命與民主制度的蓬勃發展。

1875年，同治帝去世，慈禧太后立同治帝堂弟，也是慈禧太后外甥載湉（1871年～1908年）為帝，改國號為光緒，即光緒帝，史稱〝清德宗〞，是大清帝國的第十位皇帝（從1875年至1908年在位33年）。載湉雖能順利繼承皇位，但他

清德宗光緒帝像
圖片來源：《維基百科》

在位初年時，由慈安太后及慈禧太后兩宮聽政，後慈安太后病逝，由慈禧太后獨自繼續攝政，後來雖獲得親政機會，但終其一生大權依然掌握於慈禧太后手上，並沒有實權。

光緒帝在位期間，內憂之人民起義雖得以平息，然天災卻不斷，有些天災甚至造成人口損失。光緒元年至四年（1875年～1878年），河南、山西、陝西、直隸、山東等地發生特大旱災饑荒，尤以山西最嚴重，光太原府100萬人就死95萬。總死亡數計950萬～2,000萬不等，也就是清朝人口約2～4%，史稱丁戊奇荒。1887年，河南鄭州下汛十堡（今惠濟區花園口鎮石橋村）發生黃河決口，致使約200多萬人罹難。

丁戊奇荒，饑荒受難者被強迫把兒女給賣掉。
圖片來源：《維基百科》

而外患則日本在明治維新後國力大增，在同治帝執政的1872年，便強迫清朝藩國琉球改屬日本，清朝拒不承認，於是中日交惡。1884年，清朝和法國為安南（今越南）主權爆發中法戰爭，最終法國戰勝，清朝失去藩屬國安南，安南成為法國殖民地。1885年，英國入侵緬甸，清朝駐英公使曾國藩之次子曾紀澤（1839年～1890年）向英國抗議無效，隔年被迫簽訂《中英緬甸條約》，承認緬甸為英國殖民地。1894年，為朝鮮主權問題，清朝和日本發生甲午（1894年）戰爭[41]，期間日軍攻陷旅順並大屠殺。兩個推行西化運動的亞洲國家，最後以清軍落敗而告終。戰後簽《馬關條約》，清朝割讓臺灣和澎湖，並失去藩屬國朝鮮和租界。洋務派李鴻章建立的北洋艦隊全面瓦解，也宣告自強運動最終失敗。

甲午戰爭後，維新派康有為（1858年～1927年）與梁啟超（1873年～1929年），於1895年公車上書光緒帝，要求深入改革朝廷架構、教育、經濟體制與軍事制度等多個層面，期望光緒帝能從制度面革新。1898年，光緒帝雖在康有為等的幫助下實施維新運動，也稱戊戌變法。然由於做法和態度過於激進，而激起舊有保守派和原本中立群體的反抗，導致原本支持變革的慈禧太后以「聽信逆臣蠱惑，改變祖宗成法」為由軟禁光緒帝，處

---

41 甲午戰爭以豐島海戰為爆發標誌，陸戰的主戰場位於朝鮮半島、遼東半島和山東半島，海軍的主戰場位於黃海；雙方在開戰之前均接受不同程度的西化，也都採取西洋式戰艦，但由於日本的大獲全勝，西方列強在此一戰後就以平等的態度面對日本；而清朝的國際聲望則一落千丈，被認為是〝東亞病夫〞，西方列強開啟瓜分中國的狂潮；該戰對東亞外交格局影響深遠，朝鮮半島正式擺脫長期以來對中國的藩屬國地位，以中國為中心的冊封體制在此時解體。

決譚嗣同（1865年～1898年）、康廣仁（1867年～1898年）等多人，康有為由香港逃往加拿大。由於該變法僅維持103天就結束，後被稱為百日維新。

在1896年，清廷就為連俄制日，簽訂《中俄密約》。後來密約洩露，外國鑒於清朝已無力自衛，紛紛劃分在中國的勢力範圍，以維護為各自利益。而美國則提出中國門戶開放政策，以平衡列強在華勢力。中國長期受列強欺辱，使地方產生義和團之類，仇洋排外的民族主義團體。慈禧太后便在1899年，藉此排外而發生義和團運動[42]，開始屠殺洋人、姦淫婦女、搶奪店舖、破壞各國使館、燒毀與西洋有關的東西。慈禧太后不理會各國抗議，遂引發八國聯軍的報復。1900年，俄軍於黑龍江海

[42] 義和團運動，是一宗受朝廷支持的武裝排外暴亂，清朝甲午戰爭失敗後，西方列強瓜分在中國的勢力範圍，中原基督徒也激增，北部農村頻繁發生宗教案件，又逢天災及宮廷權力爭鬥激化的情況下，黃河北岸農民與中原基督徒之間時常發生衝突；1899 年春季發生衝突並激化，發展為武裝排外暴亂，直隸成千上萬習練義和拳並號稱〝義和團〞，動用私刑處死大量基督徒與外來的西方人，並縱火燒毀教堂；整個運動並無嚴密的組織，或統一的領袖，而是一場自發的群眾運動，行為矛盾且混亂；對於列強的質問，慈禧太后對此事的態度也多次反覆，至同年 6 月，慈禧太后暫時決定利用並允許義和團進駐北京，並先於清軍進攻天津租界，庚子五臣徐用儀（1826 年～1900 年）等諫言，朝廷應取締犯罪行為而被處死，以及德籍外交官克林德（1853 年～1900 年）遭到當街打死；消息傳到西方，最終釀成俄羅斯、德國（佔領後才到）、法國、美國、日本、奧匈帝國、義大利和英國等組成的八國聯軍，遠征天津和北京報復，史稱八國聯軍之役，使義和團被擊破。

蘭泡越境，屠殺中國人民七千多人，史稱海蘭泡慘案[43]。北京被八國聯軍佔領，慈禧太后率光緒帝逃到西安。1901年簽訂《辛丑條約》，清廷賠償重款，列強派兵駐守北京一帶，並劃定租借地和勢力範圍。1904年，日本與俄羅斯帝國更因在東北的利益衝突，爆發日俄戰爭，結果俄羅斯帝國大敗，最終在美國總統羅斯福（英語：Theodore Roosevelt Jr.，1858年～1919年）斡旋下，簽訂《朴次茅斯和約》，戰爭結束。俄羅斯帝國在日俄戰爭中失敗後，損失用作維持其帝國的常規軍事力量，國內自此動蕩不安，爆發一連串的革命事件，導致1905年爆發了血腥星期日革命事件。

義和團事變時，李鴻章、張之洞（1837年～1909年）、劉坤一（1830年～1902年），以及袁世凱（1859年～1916年）等行省之總督、巡撫為保護華中、華南，自行宣佈中立，不服從朝廷對外宣戰的御命，從此清廷權威低落，地方各省自主性提高。清朝經歷太平天國、甲午戰爭、八國聯軍等戰役後國勢大墜，全國知識分子莫不提出各種方法拯救中國，主要分成〝立憲派〞與〝革命派〞兩種改革路線。立憲派主張效仿英日等國實行君主立憲，而革命派則堅決主張推翻帝制，實行共和。

---

[43] 〝海蘭泡慘案〞，是指在1900年7月八國聯軍侵華期間，俄羅斯帝國以義和團破壞東清鐵路為由，在海蘭泡和江東六十四屯等地，對中國人進行大規模屠殺的事件，有約七千多名中國民眾遇難。

1901年，立憲派康有為、梁啟超等推動立憲運動，梁啟超並發表《立憲法議》，希望讓光緒帝成為立憲君主。而慈禧太后為挽救清朝衰落危局，也有意效仿歐日的改革而推行新政。該新政除推行君主立憲外，還有諸如建立新軍、廢除科舉、整頓財政等一系列改革。而革命派對清廷的改革失望，他們鼓勵推翻清朝，建立中華共和。孫中山（1866年～1925年）早在1894年於夏威夷檀香山就建立興中會、黃興（1874年～1916年）等在1904年於長沙成立的華興會、蔡元培（1868年～1940年）等則在1904年於上海成立光復會、還有其他革命團體陸續加入革命派陣營。1905年，孫中山在日本聯合興中會、華興會、光復會等，成立中國同盟會，並提出「驅除韃虜、恢復中華、創立民國、平均地權」綱領。革命派並聯合舊有反清勢力如三合會、洪門等，在華南地區發起十次革命起事，並將勢力滲入華中、華南的清朝新軍。

當時立憲派與革命派為改革方式發生爭執，起初立憲派佔上風，清廷也承諾實行立憲。1907年，清廷籌設資政院（議會準備機構），預備立憲，並籌備在各省開辦諮議局。1908年7月頒布《各省諮議局章程及議員選舉章程》，命令各省在一年之內成立諮議局。同年頒布《欽定憲法大綱》，以確立君主立憲制政體，成立代議會。在立憲派成員的請願下，清廷宣佈把預備立憲縮短三年，預定在1913年召開國會。

1908年，光緒帝與慈禧太后相皆去世，由光緒帝的侄子，醇親王載灃（1883年～1951年）長子溥儀（1906年～1967年）繼位，改國號宣統，即宣統帝，史稱〝清遜帝〞，是大清帝國的第十一位皇帝（從1908年至1912年在位4年），也是大清帝國最後一個皇帝。由於宣統帝繼位時僅兩歲，故由其父載灃擔任監國攝政王。1911年，清廷組成由慶親王奕劻（1838年～1917年）領導的〝責任內閣〞，這是中國歷史上首次君主立憲的內閣。然卻因該內閣中的很多成員為皇族身份，故被稱為皇族內閣，引發立憲派的不滿和失望，於是轉向革命派合作。

宣統帝像
圖片來源：《維基百科》

1910年，東北爆發鼠疫，波及大連、北京、天津、保定、旅順、芝罘、濟南等69個縣市，共死亡6萬餘人，除造成大量人口死亡外，還嚴重影響經濟；在奉天（今遼寧省瀋陽市）則出現擠兌風潮；在鐵嶺、錦州、營口、安東等地，因交通阻斷市面缺貨，大量商鋪倒閉，商品價格瘋漲；在哈爾濱，因貨物減少，關稅的徵收受到影響，學校和工礦產業更紛紛停課和停產。

1911年，四川等地爆發保路運動，反對清朝政府將地方準備興建的川漢鐵路、粵漢鐵路進行國有化而發生的運動。其中，四川省的運動最為激烈。清廷急派新軍入川鎮壓，湖北空虛。同年，湖廣總督瑞澂（1863年～1915年）斬殺彭楚藩（1884年～1911年）、劉復基（1885年～1911年）、楊宏勝（1886年～1911年）等三個革命黨人，史稱彭劉楊三烈士。參加武漢新軍中的革命團體文學社與革命團體共進會等人心惶惶，兩名革命分子湖北新軍士兵金兆龍（1889年～1933年）及程定國（1885年～1916年），夜間與排長陶啟聖（1883年～1911年）發生爭執，一怒之下射殺排長，並發起武昌起義，南方各省隨後紛紛宣佈獨立，是為辛亥革命。

臨時大總統孫中山像
圖片來源：《維基百科》

清廷任命北洋新軍統帥袁世凱為內閣總理大臣，成立內閣並統領清朝的北洋軍。袁世凱一方面於漢陽、漢口（舊稱夏口）戰爭中壓迫革命軍，另一方面卻暗中與革命黨人談判，形成南北議和。1912年，中華民國建國首都設於江寧，後改稱南京，孫中山在南京就職臨時大總統，是為中華民國第一任臨時大總統（1912年1月1日～1912年3月10日，在位2個月又10日），並與清室皇家優待條件達成，孫中山也承諾只要袁世凱贊成清帝退位，自己即讓位於袁世凱，由袁世凱出任民國大總統，最後袁世凱與革命黨人的意見達成一致。

同年，在袁世凱授意下，段祺瑞（1865年～1936年）等五十位北洋軍將領，發佈《北洋五十將乞共和電》，要求宣統帝退位。段祺瑞不久又發《乞共和第二電》，以發動兵變要脅朝廷。宣統三年十二月二十五日（1912年2月12日），隆裕太后（1868年～1913年）代表宣統帝，頒布退位詔書，將權力交給中華民國政府，清朝至此滅亡，結束大清帝國276年國祚，也標誌著中國五千多年來的君主制度正式結束。隨後孫中山讓位予袁世

大總統袁世凱像
圖片來源：《維基百科》

凱，南北統一，並於中華民國元年（1912年）3月6日，南京參議院正式決議同意袁世凱在北京，就任大總統並定都北京，是為中華民國第二任臨時大總統（1912年3月10日～1913年10月10日，在位1年7個月又1日）。1913年10月當選第一任正式大總統（1913年10月10日～1916年6月6日，在位2年7個月又27日）。

綜上所說，崛起、鼎盛、衰落的循環，是天地萬物必經的過程，小至個人，大至帝國皆是如此，充其量也僅是時間長短而已。得意時，莫猖狂；失意時，莫氣餒。天理循環，春夏秋冬；人理循環，生老病死；國理循環，興衰更迭。不得不察！而崛起必須靠天時、地利、人和的聚合，方能成事。三國漢末曹操得了動盪天時，方能挾天子以令諸侯；東吳孫權得了長江地利，方能偏安一方；蜀漢劉備得了賢才人和，方能與曹操、孫權三國鼎立平起平坐。而鼎盛必須靠主政者的努力及治國有方，才能奏效，康雍乾盛世，即是明證。至於衰落，則因內鬥、腐敗所致，上述帝國的興衰皆是如此。主政者應警惕！再警惕！

叁、主宰世界之霸權

一、美利堅合眾國

二、俄羅斯聯邦

三、中華人民共和

所謂〝霸權〞（Hegemony），根據牛津國際研究百科全書（Oxford Research Encyclopedia of International Studies）上說：「是一國在一國際體系中擁有軍事、政治等領域上強大的能力，以保有領導地位，使他國屈從。」而所謂〝霸權主義〞（Hegemonism），則是：「指一國憑藉其政治、軍事和經濟的極大優勢，在全世界或個別地區控制他國主權、主導國際事務或謀求統治地位的政策的意識形態。」然當一個弱小國家屈服於霸權國家時，即會在滿口仁義道德下，被予取予求。本單元使用〝霸權〞一詞，即是上述之意。

從國防力量上講，根據國際防務網站《全球火力》（Global Firepower，GFP）2023年的公布，前10名分別為美國第一，其火力指數0.0712；俄羅斯第二，其火力指數0.0714；中國第三，其火力指數0.0722；印度第四，其火力指數0.1025；英國第五，其火力指數0.1435；南韓第六，其火力指數0.1505；巴基斯坦第七，其火力指數0.1694；日本第八，其火力指數0.1711；法國第九，其火力指數0.1848；義大利第十，其火力指數0.1973。

從經濟力量上講，根據國際貨幣基金（International Monetary Fund，IMF）2022年的報告：國內生產總量（英語：Gross Domestic Product，GDP）世界第一，為美國25,035萬億美元；世界第二，為中國18,321萬億美元；世界第三，為日本4,300萬億美元；世界第四，為德國4,031萬億美元；世界第五，為印度3,468萬億美元；世界第六，為英國3,198萬億美元；世界第七，為法國

2,778萬億美元；世界第八，為加拿大2,200萬億美元；世界第九，為俄羅斯2,133萬億美元；世界第十，為義大利1,996萬億美元。

國防力量＋經濟力量，美國是世界第一霸權；中國則為世界第二霸權；俄羅斯不一定能進入世界第三霸權，但也不遠矣！更何況，美國是民主國家，中國是共產國家，俄羅斯則是從共產國家轉向民主國家，民主與共產的特徵兼具。因此，本單元〝主宰世界之霸權〞，將以美利堅合眾國、俄羅斯聯邦，以及中華人民共和為例，來做說明。

一、美利堅合眾國

美利堅合眾國（The United States of America，U.S.A.），簡稱美國，首都華盛頓。位於北美洲的一個聯邦制共和國，是世界第一強國。美國由50個州加上直轄的華盛頓哥倫比亞特區，以及阿拉斯加州、夏威夷州、波多黎各、關島、美屬維京群島、美屬薩摩亞、北馬利安納群島，以及十一個無人小島嶼等的海外領土。美國國土東至大西洋、西至太平洋、南至墨西哥灣、北至加拿大、北冰洋（阿拉斯加州）。面積為9,372,610平方公里，為北美僅次於加拿大位居第二，並位居世界第四。總人口約為3.3億人，世界第三大人口國。美國有著來自世界各地的大量移民，是世界上民族和文化最多元的國家之一，素有〝民族大熔爐〞之稱。

美國地形圖
圖片來源：《維基百科》

美國在地球上的位置
圖片來源：《維基百科》

美國起始於東海岸的13個英屬美洲殖民地。在七年戰爭[1]後，大不列顛王國（Kingdom of Great Britain），也就是英國與其海外殖民地之間的矛盾愈發劇烈。1775年美國終於爆發革命，1776年與英國進行獨立戰爭的13個殖民地派出代表，協同一致發表《獨立宣言》。1783年，英國承認這13個北美殖民地脫離管轄而獨立，並與其簽訂《巴黎條約》，最後終止8年的獨立戰爭。1781年，《邦聯條例》在邦聯13個構成州獲得通過，共同組成邦聯議會，各實體組成國家聯盟。1787年《美利堅合眾國憲法》完稿，合併一國後將邦聯體制升級為聯邦，〝美利堅合眾國〞聯邦政府隨之成立。1791年，合稱為權利法案的十條憲法修正案獲得批准，擔保基本民權。

自19世紀起美國從獨立時的英裔殖民地國家開始轉向西進和對外擴張，美國聯邦政府先後通過1803年和1819年兩次購地、與英屬殖民地談判，並擊敗墨西哥和屠殺、強行遷移原住民等方法，獲得北緯49度線以南，格蘭德河中游以北的幾乎所有土地，並從俄羅斯帝國手中購得阿拉斯加。這期間陸續有許多新建立的殖民地政體申請加入美國聯邦，隨著逐漸不斷地承認擴張領地為

---

[1] 七年戰爭（Seven Years' War）發生於1754年至1763年，當時西方的主要強國均參與這場戰爭，其影響覆蓋歐洲、北美、中美洲、西非海岸、印度及菲律賓；戰爭的發生，乃為歐洲列強之間的對抗所驅動，英國與法國和西班牙在貿易與殖民地上相互競爭所致，總共造成約九十萬至一百四十萬人死亡。

新州份，至1848年時美國疆域已橫跨整個北美大陸。19世紀下半葉，美國南部七個蓄奴州[2]爆發內戰，後來被林肯（Abraham Lincoln，1809年～1865年）領導的聯邦政府，以武力重新併吞，終結南方諸州合法的奴隸制度。19世紀末，美國將其領土主權延伸到太平洋的夏威夷，並在第二次工業革命的推動下蓬勃發展。尤其是於1898年與西班牙王國的美西戰爭[3]中勝利，讓美國對外干涉的範圍超過現在的美國本土，使勢力進入加勒比海地區及西太平洋。

美國 16 任總統林肯像
圖片來源：《維基百科》

美西戰爭--馬尼拉灣海戰
圖片來源：《維基百科》

[2] 蓄奴州是指美國內戰前認為奴隸制度合法的州份，相對的自由州是指禁止輸入奴隸或隨時間逐漸消除奴隸制度的州份；奴隸制度問題是美國內戰爆發的原因之一，隨後於 1865 年亦根據美國憲法第十三修正案而廢止。

[3] 美西戰爭發生於 1898 年，是一場美國與各獨立勢力共同對抗西班牙王國的戰爭，戰爭於美國戰艦緬因號在古巴哈瓦那港沈沒後爆發，這場戰爭使美國成為加勒比海地區的主要勢力，並獲得西班牙在太平洋的領地。

1914年，爆發第一次世界大戰，美國最初保持中立，卻因德國發動的無限制潛艇戰擊沉在大西洋航行的美國船隻〝郵輪盧西塔尼亞號〞（RMS Lusitania），造成許多美國平民的無辜死傷，激怒美國在戰爭最後階段的1917年，加入主要由法國、俄羅斯、英國、比利時、塞爾維亞，以及義大利所組成的〝協約國〞（Entente Powers），以對抗主要由德意志帝國、鄂圖曼土耳其帝國、奧匈帝國，以及保加利亞王國所組成的〝同盟國〞（Central Powers）。在美國參戰後，對戰局有所扭轉，使協約國在1918年獲勝。

第一次世界大戰，使英、法、德等國家元氣大傷，卻因戰爭未在美洲本土進行，給美國帶來大量財富和聲望，在幾乎整個1920年代，農產品價格不斷降低，工業利潤大幅增長，美國經濟發展得異常繁榮，然卻因信貸上升和股票市場的興盛，在經濟成長中起到推波助瀾的作用，終在1929年令股市大崩盤，隨之而來的是大蕭條，最終結束共和黨數十年主導美國政治的地位，由民主黨的羅斯福（Franklin Delano Roosevelt，1882年～1945年）上臺執政，美國的經濟直到第二次世界大戰後才徹底復甦。

美國 32 任總統羅斯福像；圖片來源：《維基百科》

1941年，爆發第二次世界大戰，日本於該年12月7日偷襲珍珠港，逼得美國不得不加入由中國、俄國、英國等57個國家所組成的〝同盟國〞（Allies of World War II），以對抗主要由德國、日本、義大利等所組成的〝軸心國〞（Axis power）。接下來的多場戰役，成為美國歷史上代價最高昂的一場戰爭，然而前線和大後方創造的大量工作機會，以及軍工產業帶動的生產復甦，使美國經濟完全走出1930年代大恐慌的陰霾。

20世紀後，美國因參加第一次世界大戰，而奠定其作為一個全球性軍事力量的基礎；第二次世界大戰獲得勝利後，讓美國迅速崛起成為超級大國，是〝聯合國〞安全理事會五個常任理事國之一，美國不僅是核武器擁有國，僅次於俄聯位居世界第二，亦是世界上第一個研發出核武器，並唯一曾將其投入實戰的國家。從此以後，美國與蘇聯因意識形態和地緣政治關係，相互競爭並進行數十年的冷戰，在對峙頂峰時期的太空競賽，亦促使人類第一次登月計劃的成功。1991年，蘇聯解體[4]後，美國被廣泛視為當今世上唯一的超級強國，是世界第一大

[4] 蘇聯解體（俄語：Распад СССР），發生在 1991 年 12 月 25 日唯一一任蘇聯總統戈巴契夫（俄語：Михаил Сергеевич Горбачёв，1931 年～2022 年），辭職，以及蘇聯最高蘇維埃於翌日通過決議宣佈蘇聯停止存在為最終節點，標誌著立國 69 年的蘇聯作為主權國家正式解體不復存在，除波羅的海三國以外的原 12 個蘇聯加盟共和國，自此從法律上取得主權國家地位。

經濟體，是世界上最大的進口國及第二大的商品出口國，國內生產總值排名世界第一。在國民平均薪資、人類發展指數、人均國內生產總值，以及人均生產力等社會經濟學表現指標上，美國均處於世界領先地位，這使美國在政治、文化、經濟和軍事上，均處於世界最重要的地位，在科學研究和技術創新上，也是世界領導地位。

尤其在維護世界和平上，所扮演〝世界警察〞[5]的腳色，更不遺餘力。美國參與的政權更迭，包括公開或秘密，其目的在於更改、更替、延續外國政權的行為。自19世紀以來，美國政府公開或秘密地，參與和干預多個外國政府的更替。19世紀下半葉，美國政府主要在拉丁美洲和西南太平洋地區，發起政權更替行動，包括美西戰爭和美菲戰爭等。20世紀初，美國在世界許多國家塑造或扶持政府，包括巴拿馬、宏都拉斯、尼加拉瓜、墨西哥、海地和多米尼加共和國等。二戰期間，美國幫助推翻許多納粹德國，或大日本帝國的傀儡政權，如菲律賓、韓國、中國東部和歐洲大部分的政權。美國軍隊也幫助結束阿道夫・希特勒（德語：Adolf Hitler，1889年～1945年）在德國的統治，和貝尼托・墨索里尼（義

---

[5] 世界警察（Global policeman, world police），是一個非正式的政治術語，是指實行干預、侵入或帝國主義的外交政策的政治制度或政府，並有能力干涉其他主權國家的超級大國，這個術語首先使用於英國，自 1945 年以後使用於美國，美國從 1990 年代以來，其霸權一直影響著全球政治格局。

大利語：Benito Amilcare Andrea Mussolini，1883年～1945年）在義大利的統治。

二戰結束後，美國政府在冷戰背景下與蘇聯爭奪全球領導權、影響力和安全感。在艾森豪時期，美國政府擔心蘇聯所支持的政府，會損害美國的國家安全，並倡導〝多米諾骨牌理論〞[6]（domino theory），後來的總統也紛紛追隨艾森豪這一理論。隨後，美國將其行動區域擴大到中美洲和加勒比地區之外。重要的行動包括美國和英國精心策劃的1953年伊朗政變、1961年針對古巴的豬灣入侵，以及支持蘇哈托（Suharto，1921年～2008年）將軍，在印度尼西亞推翻蘇加諾（印尼語：Sukarno/Soekarno，1901年～1970年）。此外，美國還干預多國的國家選舉，包括1948年在義大利、1953年在菲律賓、1950～60年代在日本，以及1957年在黎巴嫩。根據Levin, Dov H.《大國的黨派選舉干預：介紹PEIG數據集》的研究指出，在1946年至2000年期間，美國對外國選舉進行至少81次公開和秘密的干預。另O'Rourke, Lindsey A.《秘密政權更迭的戰略邏輯：冷戰期間美國支持的政權更迭運動研究》的研究也發現，美國在冷戰期間嘗試進行64次秘密的和6次公開的政權更迭。

---

[6] 該理論是由美國政府於冷戰時期，所提出的國際關係理論，最早由艾森豪總統提出，他說：假如中南半島落入共產黨的控制，其他東南亞國家都會出現多米諾骨牌效應，逐漸被共產黨赤化，因此多米諾骨牌理論成為日後美國強烈介入他國的原因。

茲將美國所介入世界的紛爭，主要戰爭有：

1·1950年～1953年南北韓戰爭：

該南北韓戰爭，是指在朝鮮半島上的朝鮮民主主義人民共和國政權（北韓）與大韓民國政權（南韓）之間的戰爭，從1950年6月25日至1953年7月27日止，計4年1個月又3天。其中，韓國受主要為美國和英國等聯合國軍事支持，而朝鮮受中華人民共和國和蘇聯等社會主義陣營的軍事支持。在北緯38度線[7]發生衝突，朝鮮人民軍於1950年6月25日跨越38度線南下入侵韓國，美國總統杜魯門（Harry S.

美國33任總統杜魯門像
圖片來源：《維基百科》

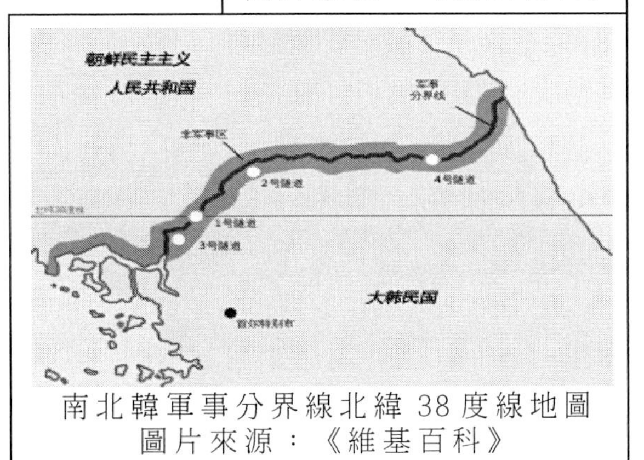

南北韓軍事分界線北緯38度線地圖
圖片來源：《維基百科》

[7] 北緯38度線，是1945年盟軍託管朝鮮時期，蘇聯和美國在從日本手中接收朝鮮半島過程中，按土地面積大致相等原則，沿北緯38度線在地圖上隨手劃定的一條受降分界線。

Truman，1884年～1972年）則於6月27日，宣布出兵朝鮮半島，由此聯合國軍隊正式與中國人民志願軍先後參戰，最終於1953年7月27日在板門店簽署《朝鮮停戰協定》，根據停戰時實際控制線建立朝韓非軍事區作為緩衝地帶，至今雙方仍有外交衝突和軍事對峙。

第二次世界大戰結束時，美國和蘇聯在朝鮮半島商定以北緯38度線作為接受日本投降的範圍界限，北部為蘇軍受降區，南部為美軍受降區。1949年初蘇聯撤軍，將北方主權交給朝鮮民主主義人民共和國；美國也撤軍，將南方主權交給大韓民國，於是形成今日之南北韓對峙。朝鮮戰爭也影響中國地緣政治局勢，形成臺海兩岸對峙格局，在停戰25年後，冷戰

由左至右，由上至下為：聯合國軍在仁川登陸；長津湖戰役中撤退的美國海軍陸戰隊；原州戰役的美國第2步兵師；雙隧道戰役的法國營坦克；砥平里戰役的美軍士兵；上甘嶺戰役的中國人民志願軍士兵。
圖片來源：《維基百科》

局勢開始緩和，聯合國及大多數國家逐漸改變並同時承認朝鮮與韓國兩個政權，而不介入雙方的領土爭端。有鑑於此，聯合國於1991年同時接納南北雙方，各自加入並成為聯合國會員國。

據上所說可知，今日之南北韓對峙是美國與蘇聯兩國所造成。而美國直接軍事介入南北韓戰爭所造成死傷，根據《亞洲週刊》記者陳之嶽，在〈韓戰爆發60週年的啟示〉揭露，美軍約戰死3.3萬人，受傷10.5萬人；南韓軍隊戰死41.5萬人，受傷42.9萬人；南北韓雙方平民死亡200萬人左右。

2·1955年～1975年南北越戰爭：

該南北越戰爭，是指受中華人民共和國和蘇聯等國支持的北越（越南民主共和國）與受美國等國支持的南越（越南共和國）之一場戰爭，從1955年11月1日至1975年4月30日止，計19年5個月又29天。發生在冷戰時期的越南（主戰場）、老撾（寮國）、柬埔寨等地區，是二戰以後美國參戰

美國34任總統艾森豪像
圖片來源：《維基百科》

人數最多的戰爭，影響極為深遠。最先援助南越的美國總統是艾森豪（Dwight David Eisenhower，1890年～1969年），從甘迺迪（John Fitzgerald Kennedy，1917年～1963年）總統開始支持在越南作戰，而詹森（Lyndon Baines Johnson，1908年～1973年）總統則是將戰爭擴大。後因美國在南北越戰爭中不堪消耗，故在美國總統尼克森（Richard Milhous Nixon，1913年～1994年）執政後期，迫於國內迭起不斷的反戰運動、前線戰事吃緊，以及同蘇聯長期對抗的需要，而於1973年陸續將軍隊撤出越南。儘管福特（Gerald Rudolph Ford, Jr.，1913年～2006年）總統於1975年4月7日時發表聲明，要求國會重新考慮援助南越，包括緊急軍事援助卻未成功，只能於4月23日宣布越南戰爭正式結束，美軍從此只協助美國軍民及其他與越南共和國有

美國 35 任總統甘迺迪像
圖片來源：《維基百科》

美國 36 任總統詹森像
圖片來源：《維基百科》

美國 37 任總統尼克森像
圖片來源：《維基百科》

關係的南越人撤離越南，歷經五任總統。後北越占領南越首都西貢（今胡志明市），南越政權垮臺，一年後南北越統一為〝越南社會主義共和國〞，美國的綜合國力也隨之削弱，冷戰的優勢逐漸被蘇聯取代。

美國 38 任總統福特像
圖片來源：《維基百科》

越南在1887年成為法國殖民地，二戰期間又受日本所支配。1945年，國家主席胡志明（1890年～1969年）所領導的越南獨立同盟會，發動八月革命宣布越南獨立，建立社會主義的〝越南民主共和國〞，並與法國爆發第一次〝印度支那〞[8]戰爭。1949年，反共勢力在越南南方扶持阮朝遜帝保大阮福晪

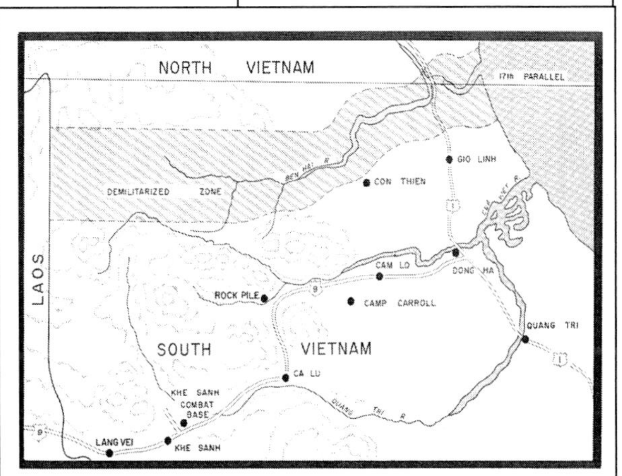

南北越軍事分界線沿北緯 17 度線地圖
圖片來源：《維基百科》

---

[8] 法屬印度支那（法語：Indochine française），是法蘭西殖民帝國（法國）在東南亞的領土，其轄境大致位於今日印度支那半島的越南、寮國、柬埔寨，以及中國廣東省的湛江市（廣州灣）。

（1913年～1997年）成立越南國，與北方的越南民主共和國對峙。雙方在1954年的《日內瓦會議》上，確定軍事分界線沿北緯17度線劃定。1955年，首相吳廷琰（1901年～1963年）通過越南公民投票，取代保大帝成為南越的國家元首，建立〝越南共和國〞。

1960年，越南南方民族解放陣線（簡稱越共）成立，號召推翻越南共和國政權，在南方鄉村建立革命根據地，從事顛覆活動，北越政府並對其進行支援，致南越逐漸失去對鄉村的控制。1961年，美國總統甘迺迪因而決定在南越實施特種戰爭，以清剿越共。1963年，南越軍方發動軍事政變，推翻並槍殺吳廷琰，以致新上臺的軍政府不穩定，南越政局陷入持續約一年半的混亂局面。1964年，發生〝北部灣

自左上順時針方向：德浪河谷戰役中的美軍；1968年春節攻勢中南越陸軍保衛西貢；北部灣事件後兩架A-4天鷹式攻擊機對北越進行轟炸；1972年復活節攻勢中南越陸軍奪回廣治；第一次廣治戰役中逃散的平民；1968年戊申順化屠殺300名遇難者下葬。
圖片來源：《維基百科》

事件〞[9]，該事件導致美國國會通過針對北越的北部灣決議案，美國接替法國開始直接介入越南戰爭，國會的決議為詹森總統下令全面介入越南戰爭開啟綠燈，對北越進行大規模戰略轟炸，同時大量美軍士兵和武器裝備進入南越，越戰全面升級。直至1965年6月14日阮文紹（1923年～2001年）上臺執政，南越政局才有所緩和。

1973年，美國、北越、南越和越南南方民族解放陣線，共同簽署《巴黎和平協約》，美國並撤軍離開越南。1975年，越南人民軍發動春季攻勢、攻占首都西貢，越南共和國滅亡。越共之後以越南南方共和國臨時革命政府接管，並改西貢為胡志明市。1976年，在越南民主共和國的領導下，越南南方共和國與之合併，統一為如今的〝越南社會主義共和國〞。

據上所說可知，越南之南北越對峙，也是美國等霸權所造成。而美國直接派兵介入南北越戰，其死傷人數據《亞洲週刊》揭露，美軍約戰死5.8萬人，受傷30.3萬人；南越軍戰死約20.5萬人，受傷53.5萬人；北越軍約戰死90萬人，受傷人數不詳；越南平民死亡100多萬人。

---

[9] 北部灣事件，也稱東京灣事件，是 1964 年 8 月北越和美國之間在北部灣（東京灣），海上發生的武裝衝突；該衝突據 2005 年美國國家安全局發表報告，進一步承認 8 月 2 日的事件亦是由於美國海軍馬多克斯號率先開火警告而引起；8 月 4 日則〝有很大可能〞在附近根本沒有北越軍艦；報告就 8 月 4 日的情況指出：「當夜並『沒有攻擊』……事實上河內海軍當夜除了努力救助 2 日受創的魚雷艇之外什麼也沒做。」

3·1958年黎巴嫩危機：

該黎巴嫩危機，是指黎巴嫩的政治和宗教方面的緊張局勢，所引起的政治危機，美國在黎巴嫩總統卡密拉·夏蒙（阿拉伯語：كميل نمر شمعون，1900年～1987年）的請求下，從1958年7月16日至10月25日止，計3個月又9天，進行軍事干預，直到夏蒙的任期結束。美軍和黎巴嫩政府軍，成功占領首都貝魯特及其港口，以及貝魯特國際機場，危機結束後美軍即撤軍。

其背景為1958年7月，黎巴嫩處在馬龍尼基督徒與穆斯林之間即將爆發內戰的威脅之下，黎巴嫩的內部矛盾也日趨嚴重，因此夏蒙總統決定直接向美國請求援助。美國總統艾森豪於1958年7月15日，批准名為〝藍蝙蝠〞（Operation Blue Bat）行動。美國宣布將進行軍事干預，以保護美國僑民，保護受國際共產主義威脅的政權，並支持親西方的夏蒙政府，以抵抗內部反對派和來自敘利亞及埃及的威脅。

美國34任總統艾森豪像
圖片來源：《維基百科》

黎巴嫩位於亞洲西南部地中海東岸，屬於中東國家，該地區因其重要的地緣政治地位和豐富的石油資源，在冷戰中成為美蘇爭奪的重點區域之一。1957年，美國艾森豪總統即向國會提出關於中東的《特別諮文》：「中東出現的真空，必須在俄國人進來之前，由美國來填補。」要求國會授權他在中東實行《軍事援助和合作計畫》。

黎巴嫩危機--一名美國海軍陸戰隊士兵躲在貝魯特郊外的散兵坑裡。
圖片來源：《維基百科》

據上所說可知，這場戰爭是美國以冠冕堂皇的理由，並出師有名的軍事干預行動，造成由美國支持的黎巴嫩政府軍約1千人傷亡；黎巴嫩反對軍則約5千人傷亡；無辜平民就不知凡幾。

4·1983年入侵格瑞那達戰爭：

該入侵格瑞那達戰爭，是指美國應格瑞那達總督保羅·斯庫恩請求，而展開的軍事入侵行動，從1983年10月25日至10月27日止，計2天。格瑞那達（Grenada）是一個位於委內瑞拉（Venezuela）北部160公里，人口才11萬的加勒比海島國，曾是英國殖民地，於1974年正式獨立。但該國首任總理埃里克·蓋里開展獨裁統治，卻於1979年被莫里斯·畢曉普（Maurice Rupert Bishop，1944年～1983年）所領導的社會主義，新寶石黨發動革命推翻，並就任該國總理後開展大規模改革，因此得到格瑞那達各階層人民的廣泛支持，但新寶石黨在建國後不久就出現內部權力分化等問題。

聯軍入侵格瑞那達時使用的海報
圖片來源：《維基百科》

美國 40 任總統雷根像
圖片來源：《維基百科》

1983年，新政權內部鬥爭達到白熱化，以莫里斯·畢曉普為首的政府被軍方策動政變推翻，並與內閣成員一起被殺害。美國總統雷根（Ronald Wilson Reagan，1911年～2004年）以軍政府獨裁發動血腥政變，以及保護僑民並應東加勒比國家組織的請求，出兵干預並聯合牙買加、多米尼克，以及巴貝多等7個加勒比海地區安全體系（RSS）盟國，於1983年10月25日登陸入侵。聯軍迅速擊敗格瑞那達軍並推翻其軍政府。戰後，格瑞那達的軍隊被永久解散，防務由地區安全體系負責，並重新加入英聯邦。

由於冷戰下的對立局勢，使得這場軍事行動充滿爭議性，1983年11月2日，聯合國大會以108票贊成、9票反對、27票棄權，通過決議譴責美國入侵格瑞那達，並要求美國立刻自該國撤軍。蘇聯、東德、古巴和朝鮮等均對此譴責，並在聯合國大會上稱美國公然違反國際法。但也有報導稱這次入侵推翻軍政府深得民心，得到格瑞那達各階層人民的廣泛支持。

據上所說可知，這場戰爭是美國以冠冕堂皇的理由，並出師有名的入侵格瑞那達。而美國直接派兵介入戰爭，其死傷人數美軍戰死有19人、受傷116名，古巴部隊則有25人陣亡、59人受傷、638人被俘。而格瑞那達部隊共有45人陣亡、358人受傷，至少有24名平民在戰鬥中被波及而喪生。

5·1986年空襲利比亞戰爭：

該空襲利比亞戰爭，是指美國對1986年柏林迪斯科舞廳爆炸案[10]的回應，而展開的軍事入侵行動，從1986年4月15日當地時間凌晨1時54分至2時12分止，空襲結束，前後持續時間共18分鐘，其中主攻時間僅11分鐘而已。在行動過程中，美軍以電子戰飛機為先導，首先壓制干擾利比亞的防空系統，然後再出動大批戰機實施精確打擊，在很短的時間內就摧毀預定目標，迅速完成作戰目的，這次作戰被認為是開創現代〝外科手術〞式的作戰模式。

1969年8月1日，利比亞上尉軍官穆安瑪爾·格達費（阿拉伯語：□عمر □حمد أبو □نيا□ القذافي Muammar

---

[10] 1986年4月5日，一個週六的夜晚，柏林〝拉貝拉〞（La Belle）迪斯科舞廳氣氛火熱。凌晨1點49分，一聲巨響，舞廳的地板被炸出一個大洞，有些客人掉進地下室，3人死亡，30人重傷，250人鼓膜被震裂，死者中包括兩名美國士兵；襲擊事件是在利比亞首都的黎波里策劃的，德國首席法官彼得判定這一點證據確鑿，一名控方律師舒爾茨（Andreas Schulz）在宣判後表示：「首席法官非常明確地說，這是利比亞情報部門所為，是國家機構。」直到柏林牆倒塌之後，德國法院才開始對嫌疑犯展開審理，前東德情報部門公開的檔揭露此次爆炸襲擊事件規劃以及執行的過程，從中可以得出的結論是，前東德情報機關與此事也有關聯；相關檔表明，利比亞當時位於東德的大使館在整個襲擊事件中承擔聯絡中心的作用，利比亞情報部門想以此報復美國擊沉兩艘利比亞船隻的行動。

Muhammad Abu Minyar al-Gaddafi，1942年～2011年），所領導的〝自由軍官〞組織發動政變，推翻親美的利比亞王國，建立共和國，並擔任國家元首。格達費執政後逐漸施行親蘇反美的政策，收回美國在利比亞的惠勒斯空軍基地，趕走六千多名美國軍事人員。該基地是當時美國在非洲最大的軍事基地，是美國監視蘇聯在黑海和地中海軍事動向的重要基地。同時還廢除前政權與美國簽訂的軍事和經濟技術協定，限制美國艦船在利比亞領海的行動，最終在1982年與美國斷交，並加強與蘇聯的合作，逐漸成為蘇聯在中東的重要盟友。

1982年後，歐洲和中東地區發生多起針對美國的恐怖活動，格達費政府多次表示支持這種行動，美國為整個對蘇戰略的需要，在地中海地區制衡蘇聯勢力，等待時機對利比亞實施軍事攻擊。1986年3月，美國與利比亞在錫德拉灣爆發衝突；同年4月5日，利比亞特工在西德

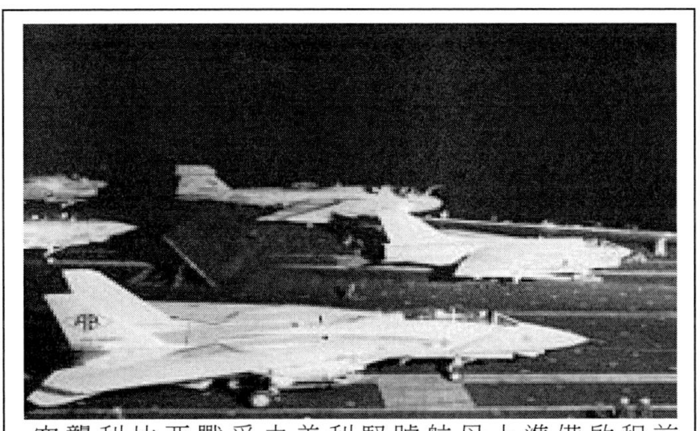

空襲利比亞戰爭之美利堅號航母上準備啟程前往利比亞的轟炸機
圖片來源：《維基百科》

的西柏林一家迪斯科舞廳，製造一起恐怖爆炸襲擊，造成3名美軍士兵和1名土耳其婦女死亡，260人受傷。爆炸發生後，美國政府立即指責利比亞領導人格達費與此案有關，是空襲利比亞戰爭的導火線。4月6日下午，美國總統雷根（Ronald Wilson Reagan，1911年～2004年）在白宮召開緊急會議，討論軍事打擊利比亞的問題。會議中排除蘇聯直接軍事干預的可能性後，作出再次對利比亞實施軍事打擊的決策。

美國 40 任總統雷根像
圖片來源：《維基百科》

該空襲利比亞戰爭，遭到許多國家的譴責，聯合國大會以79票贊成、28票反對、33票棄權通過第41/38號決議。該決議譴責美國在1986年4月15日對大阿拉伯利比亞人民社會主義民眾國實施的軍事襲擊，違反《聯合國憲章》和國際法。

據上所說可知，這場戰爭也是美國以冠冕堂皇的理由，並出師有名的空襲利比亞。在該次空襲中美軍共出動海、空軍飛機150多架，炸毀利比亞軍用飛機14架，炸傷則有多架，並摧毀雷達站5座，利比亞軍民有700多人死傷。格達費的一歲半的養女也死於這次空襲，六子亦被炸傷，本人則受輕傷。美軍有一架F-111轟炸機被利比亞地面炮火擊落，兩名機組成員死亡。

6·1989年入侵巴拿馬戰爭：

該入侵巴拿馬戰爭，是指美國以保護僑民，捍衛民主選舉和打擊販毒的名義，而對巴拿馬採取的軍事攻擊，名為〝正義之師行動〞（Operation Just Cause），從1989年12月20日至1990年1月31日止，計42天。美國因巴拿馬總統候選人吉列爾莫·恩達拉（Guillermo David Endara Galimany，1936年～2009年）獲得選舉勝利，但軍事強人曼紐爾·諾瑞嘉（西班牙語：Manuel Antonio Noriega，1934年～2017年）卻宣布選舉無效而入侵。1989年12月20日，美國總統老布希（George Herbert Walker Bush，1924年～2018年），下令美國海軍陸戰隊和陸軍突擊隊突襲巴拿馬，迅速贏得勝利，並俘虜諾瑞嘉，解散巴拿馬的國防軍。

美國 41 任總統老布希像
圖片來源：《維基百科》

美國 39 任總統卡特像
圖片來源：《維基百科》

美國長期在巴拿馬運河區建立眾多軍事基地，並保持大量駐軍。1977年9月7日，美國總統卡特（James Earl "Jimmy" Carter, Jr.，1924年～　）與巴拿馬事實上的最高領導人奧馬爾·托里霍斯（西班牙語：Omar Efraín Torrijos Herrera，1929年～1981年）將軍，簽訂《巴拿馬運河條約》。該條約規定，美國將於2000年轉交巴拿馬運河的控制權給巴拿馬，雖然巴拿馬政府將對運河有管理權，但美軍軍事基地仍能保留，且運河對美國船隻開放作為轉交控制權的條件之一。在條約簽訂時期，美國與巴拿馬的諾瑞嘉將軍保持著良好關係。

入侵巴拿馬戰爭--美國陸軍第508步兵團第一營的士兵從一架C-130E運輸機上跳傘至巴拿馬市附近的空降區。圖片來源：《維基百科》

1983年，諾瑞嘉政變迫使軍事領導人魯文·達里奧·帕雷德斯（Rubén Darío Paredes）退休，自任國防軍總司令，並掌握軍政大權。1989年5月，巴拿馬總統大選，反對黨聯合推舉之總統候選人恩達拉獲得選舉勝利，但諾瑞嘉宣布選舉無效。同年9月，美國對巴拿馬實行經濟制裁；12月15日，諾瑞嘉宣布巴拿馬與美國進入戰爭狀態，並自任國家元首。

1989年12月20日，美國以保護僑民，捍衛民主選舉和打擊當時巴拿馬是國際販毒的洗錢中心之販毒名義，入侵巴拿馬，推翻諾瑞嘉的軍事獨裁政權，讓勝選的恩達拉就任總統。

有關入侵巴拿馬的戰爭，專家認為：美國入侵巴拿馬原本的目的，是為保住美國對巴拿馬運河的控制權，諾瑞嘉原先是美國中情局扶持的獨裁者。但其上臺後立場強硬，要求美國遵守《巴拿馬運河條約》交回巴拿馬運河主權，並撤離駐巴拿馬運河美軍。美國計劃推翻諾瑞嘉扶持親美的恩達拉，以求重新談判巴拿馬運河的歸屬問題，但美國入侵巴拿馬後，巴拿馬人民反美情緒高漲，並收復運河區意願非常強烈，即使是親美恩達拉政府，也順應民意要求美國交還巴拿馬運河。最終在1999年12月31日，美國政府不得不遵守《巴拿馬運河條約》將巴拿馬運河所有土地、建築、軍事基地、基礎設施和所有的管理權都交還給巴拿馬，巴美間的衝突終於和平結束。

據上所說可知，這場戰爭亦是美國以冠冕堂皇的理由，並出師有名的入侵巴拿馬。在該次戰爭中有337名士兵陣亡，其中314人是巴拿馬軍人，23名美國軍人，無辜平民百姓則超過千人。

7·1990年～1991年波斯灣戰爭：

該波斯灣戰爭(Gulf War)又稱海灣戰爭，是指1990年8月2日至1991年2月28日，計6個月又24天，由美國領導的35個國家所組成的聯軍，和伊拉克之間所發生的一場局部戰爭。在1990年8月2日，伊拉克軍隊入侵科威特，推翻科威特政府，並宣布科威特的〝回歸〞，以及大伊拉克的〝統一〞。1991年1月17日，以美國為首的35國軍隊，在取得聯合國授權後，美國總統老布希很快就宣布美國將發動一項旨在防止伊拉克入侵沙烏地阿拉伯的防禦行動--〝沙漠盾牌行動〞，8月7日美軍進駐沙烏地阿拉伯，並便開始對大伊拉克境內發動軍事攻擊，主要戰鬥包含歷時42天的空襲，以及展開100小時的陸戰。多國部隊以輕微的代價取得決定性勝利，重創伊拉克軍隊，最後伊拉克接受聯合國安理會第660號決議，並從科威特撤軍。

美國 41 任總統老布希像
圖片來源：《維基百科》

這場由美國主導的大規模局部戰爭，也是第一場聯合國會員國之間的戰爭。美軍首次將大量高科技武器投入實戰，特別是空軍使用各式制導炸彈從航空母艦出擊，展示壓倒性的制空、制電子優勢，新型現代戰爭並首次透過人造衛星進行電視直播，讓全世界留下深刻的印象。

據上所說可知，波斯灣戰爭乃以美國為首所主導的戰爭，其死傷人數盟軍死亡約378人，其中美軍因戰事身亡的有148人，非戰事身亡有145人。英軍死亡約47人，阿拉伯軍死亡約40人，法軍則為2人，受傷人數約1千人。伊拉克死亡人數約在2.5萬到7.5萬之間，受傷人數不清楚，平民死亡人數則在20萬人以內。

自左上順時針方向：飛越科威特油田的F-15鷹式戰鬥機與F-16戰隼戰鬥機，美國陸軍步兵進入科威特戰場，AH-64阿帕契直升機使用M230鏈炮攻擊敵軍，被AH-64阿帕契直升機打出來的死亡公路，美國海軍陸戰隊的M60巴頓戰車駛進科威特戰場。
圖片來源：《維基百科》

8·1996年～1999年科索沃戰爭：

該科索沃戰爭是指發生於1996年至1999年，計3年多的期間，南斯拉夫聯邦共和國的安全部隊，與一支追求科索沃自治省獨立的阿爾巴尼亞人游擊隊，也稱科索沃解放軍之間的內部戰爭。由於科索沃境內的阿爾巴尼亞族與塞爾維亞族衝突愈演愈烈，1989年南斯拉夫社會主義聯邦共和國撤消科索沃省的地方自主權，導致1990年科索沃宣佈成立獨立國家科索沃共和

科索沃戰爭
圖片來源：《維基百科》

國。恰逢發生克羅地亞獨立戰爭和歷時三年的波黑戰爭，政府無暇顧及科索沃，讓一些阿爾巴尼亞民族主義者開始武裝自衛，組織科索沃解放軍，達到驅趕政府安全部隊，以獲取科索沃實質獨立的目的。

在1991年至1992年期間，南斯拉夫社會主義聯邦共和國開始解體。斯洛文尼亞、克羅埃西亞、波斯尼亞和黑塞哥維那幾個加盟國紛紛公投獨立。只有塞爾維亞共和國和黑山共和國留在南斯拉夫聯邦，兩國決定維持聯邦存在。1992年，制定新憲法，然受到國際共產主義體制崩潰的影響，遂放棄社會主義體制，改為〝南斯拉夫聯邦共和國〞。兩個共和國各自擁有自己的武裝力量，並廢除南斯拉夫社會主義聯邦共和國時代的集體領導體制，實行民選總統制，並設有一個民選的議會。

在1999年1月，發生針對科索沃解放軍和科索沃阿爾巴尼亞人的拉查克屠殺。西方國家譴責南斯拉夫聯邦共和國政府發動大屠殺，隨後北約介入並草擬《朗布依埃協議》，希望能透過和平談判決絕爭端，然該共和國拒絕在協議上簽字，最終沒有達成。

1999年3月23日，美國巴爾幹特使理查德．霍布魯克（Richard Charles Albert Holbrooke，1941年4～2010年）宣佈和平談判失敗，美國總統柯林頓（William Jefferson Clinton，1946年～　）宣告終止外交努力，

開始對該共和國實施空中攻擊，然該共和國的回應則是大舉進軍科索沃，以更殘酷的種族淨化政策，驅逐阿裔人民離境，造成歐洲自二戰以來最大的難民潮。經78天轟炸，該共和國遭受相當大的損失。

美國42任總統柯林頓像
圖片來源：《維基百科》

迫於以美國為首北約強大的武力介入與威脅，最終該國總統米洛舍維奇（塞爾維亞語：Слободан Милошевић，1941年～2006年），接受北約開出的條件，科索沃解放軍解除武裝，停止軍事行動，該共和國則從科索沃撤軍，允許阿爾巴尼亞人回鄉重建家園，並接受聯合國維和部隊的監督，科索沃的戰爭終告停止。

據上所說可知，科索沃戰爭也是以美國為首所主導的戰爭，其死傷人數盟軍雖沒有什麼傷亡，但無辜平民死亡人數則有2千多名，6千多人受傷，近100萬人流離失所，200多萬人失去生活來源。

9·1998年伊拉克空襲戰爭：

該伊拉克空襲戰爭又稱沙漠狐狸行動（Operation Desert Fox），是指美、英兩國於當地時間1998年12月17日凌晨1時至12月20日凌晨4時50分，計3日3時又50分，針對伊拉克發動的一場大規模的空襲行動。理由是伊拉克總統薩達姆·海珊(阿拉伯語：صدام □سين عبد المجيد التكريتي Ṣaddā m Ḥusayn ʻAbd al-Mağī d al-Tikrī tī，1937年～2006年），違反聯合國安理會687號決議，不與聯合國武器核查人員合作，導致聯合國特別委員會（UNSCOM）主席巴特勒（Richard Butler）向聯合國報告核查無法進行。空襲主要以美海軍軍艦發射戰斧巡弋飛彈和美英空軍投擲的精確制導武器為主。這次軍事行動的命令，是由美國總統柯林頓和英國首相布萊爾（Sir Anthony Charles Lynton Blair，1953年～　）所下達。

英國首相布萊爾像
圖片來源：《維基百科》

該次空襲對伊拉克軍事力量造成的打擊是微不足道的，而伊拉克政府在空襲後，正式中止聯合國對其武器核查計劃，並指責巴特勒〝不公正〞和是〝美帝國主義操縱的傀

儡〞，要求立即解除對伊拉克的經濟制裁。由此，更加深美國與伊斯蘭世界的矛盾，有激進的伊斯蘭武裝再次計劃對美、英的目標進行襲擊。其他國家也紛紛指責美國，未經聯合國安理會批准就對一個主權國家發動攻擊，開創了〝危險的先例〞；也廣受到國際間的批評，沙烏地阿拉伯、巴林和阿拉伯聯合大公國發表聲明，明確拒絕美軍使用該國的軍事基地，來空襲伊拉克。同時這次空襲行動，亦為後來的〝美伊戰爭〞埋下伏筆。

伊拉克空襲戰爭--1998年12月對伊拉克的第四波攻擊行動：美國海軍伯克級驅逐艦發射的一枚戰斧巡弋飛彈。
圖片來源：《維基百科》

有專家指出，此次空襲在時間上與美國眾議院彈劾美國總統柯林頓重疊，可能是柯林頓為轉移國民的視線和懲罰海珊，未經聯合國安理會批准而突然發動的襲擊。

據上所說可知，伊拉克空襲表面是美、英兩國的空襲行動，卻是美國所主導的戰爭，其死傷人數盟軍雖沒有什麼傷亡，但伊拉克政府事後聲稱一些住宅區及一所婦產醫院也遭到轟炸，造成62名伊拉克士兵死亡，180人受傷，約500名無辜平民傷亡。

10·2003年～2011年伊拉克戰爭：

該伊拉克戰爭，是指2003年3月20日至2011年12月18日，計8年8個月又29天，以美國為首並由英國、澳大利亞和波蘭等多國聯軍入侵伊拉克的戰爭。聯軍雖成功推翻海珊的政府，但入侵行為直接導致伊拉克，在接下來十年的大部分時間裡，出現各種激進武裝分子，有些是為反抗聯軍的入侵,有一些則是借機割據的叛亂勢力。

該戰爭的理由是，美國聲稱伊拉克擁有大規模殺傷性武器，並對美國及其盟友構成威脅，並包庇和支持蓋達組織，該組織針對美國的911事件[11]（Attack of September 11）。在聯軍入侵後也未能在伊拉克境內，發現任何大規模殺傷性武器庫存，或活躍的大規模殺傷

[11] 911襲擊事件又稱恐怖襲擊事件或簡稱911事件，是2001年9月11日發生在美國本土的一系列自殺式的恐怖攻擊，蓋達組織承認發動此次襲擊；當日早晨，19名蓋達組織恐怖分子劫持4架民航客機，其中將兩架飛機分別衝撞紐約世界貿易中心雙塔的一號大樓（北塔）及二號大樓（南塔），包含飛機上全體乘員及建築物中眾多人群在內，全球近90個國家或地區的公民在本事件中罹難；兩座建築均在兩小時內發生漸進式倒塌，並導致臨近的其他建築被摧毀或損壞；另外劫機者亦迫使第3架飛機撞向位於維吉尼亞州阿靈頓郡的五角大廈，此一襲擊地點臨近華盛頓特區；在劫機者控制第4架飛機飛向華盛頓特區後，部分乘客與機組人員試圖奪回飛機控制權，最終第4架飛機於賓夕法尼亞州桑莫塞郡的鄉村尚克斯維爾附近墜毀；4架飛機上均無人生還。

性武器計劃。2016年，英國發表齊爾考特調查報告，結論是當時並非所有和平替代方案都得到審查，英、美等國的行為，破壞聯合國安理會及國際法的正當性，確定戰爭的法律依據〝遠非令人滿意〞，戰爭是不必要的，大規模殺傷性武器也並不存在。

美伊戰爭--自左上順時針方向：美國海軍陸戰隊步兵清查伊拉克平民住家，薩達姆·海珊銅像遭到拉倒，在薩德爾城突襲時一名伊拉克陸軍步兵手持塔布克狙擊型步槍作戰，美國陸軍悍馬車遭到簡易爆炸裝置炸毀。
圖片來源：《維基百科》

美國開戰的理由受到國際上的嚴厲批評，時任聯合國秘書長科菲·安南(Kofi Atta Annan，1938年～2018年)，指責美國入侵違反《聯合國憲章》及國際法，聯合國安理會上除英國、美國及西班牙外，都反對軍事行動。法國外長當時直言：「我們認為軍事干預將是最糟糕的解決方案，法國將否決任何允許美國或英國提出的軍事干預的決議。」法國的立場得到中國、俄羅斯及德國等時任安理會成員的支持。

根據民意調查顯示，幾乎所有國家的民眾都反對一場沒有聯合國授權的戰爭，並認為美國是世界和平的威脅觀點，有非常明顯的增加，梵蒂岡的雷納托·馬蒂諾（Renato Raffaele Martino）大主教，對記者表示這是「侵略戰爭，不是正義戰爭」。諾貝爾和平獎得主、南非前總統納爾遜·曼德拉（科薩語：Nelson Rolihlahla Mandela，1918年～2013年），直指美國是「對世界和平的威脅，必須受到最強烈譴責」。在美國國內民眾的意見，反對伊拉克戰爭的人數，則有43%。

美國 43 任總統小布希像
圖片來源：《維基百科》

2002年10月，美國國會授權時任總統的小布希（George Walker Bush，1946

年～　）對伊拉克發動任何軍事進攻的權力。小布希便向伊拉克總統海珊發出最後通牒，要求他和他的兒子在48小時內離開伊拉克，然而海珊拒絕。2003年3月20日，美國等聯軍一起發動針對伊拉克的轟炸行動，美伊戰爭正式開打。這次入侵導致海珊政府垮臺，並於同年12月海珊在紅色黎明行動中被俘，三年後被處決。

在2005年，伊拉克組織選舉，由美國支持的努里・馬利基（阿拉伯語：نو□ي كا□ل المالكي，1950年～　），在2006年成為總理並一直任職至2014年。然美國扶植下的政權始終無法得到多數的認同，更加劇伊拉克內部教派分歧的緊張局勢，更出現動亂，針對聯軍的報復行為也長期存在。2007年，美國試圖控制局面，再增兵17萬人，但效果甚微，其人員的傷亡更超過入侵時的死亡人數。據估計，在入侵後的5年內，有15萬至1百萬名伊拉克人死亡。大多數死於2004年至2007年間的叛亂和衝突，而有大多數是平民。戰爭的非法性及動盪令小布希在國內的形象大幅下降，支持入侵的英國首相布萊爾在巨大公眾壓力下，於2006年宣佈辭職。最後在接連醜聞與不斷增加的傷亡數字及巨大開銷下，布希總統於2008年同意從伊拉克撤出作戰部隊，並於2011年12月18日所有人員全部撤離，結束這場美伊戰爭。

2011年，美軍退出伊拉克後，伊斯蘭組織在伊拉克領土上快速擴張，截至2017年已造成至少15.5萬人死亡，超過330萬人流離失所。該組織的幾個領導人曾稱，小布希在2003年發動的伊拉克戰爭，是導致他們發起對美國的聖戰原因，而美軍行動使他們獲得士兵和最終奪回國家的控制權變得容易。伊斯蘭組織的崛起也令美國又於2014年，領導新軍事聯盟重新捲入伊拉克的武裝衝突中，叛亂至今仍在繼續。海珊死後，伊朗也借機在伊拉克內擴張影響力，形成至今的中東冷戰的局面。

據上所說可知，伊拉克戰爭是以美國為首的多國聯軍入侵伊拉克的戰爭，其死傷人數盟軍陣亡有4,809人，其中美軍4,491人、英軍179人、其他國家139人；負傷有32,753人以上，其中美軍32,226人、英軍315人、其他國家212人以上。伊拉克安全部隊則有陣亡17,690；負傷有40,000人以上。承包商陣亡有1,554人；負傷有43,880人。覺醒委員會[12]陣亡有1,000人以上。而海珊的政權軍陣亡有7,600人到10,800人之間。遜尼派[13]反對者陣亡有8,232人以上。無辜平民死亡有103,160人～113,728人之間；傷者不明。

---

12 覺醒委員會（阿拉伯語：المجلس الوطني لصحوة العراق，羅馬化：al-Majlis al-Waṭanī li-Ṣaḥwat al-‘Irāq），這個團體最初由美國軍方資助建立，目的是通過聯合伊拉克某一省各個社區部落的酋長，以維護當地安全。

13 遜尼派（阿拉伯語：أهل السنة，羅馬化：’Ahl ūs-Sunnah），是伊斯蘭教的多數派，佔全球穆斯林的85～90%。

11‧2001年～2021年阿富汗戰爭：

該阿富汗戰爭，是以美國帶領北大西洋公約組織等盟友組成的聯軍，與阿富汗蓋達組織和塔利班[14]爆發的一場戰爭。雙方交戰期自2001年10月7日持續至2021年8月30日，計19年10個月又23天，為美國軍隊參戰時間最長的戰爭。戰事始於美國對911事件的報復行動，亦標誌著21世紀初美軍一系列反恐戰爭的開始。

最初北約聯軍的目的是要逮捕奧薩瑪‧賓拉登（阿拉伯語：أسا□ة بن□حمد بن عوض بن لا□ن，羅馬化：Usā mah bin Muḥammad bin Awaḍ bin Lā din，1957年～2011年）等蓋達組織成員，以懲罰塔利班對其的支援，並進行清除恐怖主義為目標。美國及北約聯軍閃電攻下阿富汗首都喀布爾，並推翻塔利班之大公國後，扶植少數民族派系建立共和政體，並開始重建以改造阿富汗為非宗教國家。然聯軍於此後20年間，仍在阿富汗維持大量駐軍，以支援共和政府應對塔利班頻繁發動的游擊戰、恐怖襲擊，現代化與教育的進度十分緩慢，又有連綿的山區加深管理難度，讓聯軍與共和政府面對貪腐、毒品與

---

[14] 塔利班（普什圖語及波斯語：طالبان，羅馬化：Tā libā n），發源於阿富汗坎達哈地區的遜尼派伊斯蘭基本教義派組織，也是阿富汗目前的實際掌權組織；該組織在加拿大、俄羅斯、哈薩克等國被認定為恐怖組織，部分成員也因涉嫌支持恐怖主義被聯合國制裁。

治安問題力不從心，美國大量的援助資金被浪費。2021年，美國宣告撤軍後，塔利班在阿富汗各地發動迅猛攻勢擊潰共和軍，最終瓦解共和政府並重獲政權。

美國 44 任總統歐巴馬像
圖片來源：《維基百科》

美國 45 任總統川普像
圖片來源：《維基百科》

美軍於阿富汗駐兵數時有增減。在2009年12月，美國總統歐巴馬（Barack Hussein Obama II，1961年～　）宣布於6個月內增兵3萬人，使在阿富汗的聯軍總數達到10萬。2011年5月，美軍發起斬首行動擊斃蓋達領袖賓拉登後，於同年7月開始逐步撤出主力部隊。到2015年時，當地美軍已減少至2,000人左右。2017年，川普總統（Donald John Trump，1946年～　）上任後，為對抗塔利班、伊斯蘭國成員的活動，再增派4,000名士兵，使聯軍總數一度恢復至13,000人。2020年，美國與塔利班簽署《和平協議》[15]，同意

[15] 美國特使哈里札德（Zalmay Khalilzad，1951 年～）和塔利班創建元老之一巴拉達 29 日簽署和平協議。

減少駐軍至8,000人。2021年7月，在塔利班大規模攻勢尾聲階段，最後一批聯軍撤離阿富汗。

對於聯軍在阿富汗駐紮期間，被指責涉嫌觸犯戰爭罪行。2017年下半年，國際刑事法庭檢察官本蘇達（Fatou Bom Bensouda，1961年～　）表示：「有合理的理由說明，有人在阿富汗犯下戰爭罪和反人類罪。」即暗指要調查美國的戰爭罪刑責。2018年，根據英國廣播公司（British Broadcasting Corporation，BBC）的一項調查顯示，在阿富汗的英國陸軍特種空勤團（SAS）人員，多次在可疑情況下殺害和俘虜手無寸鐵的人，其中一支中隊可能在為期六個月的行動中，非法殺害54人。2021年8月28日，美軍空襲一輛相信載有ISIS--K成員的汽車，後

阿富汗戰爭--自上方順時針：英國皇家海軍陸戰隊在赫爾曼德省飛行;美國士兵與庫納爾省的塔利班部隊交火；右中：一名阿富汗國民軍士兵站在悍馬上測量；右下：阿富汗和美國士兵在洛加爾省積雪中步行；左下：加拿大部隊的一架 M777 榴彈砲在赫爾曼德省發射；左中：一名阿富汗士兵偵查一個山谷；中間：英軍準備登上 CH-47 契努克
圖片來源：《維基百科》

來證實死者全是平民，其中包括7名兒童，美國國防部決定不處罰任何人，而引發爭議。

據上所說可知，該戰爭是以美國為首的多國聯軍入侵阿富汗的戰爭，其死傷人數盟軍陣亡有超過3,500人，其中美軍約超過2,400人、英國313人、其他433人；有超過1.5萬人負傷。阿富汗共和政府軍有6,500人陣亡。美國承包商有338人陣亡、7,224人負傷。蓋達組織則有超過5.1萬人陣亡；和塔利班有超過2,400人死亡。而平民死亡人數，根據美國布朗大學（Brown University）的數據為47,245人。

美國5任總統門羅像圖片來源：《維基百科》

美國不僅如此，根據政大國關中心美歐研究所研究員嚴震生的研究還發現[16]，美國以〝門羅主義〞為對外政策的最高指導原則。該主義是美國總統詹姆斯・門羅（James Monroe，1758年～1831年）在1823年所提出來的思想，當時拉丁美洲剛開始從事獨立運動，本來都是西班牙的殖民地，在1810年到1820年獨立之後，美國很擔心英、法等國家會支持西班牙重回拉丁

[16] 見《臺灣醒報》林意玲社長採訪嚴震生，https://anntw.com/articles/20200513-O8pR，2022.10.20上網。

美洲殖民。所以，美國當時跟這些國家說，我不干涉你們歐洲的事務，所以請你們也不要干涉美洲的事情。在臺灣人來看，會覺得美國滿大器的，但當時美國還非常弱小，就好比臺灣現在跟大陸說，我不干涉你的內政，請你也不要干涉我的政權一樣的情況。然自從美國強大後，沒事就會用門羅主義的思想說，中南美洲是我的勢力範圍，不容外人來染指，再加上20世紀共產主義的興起。於是，門羅主義更發生效應。茲列舉如下：

1.慫恿奪回政權：

盡管美國不允許在拉丁美洲，有共產主義的勢力進入，但沒想到1959年還是發生了古巴革命。該革命後卡斯楚（西班牙語：Fidel Alejandro Castro Ruz，1926年～2016年）上臺，過去美國所支持的古巴右派政府流亡到美國佛羅里達州，美國就找這些人商議說，我幫助你們回去推翻卡斯楚。因此，當時的美國總統甘迺迪就搞一個很有名的〝豬玀灣事件〞（Bay of Pigs Invasion）[17]，支持這些流亡的人回古巴，結果整個行動大失敗，是甘迺迪上任以來最大的錯誤。

---

[17] 豬玀灣事件，是1961年4月17日在中央情報局的協助下，流亡美國的古巴人，在古巴西南海岸豬玀灣，向卡斯楚領導的古巴革命政府發動的一次失敗的入侵。

2‧扶植軍人政變：

1973年，在南美的智利阿葉德（西班牙語：Salvador Guillermo Allende Gossens，1908年～1973年）是民選的政府，但因是共產黨美國就受不了，於是扶植軍人政變，美國由國務卿季辛吉（Henry Alfred Kissinger，1923年～　）操盤，讓美國支持的皮諾契特（西班牙語：Augusto José Ramón Pinochet Ugarte；1915年～2006年）將軍，推翻左派阿葉德的統治，所以智利就變成一個極右派的政府。

1979年，尼加拉瓜的〝桑解陣革命〞[18]，也是美國發現流亡的人想奪回尼加拉瓜政權，於是在雷根政府時，就支持這些人來推翻桑解陣政府，結果也失敗。

2013年，委內瑞拉在馬杜羅（西班牙語：Nicolás Maduro Moros，1962年～　）上任之前，同樣也是軍人政府，美國想要推翻他，便透過軍人希望能夠再搞政變，結果也沒有成功。所以馬杜羅上來後，美國是不是有意圖想推翻他，看看川普當時對美國前任的國家安全顧問

---

[18] 該桑解陣全名為〝桑迪諾民族解放陣線〞（西班牙語：Frente Sandinista de Liberación Nacional），簡稱桑解陣（FSLN），是尼加拉瓜的一個左翼政黨，該黨得名於尼加拉瓜民族英雄奧古斯托·塞薩爾·桑迪諾（西班牙語：Augusto Nicolás Calderón Sandino，1895 年～1934 年）。

波特（John Robert Bolton，1948年～　）的去留，說過一番很有意思的話，他說：「如果讓波特繼續擔任國安顧問的話，那美國現在有可能在和伊朗、委內瑞拉、北韓等進行戰爭。」

3.傭兵暗殺卸責：

委內瑞拉馬杜羅是一個左傾的政權，在過去也跟古巴友好，並把石油贈送給古巴，用來維持古巴的左翼政權，再跟南美洲的左派結盟，這自然觸碰到美國的神經。所以美國一直想把他推翻，雇請傭兵去暗殺，萬一計劃失敗美國也可以直接否認，將責任推的一乾二淨，結果還是有2個傭兵被抓，馬杜羅就控告美國，美國當然是否認。

4.不喜歡便推翻：

美國支持委內瑞拉的反對黨領袖瓜伊多（西班牙語：Juan Gerardo Guaidó Márquez，1983年～　），他之前在川普的國情諮文當中，還被找來坐在前排，川普請他起立，讓大家認得他。川普不承認馬杜羅，他說：「應該是瓜伊多來領導委內瑞拉」，等於是一種明顯的支持，然後又希望能策動他把馬杜羅給推翻。可見，只要是美國不喜歡的政權，他們就會透過各種方式去推翻。

5·不讓左派掌權：

從上述之例子可知，只要有左派政府出現，都要承擔美國隨時會推翻的風險，在非洲也有例子，就是〝茉莉花革命〞[19]後，穆斯林兄弟會的摩爾希選上總統，最後又被軍人推翻，這又是美國默許。

嚴震生也認為，美國的霸權在川普上任後不但沒有減弱，而且越演越烈，照樣橫衝直撞去介入別人的國家，並提醒臺灣要小心，不能變成美國手中的一顆棋子，不要以為美國人對我們好，要去注意國際的現實。

總的來說，美國自1783年建國240年間以來，計46任總統，僅9任沒有干涉或入侵他國的戰爭，其餘37任比比皆是。其中，泰勒（Zachary Taylor，1784年～1850年）（16個月）與加菲爾（James Abram Garfield，1831年～1881年）（6個月）兩位總統在位不久即過世；而老羅斯福總統在任期間，表面雖沒有戰爭，卻是門羅主義的執行者。他提出的〝巨棒外交〞（Big Stick

[19] 茉莉花革命（阿拉伯語：ثو□ة الياسمين），指發生於2010年末至2011年初的北非突尼西亞反政府示威導致政權倒臺的事件，因茉莉花是其國花而得名；2010年12月17日，一名26歲青年穆罕默德．布瓦吉吉（阿拉伯語：□حمد البوعزيزي）自焚，觸發境內大規模街頭示威遊行及爭取民主活動；該事件導致時任總統班．阿里政權倒臺，成為阿拉伯國家中第一場因人民起義導致推翻現政權的革命。

Diplomacy）政策：**「溫言在口，大棒在手，故而致遠（Speak softly and carry a big stick, you will go far）。」**成為千秋萬載的名言。巨棒外交源自於1823年以來，美國基於外交方針的門羅主義，積極介入西半球的事務。老羅斯福總統主張美國必須自行維持西半球的秩序，如果出現行為不軌的國家，美國有權進行軍事干預。美國據此方針，以海軍為後盾，進行積極的外交政策，加深在國際上的影響力。

描繪羅斯福運用門羅主義將歐洲列強排除在多明尼加之外的政治漫畫；圖片來源：《維基百科》

根據《維基百科》的資料顯示：「在1946年至2000年期間，美國對外國選舉進行了至少81次公開和秘密的干預。也在冷戰期間嘗試進行了64次秘密的和6次公開的政權更迭。」大陸中央電視網（CCTV），也以名為〈環球深觀察--美國製造的〝戰爭黑洞〞吞噬了多少無辜的生命〉為題說：「中國人權研究會4月9日發表題為《美國對外侵略戰爭造成嚴重人道主義災難》的文章顯示，據不完全統計，從二戰結束到2001年，在世界上153個地區發生的248次武裝衝突當中，美國發起的有201場。這些戰爭不僅奪去了大量軍人的生命，更造成了極為嚴重的平民傷亡和財產損失，導致驚人的人道主義災難。」、「美國前總統吉米·卡特在2019年的一次演講中說，美國在建國後的240多年歷史中僅有16年沒有打仗，堪稱〝世界歷史上最好戰的國家〞。」[20]

茲統計美國歷任總統主要的戰爭如下表。該等戰爭皆非因正義而戰，雖頂著〝溫言在口〞的正義之師，然卻為美國本身的利益而戰，誠如川普總統所說：「美國優先」，意即一切以美國利益為先；艾森豪總統所倡導的《多米諾骨牌理論》（domino theory），意即「假如中南半島落入共產黨的控制，其他東南亞國家都會出現多米諾骨牌效應，逐漸被共產黨赤化。」這會嚴重影響到美國的利益。因此，該理論也成為日後美國總統強烈介入他國的原因，尤其是英國政治哲學家霍布斯（Thomas Hobbes，1588

霍布斯像；圖片來源：《維基百科》

[20] 見《中央電視網（CCTV）》，http://m.news.cctv.com/2021/04/10/ARTIGdsWRZvYMNVCUWGgwSsT210410.shtml，2022.05.01上網。

年～1679年）的戰爭論觀點：「國家為本國的利益，很難在國家間建立一種有秩序的、公正的、追求共同利益的國際格局。國家是人創造的，它就具有人的特徵，人與人之間有能力強弱之分，國與國之間也有力量大小之分。由於國家力量大小的不同，國家要生存就必需強盛，但不是所有的國家都強盛，所以就需要一個超級強國，一個在力量上和道義上都很強的國家來維持國際秩序。」這也就是新現實主義所強調的《霸權穩定論》[21]（The Theory of Hegemonic Stability）。他們認為：「霸權帶來世界政治經濟的穩定，霸權喪失或輪替將導致世界政經的不穩定。」由此，該理論更是現今美國對外政策的重要理論指導。美國雖能把上述人類之私慾，發揮的淋漓盡致，然它是建立在強大的國防武力之上，實行霸權主義，非用小道陰謀，而是頂著正義之師，光明正大的侵入，是全世界唯一敢漠視《聯合國憲章》，不理會聯合國安理會上的決議，公然違反《國際法》或組織[22]的

---

[21] 見《中央網路報・沒有霸權的朝鮮半島危機》，https://tw.news.yahoo.com/%E6%9C%AC%E5%A0%B1%E7%89%B9%E7%A8%BF-%E6%B2%92%E6%9C%89%E9%9C%B8%E6%AC%8A%E7%9A%84%E6%9C%9D%E9%AE%AE%E5%8D%8A%E5%B3%B6%E5%8D%B1%E6%A9%9F-014808719.html，2022.05.01上網。

[22] 單川普總統上臺後，退出或否認前任美國政府認可的部分國際和地區組織有：
1.2017年1月23日退出跨太平洋戰略經濟伙伴關係協議（TPP）；
2.2017年6月1日退出《聯合國巴黎氣候協定》；

國家，幾乎是只要〝我高興沒有什麼不可以〞的地步。美國自從建國以來，主要戰爭總共發生至少48場戰爭或衝突，而這些戰爭除第一次、第二次世界大戰，以及中日戰爭等外，其餘幾乎都是美國所主導，其傷亡人數近千萬人。

雖然，袁源說：「美國自1776年7月4日宣佈獨立以來，在240年的歷史中，沒有戰爭的時間僅有21年，即在美國223年的歷史中，美國一直在世界某個國家或地區與其他國家軍隊處於交戰狀態。據不完全統計，從二戰結束到2001年，全世界有153個地區發生了248次武裝衝突。其中，美國以執行聯合國決議、實施人道主義援助、維護世界和平、保護美國公民生命財產安全等為由，發起了其中的201場，占到81%，導致3億人死亡。」[23]但這個數字，缺乏確切的證據。然不管死了多少人，從生命立場看，都覺得這些人好無辜！

3.2017年10月12日宣佈退出聯合國教科文組織（決定將於2018年12月31日生效）；這是美國第二次退出，上次是1984年。
4.2018年5月8日退出獲得聯合國批准的伊朗與伊核問題六國（美國、英國、法國、俄羅斯、中國和德國）2015年達成的伊核問題全面協議；
5.2018年6月20日，退出聯合國人權理事會；
6.2018年10月17日，宣佈啟動退出萬國郵政聯盟。

[23] 見袁源：《炎黃春秋．〝二戰〞後美國發動的13場海外戰爭》，http://www.yhcqw.com/14/12773.html，2022.05.01上網。

美國歷任總統主要戰爭統計表

任次	屆次	人名	主要戰爭	傷亡總數	備註
1	1、2	喬治·華盛頓	1775年至1783年美國獨立戰爭 1794年鹿寨戰役	130,100 173	美國建國。 結果：美國佔領了今俄亥俄州的大部分地區。
2	3	約翰·亞當斯	1798年至1800年美法短暫衝突，亦稱美法戰爭、准戰爭	228	美國拒絕繼續向法國償還獨立戰爭的債務而引發法國的報復；沒有經過「宣戰」的衝突行動。
3	4、5	湯馬斯·傑弗遜	1801年至1805年第一次巴巴里戰爭，也稱黎波里戰爭或巴巴裏海岸戰爭	2,099	美軍的第一場海外戰爭，美國擊退利比亞海盜，簽署和平友好條約。
4	6、7	詹姆士·麥迪遜	1812年至1815年「1812年戰爭」，又稱第二次獨立戰爭、美英戰爭 1813年至1814年第一次克里克戰爭	39,525 2,181	美國欲擴張領土，兼併加拿大地區；根特條約使邊界恢復到戰前狀態。 美洲原住民對立派系、歐洲列強和美國之間的地區衝突。
5	8、9	詹姆士·門羅	1816年至1819年第一次塞米諾爾戰爭	三次塞米諾爾戰爭合計2,000	美國北美印第安戰爭的一部分。

6	10	約翰·昆西·亞當斯			第二任美國總統約翰·亞當斯之子。
7	11、12	安德魯·傑克遜	1835 年至 1842 年第二次塞米諾爾戰爭 1836 年至 1937 年第二次克里克戰爭 1835 年至 1836 年德克薩斯革命，亦稱德克薩斯獨立戰爭	如上 傷亡不詳 3,360	美國北美印第安戰爭的一部分。 《庫塞塔條約》的簽訂導致克里克人與白人定居者爆發衝突，引發第二次克里克戰爭。 墨西哥政府與美國之間的衝突。
8	13	馬丁·范布倫	1835 年至 1842 年第二次塞米諾爾戰爭	如上	美國北美印第安戰爭的一部分。 范布倫指派斯科特將軍率領聯邦部隊進入阿魯斯圖克地區，英國亦從魁北克抽調部隊，推進此地區，而後雙方開始和談。
9	14	威廉·亨利·哈瑞森	1835 年至 1842 年第二次塞米諾爾戰爭	如上	美國北美印第安戰爭的一部分。 哈瑞森在任內逝世；就職僅 31 天就因病逝世，是任職時間最短的美國總統。
10	14	約翰·泰勒	1835 年至 1842 年第二次塞米諾爾戰爭	如上	美國北美印第安戰爭的一部分。

11	15	詹姆士・諾克斯・波爾克	1846年至1848年美墨戰爭	29,283	美國擴張主義；與墨西哥簽訂瓜達盧佩-伊達爾戈條約。
12	16	扎卡里・泰勒			扎卡里・泰勒任內逝世；執政僅16個月。
13	16	米勒德・菲爾莫爾			菲爾莫爾和韋伯斯特派馬休·佩里准將帶隊遠征，力求推動日本打開國門同外界交流。
14	17	富蘭克林・皮爾斯	1854年格拉頓之戰，或稱格拉頓大屠殺 1854年至1858年堪薩斯內戰 1855年至1858年第三次塞米諾爾戰爭	33 180 如上	美國陸軍和拉科塔蘇族戰士之間衝突（蘇族屠殺美國陸軍等31人）。 奴隸制衝突；影響了南北戰爭。 北美印第安戰爭的一部分。
15	18	詹姆士・布坎南			美國南北之間的衝突激化，無法調和。
16	19、20	亞伯拉罕・林肯	1861年桑特堡戰役 1862年達科塔戰爭 1863年紐約徵兵暴動 1861年至1865年南北戰爭（共經歷12場內戰：葛底斯堡之役、奇卡莫加之	無人傷亡 1,019 120 1,355,200	美國南北戰爭導火線。 蘇族與白人定居者衝突（蘇族脅持及屠殺白人）。 不滿徵兵制之暴動。 美國南北統一之戰。 亞伯拉罕・林肯任內逝世。

			役、第一次牛奔河之役、第二次牛奔河之役、錢瑟勒斯維爾之役、史波特斯凡尼亞郡府之役、安提塔姆之役、莽原之役、斯通河之戰、唐奈爾森堡之役、夏羅之役、漢普頓錨地海戰）		
17	20	安德魯・詹森	1866 年至 1868 年紅雲戰爭，也稱為博茲曼戰爭或保德河戰爭	超過 200	土地控制權。
18	21、22	尤利西斯・S・格蘭特	1871 年江華島之戰 1872 年至 1873 年莫多克戰爭 1874 年紅河之戰（帕羅杜洛峽谷之戰） 1874 年布魯克斯－巴克斯特戰爭 1876 年至 1877 年大蘇族戰爭，又稱黑山戰爭	256 146 25 200 565	為了與朝鮮通商。 美國原住民武裝衝突。 驅逐北美印第安土著。 派別鬥爭。 北美印第安戰爭，美國政府想獲得黑山的所有權（黃金）。

19	23	拉瑟福德·伯查德·海斯	1877年聶斯坡斯戰爭（共經歷七場內戰：白鳥峽谷戰役、卡頓伍德戰役、克利爾沃特戰役、大洞戰役、卡馬斯溪戰役、峽谷溪戰役和熊爪戰役） 1878年班諾克戰爭	427 30	美洲原住民聶斯坡斯人與美國軍隊武裝衝突（侵占土地）。 美軍與印第安班諾克人武裝衝突。
20	24	詹姆士·加菲爾			詹姆士·艾布拉姆·加菲爾任內逝世（6個月）。
21	24	切斯特·艾倫·亞瑟			
22	25	格羅弗·克里夫蘭			美國歷史上唯一一位兩度當選且任期不連續的總統（第22、24任）。
23	26	班傑明·哈瑞森	1890年傷膝河大屠殺，又稱翁迪德尼之戰	345	美軍與印第安蘇族發生衝突。 祖父威廉·亨利·哈里森是第九任美國總統。
24	27	格羅弗·克里夫蘭			美國歷史上唯一一位兩度當選且任期不連續的總統（第22、24任）。

25	28、29	威廉・麥金萊	1898年美西戰爭（馬尼拉灣戰役、聖地牙哥-德古巴戰役） 1900年八國聯軍侵華戰爭	20,708	美國與西班牙之戰；結果：美國獲得西班牙領地（波多黎各、菲律賓、關島、古巴）。 俄、德、法、美、日、奧、義、英與中國清朝義和團之戰，非美國主導。 威廉・麥金萊任內逝世。
26	29、30	西奧多・老羅斯福			
27	31	威廉・霍華德・塔虎脫	1912年至1933年美國占領尼加拉瓜（香蕉戰爭一部分）	1,349	美國對中美洲和加勒比海地區的一系列占領之一。
28	32、33	伍德羅・威爾遜	1912年至1933年美國占領尼加拉瓜（香蕉戰爭一部分） 1914年至1918年第一次世界大戰（美國1917年被迫參戰） 1915年至1934年美國占領海地（香蕉戰爭一部分） 1916年至1924年美國佔領多明尼加共和國（香蕉戰爭一部分）	如上 22,819 1,223	美國對中美洲和加勒比海地區的一系列占領之一。 非美國主導之戰爭。 美國對中美洲和加勒比海地區的一系列占領之一。 美國對中美洲和加勒比海地區的一系列占領之一。

29	34	華倫・蓋瑪利爾・哈定	1912年至1933年美國占領尼加拉瓜（香蕉戰爭一部分） 1915年至1934年美國占領海地（香蕉戰爭一部分）	如上 如上	美國對中美洲和加勒比海地區的一系列占領之一。 美國對中美洲和加勒比海地區的一系列占領之一 華倫・蓋瑪利爾・哈定任內逝世。
30	34、35	卡爾文・柯立芝	1912年至1933年美國占領尼加拉瓜（香蕉戰爭一部分） 1915年至1934年美國占領海地（香蕉戰爭一部分）	如上 如上	美國對中美洲和加勒比海地區的一系列占領之一。 美國對中美洲和加勒比海地區的一系列占領之一。
31	36	赫伯特・胡佛	1931年至1945年中日戰爭 1912年至1933年美國占領尼加拉瓜（香蕉戰爭一部分） 1915年至1934年美國占領海地（香蕉戰爭一部分）	 如上 如上	非美國主導之戰爭。 美國對中美洲和加勒比海地區的一系列占領之一。 美國對中美洲和加勒比海地區的一系列占領之一。
32	37、38、39、40	富蘭克林・德拉諾・小羅斯福	1915年至1934年美國占領海地（香蕉戰爭一部分） 1939年至1945年太平洋戰爭，又稱第二次世界大戰 1944年華沙起義	如上	美國對中美洲和加勒比海地區的一系列占領之一。 非美國主導戰爭。 非美國主導戰爭。 富蘭克林・羅斯福任內逝世。

33	40、41	哈瑞・S・杜魯門	1939 年至 1945 年太平洋戰爭，又稱第二次世界大戰 1950 年至 1953 年韓戰	 2,982,000	非美國主導戰爭。 介入朝鮮與南韓內戰。
34	42、43	德懷特・大衛・艾森豪	1955 年至 1975 年越戰	3,001,000	介入北越與南越內戰，美國援助南越。
35	44	約翰・甘迺迪	1955 年至 1975 年越戰 1961 年豬玀灣事件	如上 4,294	北越與南越內戰，美國援助南越。 美國入侵古巴，反古巴行動。 約翰・甘迺迪任內逝世。
36	44、45	林登・詹森	1955 年至 1975 年越戰	如上	北越與南越內戰，美國援助南越。
37	46、47	理察・尼克森	1955 年至 1975 年越戰 1973 年贖罪日戰爭	如上 65,100	北越與南越內戰，美國援助南越。 美國在這場戰爭中採取干涉行動，以幫助以色列。
38	47	傑拉德・福特	1955 年至 1975 年越戰	如上	北越與南越內戰，美國援助南越。
39	48	吉米・卡特	1979 年至 1992 年薩爾瓦多內戰	87,000	美國在這場戰爭中採取干涉行動，以幫助親美的薩爾瓦多軍政府。
40	49、50	隆納・雷根	1979 年至 1992 年薩爾瓦多內戰 1980 年至 1988	如上 875,000	美國在這場戰爭中採取干涉行動，以幫助親美的薩爾瓦多軍政府。 美國海軍以為科威

			年兩伊戰爭 1986年空襲利比亞	 700	特油輪護航為由介入兩伊戰爭，蘇聯也向海灣地區派遣了艦隊。 美國報復行動。
41	51	喬治·老布希	1979年至1992年薩爾瓦多內戰 1990年至1991年波斯灣戰爭	如上 126,068	美國在這場戰爭中採取干涉行動，以幫助親美的薩爾瓦多軍政府。 美國對伊拉克制裁行動，以防止伊拉克入侵沙烏地阿拉伯。
42	52、53	比爾·柯林頓	1996年至1999年科索沃戰爭	8,000	美國科索沃實施空中攻擊。
43	54、55	喬治·小布希	2001年至2021年阿富汗戰爭 2003年伊拉克戰爭	241,000 274,446	美國反恐行動。 美國制裁行動（薩達姆政權擁有大規模殺傷性武器以及伊拉克政府踐踏人權的行徑）。
44	56、57	巴拉克·歐巴馬	2001年至2021年阿富汗戰爭 2011年至今敘利亞內戰 2011年5月，美	如上 610,000 1	美國反恐行動。 2011年持續至今的敘利亞總統巴沙爾·阿薩德支持者與敘利亞革命反對派之間的武裝衝突；非美國主導，美國僅提供援助。 美軍「海神之矛行動」。

			軍發起斬首行動擊斃蓋達領袖賓拉登。		
45	58	唐納·川普	2001年至2021年阿富汗戰爭 2011年至今敘利亞內戰 2020年巴格達國際機場空襲 2019年「和平之泉」軍事行動 2015年沙烏地武裝干涉葉門	如上 如上 10 3,923 4,574	美國反恐行動。 2011年持續至今的敘利亞總統巴沙爾·阿薩德支持者與敘利亞革命反對派之間的武裝衝突；非美國主導，美國僅提供援助。 反美襲擊活動。 美軍從敘利亞東北部與土耳其交界處的兩處觀察哨撤軍為導火線 非美國主導，僅情報和軍火支援。
46	59	喬·拜登	2011年至今敘利亞內戰 2021年空襲敘利亞境內什葉派民兵基地	如上 17	2011年持續至今的敘利亞總統巴沙爾·阿薩德支持者與敘利亞革命反對派之間的武裝衝突；非美國主導，美國僅提供援助。 美國報復行動。
合計			48	9,896,927	

表資來源：筆者自製並參考《維基百科》

二、俄羅斯聯邦

俄羅斯聯邦（俄語：Российская Федерация），亦稱俄羅斯，位於歐亞的國家，首都莫斯科，是由聯邦主體（俄語：субъе́кт(ы)）組成的一個聯邦制國家，儘管存在共和國、州等不同的名稱，但每個主體在聯邦內的權利是均等，它們在聯邦委員會（即上院）的議席數目都一樣，然享有的自治權卻有差異。截至2023年，俄羅斯現有89個聯邦主體，其中有6個主體因俄烏戰爭與烏克蘭存在爭端，而未被國際普遍承認是俄羅斯領土。俄羅斯聯邦的國土面積1,710萬平方公里，約為地球陸地面積的八分之一，佔原蘇聯總面積的76.3%，是全世界面積最大的國家，其人口1.45億人，在世界排名第九，共有194個民族，並以俄羅斯族為主，其中77%居住於較發達的歐洲部分。它的國土，橫跨11個時區，涵蓋廣泛的環境和地形，擁有全世界最大的森林儲備和含有約世界四分之一的淡水的湖泊。俄羅斯聯邦有十四個陸上鄰國：挪威、芬蘭、愛沙尼亞、拉脫維亞、立陶宛、波蘭、白俄羅斯、烏克蘭、喬治亞、亞塞拜然、哈薩克、中國、蒙古，以及北韓等國家。同時，還與日本、美國、加拿大、格陵蘭（丹麥）、冰島、瑞典、土耳其隔海相望，其北部和東部分別為北冰洋和太平洋包圍，西北和西南分別可經由波羅的海和黑海通往大西洋。

俄羅斯聯邦地形圖
圖片來源：《維基百科》

俄羅斯聯邦在地球上的位置
圖片來源：《維基百科》

俄羅斯始於歐洲的東斯拉夫民族，在9世紀源自北歐的瓦良格人武士精英，建立基輔羅斯這個中世紀國家並開始統治。988年，基輔羅斯從拜占庭帝國採納東正教會，隨後拜占庭與斯拉夫文化的融合，成為今日的俄羅斯文化。基輔羅斯最終解散分化為眾多公國，被蒙古人逐一擊破，並均在13世紀成為金帳汗國的一部份。莫斯科大公自14世紀逐漸崛起，並統一周邊俄羅斯諸侯國，在15世紀成功從金帳汗國脫離而獨立，且成為基輔羅斯文化和政治的繼承者；16世紀起，伊凡四世自稱沙皇，對外自詡〝第三羅馬〞；到18世紀，俄羅斯沙皇國通過征服、吞併而延續擴張之路。1721年，彼得一世稱帝成立俄羅斯帝國，葉卡捷琳娜二世延續其西化革新，國力邁向頂峰，最終成為史上領土第三大帝國。

列寧像
圖片來源：《維基百科》

在第一次世界大戰時，由於國力貧弱而爆發1917年的俄國革命，最後由布爾什維克派（俄語：большевик）的領袖列寧（俄語：Влади́мир Ильи́ч Улья́нов，1870年～1924年），統一全國，建立〝俄羅斯蘇維埃聯邦社會主義共和國（簡稱蘇聯）〞，成為世界上第一個〝社會主義的國家〞，曾經一度解體的帝國重新併合，並成為隨後成立的蘇維埃社會主義共和國聯盟的主體，和最大的加盟共和國。在史達林（俄語：Ио́сиф Виссарио́нович Ста́лин，1878年～1953年）時期，蘇聯工業的發達讓它完成基本的現代化。在第二次世界大戰時，蘇聯的工業製造能力，為同盟國的勝利扮演決定性的角色，戰後被公認為超級大國，社會主義能帶動國家迅速的崛起，讓世界刮目相看。1945年，二戰結束後接著便是冷戰時期，蘇聯與美國在意識形態上互相競爭，蘇聯產生20世紀的許多最重要的科技成就，其中包括世界第一顆人造地球衛星，以及首次將人類送入太空。1990年，蘇聯成為世界上第二大經濟體，且擁有世界上最多的常備軍人，以及最多的大規模殺傷性武器庫存，尤其是6,500枚核彈，亦是僅次於美國的世界第二軍事強國。1991年，蘇聯解體後，導致包括俄羅斯在內的15個共和國獨立；俄羅斯通過修憲，改制以成為〝俄羅斯聯邦〞，成為原蘇聯的唯一法

史達林像
圖片來源：《維基百科》

理繼承國家，政體採用聯邦制、民主共和制及半總統制，普丁（俄語：Владимир Владимирович Путин，1952年～ ）是現任總統，是聯合國安理會常任理事國，G20、亞太經合組織、上合組織、歐安組織、世貿組織和金磚國家成員。

俄羅斯聯邦第3、4、6、7任總統普丁像
圖片來源：《維基百科》

身為世界第二強權的俄羅斯聯邦與前身的蘇聯，其霸權主義也自然抬頭。茲將俄羅斯聯邦所介入世界的紛爭，主要戰爭有：

1·1917年～1922年俄國內戰：

該內戰發生於1917年11月至1922年10月間，是喬治亞民主共和國的內亂，是前俄羅斯共和國境內發生的一場戰爭，交戰雙方是紅軍和由共和國臨時政府力量組成的聯合力量共和國軍，還有協約國出兵干涉，部分戰事還蔓延到蒙古和波斯。該內戰起於列寧領導的布爾什維克蘇維埃份子，向俄羅斯共和國政府發動武裝革命，並於1919年在烏克蘭地區，以及1920年在克里米亞地區擊

從上起順時針，1919 年的頓河軍、1920 年的一支白軍步兵部隊、紅軍第一騎兵軍、1918 年的托洛茨基、1918 年在葉卡捷琳諾斯拉夫被奧匈軍絞死的農民。
圖片來源：《維基百科》

敗共和國軍。諸多獨立運動隨着俄羅斯共和國的崩潰而發起。其中，芬蘭、愛沙尼亞、拉托維亞、立陶宛和波蘭成為主權國家。前俄羅斯共和國的其餘領土在戰後成立〝俄羅斯蘇維埃社會主義聯邦共和國〞和其他國家一併加入蘇聯。該內戰造成近300萬人傷亡。

2·1918年芬蘭內戰：

該內戰發生於1918年1月27日至5月15日間，是芬蘭民主共和國的內亂，是芬蘭大公國在俄羅斯二月革命，宣布獨立後因政治理念不同的白色芬蘭和紅色芬蘭之間，為爭奪國家統治權的一場內戰。雙方分別為由支持社會主義的芬蘭社會民主黨領導的〝赤衛隊〞，與由支持保守主義的芬蘭參議院領導的〝白衛隊〞。其中，白衛隊多由地主和中產階級組成，並受德意志帝國的支持，他們主要控制芬蘭中部和北部。而赤衛隊大多由工人與農民組成，並得到蘇聯的支持，他們主要控制南方的工業中心和部分城市。1918年2月，赤衛隊發起攻擊，白衛隊則在5月發起反攻，最終白衛軍獲勝。該內戰造成白衛隊3,500人死亡，1,650人被處決；瑞典志願軍55人死亡；德國遠征軍500人死亡；平民200人傷亡。而赤衛隊5,700人死亡，10,000人被處決，12,500人死於戰俘營；俄羅斯軍隊900人死亡，1,600人被處決，平民大致也有200人傷亡。

坦佩雷因內戰而遭摧毀的建築。
圖片來源：《維基百科》

3·1918年～1919年立陶宛與蘇聯戰爭：

該內戰發生於1918年至1919年間，是第一次世界大戰後，新獨立的立陶宛共和國和蘇聯間的戰爭。隨著第一次世界大戰德軍撤退，蘇軍向西進發，企圖在烏克蘭、白俄羅斯、愛沙尼亞、拉脫維亞、立陶宛與波蘭建立蘇維埃政權，並與德國十一月革命串連。1918年12月，蘇軍抵達立陶宛，幾乎未遇抵抗；1919年1月，即佔領立陶宛約三分之二的領土；2月，立陶宛與德國志願軍發起抵抗，阻止蘇軍進佔臨時首都考那斯。隨後波蘭共和國與蘇聯亦發生戰爭，且立陶宛與波蘭因維爾紐斯地區的領土爭議也相互開戰，當時的局勢是，德軍支持立陶宛民族主義者，蘇軍支持立陶宛共產主義者，波蘭軍隊則同時與兩者交戰。1919年9月，蘇聯即提議與立陶宛講和，並於1920年7月12日簽訂《蘇俄--立陶宛和平條約》，蘇聯承認立陶宛共和國獨立，立陶宛則容許蘇聯借道運兵進攻波蘭。該戰爭造成的死傷不詳。

被立陶宛俘虜的蘇聯戰俘。
圖片來源：《維基百科》

4·1918年～1920年格魯吉亞與奧塞梯衝突：

該衝突發生於1918年至1920年間，是喬治亞民主共和國的內亂，地點在格魯吉亞自治州東北部的南奧塞梯，由蘇聯支持的奧塞梯居民區，反對北高加索山區共和國，以及由孟什維克主導的民主格魯吉亞共和國，奪去數千人的生命，在該地區留下痛苦的回憶，奧塞梯人並要求一定程度的自治權。該衝突造成5,000人以上死亡。

5·1918年～1920年協約國武裝干涉俄國內戰：

該戰爭發生於1918年至1920年間，由英國、法國、加拿大、美國、日本、中國和其他一些第一次世界大戰中的協約國，對俄國內戰進行的武裝干涉。期間，外國軍隊的軍事活動，被列寧所領導的布爾什維克，有效地用於愛國宣傳，影響俄國人民，最終贏得內戰的勝利。該戰爭造成的死傷不詳。

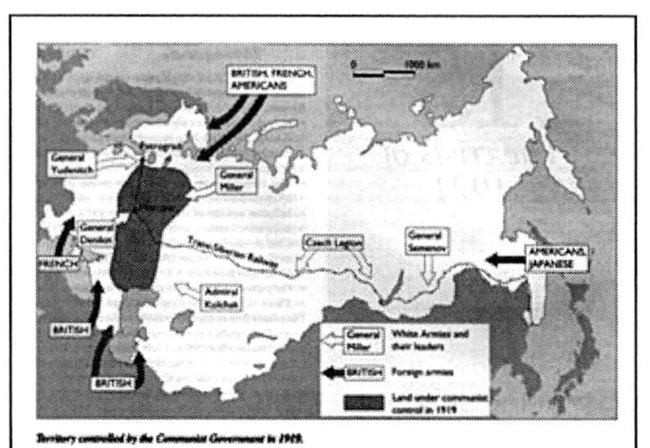

協約國武裝干涉俄國內戰圖。
圖片來源：《維基百科》

6·1920年紅軍入侵亞美尼亞戰爭：

該戰爭發生於1920年間，從9月24日至11月29日，是蘇聯轄下的紅軍入侵亞美尼亞第一共和國，並建立亞美尼亞蘇維埃社會主義共和國。該戰爭造成的死傷不詳。

紅軍在葉里溫。
圖片來源：《維基百科》

7·1921年紅軍入侵喬治亞戰爭：

在第比利斯集結的紅軍。
圖片來源：《維基百科》

該戰爭發生於1921年間，從2月15日至3月17日，是由蘇聯轄下的紅軍所發動的軍事行動。在第一次世界大戰爆發，而使得喬治亞等地區陷入動盪，隨後許多來自俄羅斯的喬治亞人士嘗試奪取政權，並且主張並不需要外國勢力干涉。因此，蘇聯決定發起攻勢，計畫推翻隸屬孟什維克派的喬治亞社會民主黨政府所統治的喬治亞民主共和國，並另外成立布爾什維克政權統治全國。該戰爭造成的死傷不詳。

8·1950年～1953年南北韓戰爭：

該戰爭發生於1950年6月25日至1953年7月27日，是指在朝鮮半島上的朝鮮民主主義人民共和國政權(北韓)

與大韓民國政權（南韓）之間的戰爭。其中，韓國受主要為美國和英國等聯合國軍事支持，而朝鮮受中華人民共和國和蘇聯等社會主義陣營的軍事支持。最終於1953年7月27日在板門店簽署《朝鮮停戰協定》。該戰爭造成俄軍的死傷不詳。

9·1955年～1975年南北越戰爭：

該戰爭發生於1955年11月1日至1975年4月30日，是指受中華人民共和國和蘇聯等國支持的北越（越南民主共和國）與受美國等國支持的南越（越南共和國）之一場戰爭。最終於1975年4月23美國宣布越南戰爭正式結束。該戰爭造成俄軍的死傷不詳。

10·1989年～1992奧塞梯與印古什戰爭：

該戰爭發生於1989年至1992年間，是奧塞梯與印古什的戰爭，是北奧塞梯與阿蘭共和國之普里戈羅德內區東部的一起民族間衝突。該衝突始於1989年，到1992年發展為奧塞梯人和印古什人準軍事部隊之間的短暫種族衝突，雙方為面積約978平方公里的普里戈羅德內地區域爭執不休。俄羅斯特別用途機動單位也介入戰鬥，有時還幫著奧塞梯人攻擊印古什人。該戰爭造成俄軍192人死亡，379人受傷；而印古什軍350人死亡，457人受傷。

11·1994年～1996年第一次車臣戰爭：

該戰爭發生於1994年12月11日至1996年8月31日間，俄羅斯官方稱為〝恢復車臣憲法秩序行動〞，是發生在俄羅斯聯邦與伊奇克里亞車臣共和國之高加索穆斯林武裝分子盟友之間的一次軍事衝突。俄羅斯於1994年12月11日出兵車臣，試圖重新吞併在蘇聯解體後獨立的車臣共和國；在格羅茲尼戰役後，車臣軍退入山區與俄軍展開游擊戰，最終俄羅斯不得不在1996年8月31日簽訂停火條約，並將部隊撤出車臣，車臣則保住其獨立的地位。該戰爭造成俄軍2,837人死亡，17,892人受傷，平民至少161人喪生；而車臣軍17,391人傷亡，平民則約10萬人喪生。

1994年12月，格羅茲尼郊外被車臣軍俘獲的俄軍米-8直升機。
圖片來源：《維基百科》

12·1999年達吉斯坦戰爭：

該戰爭發生於1999年8月7日至9月14日間，是車臣共和國與俄羅斯聯邦之間的衝突。當時車臣共和國為支援俄羅斯達吉斯坦共和國境內的分離主義叛亂。戰爭以俄羅斯和達吉斯坦共和國大獲全勝，叛亂者伊斯蘭國際旅撤退而告終。後來達吉斯坦戰爭與1999年9月發生的莫斯科公寓樓爆炸案，成為俄羅斯發動第二次車臣戰爭的藉口。該戰爭造成俄軍15人死亡，937人受傷；達吉斯坦275名軍人被殺，當地警察和民兵也遭受重大損失；而伊斯蘭國際旅也有數百人傷亡，平民則不詳。

13·1999年～2009年第二次車臣戰爭：

該戰爭發生於1999年8月26日至2009年4月16日止，是為第二次車臣戰爭。俄羅斯聯邦獲勝，並取得對車臣地區

2000年3月，伊斯蘭國際旅在韋傑諾區埋伏俄軍。圖為被摧毀的俄軍BTR-80裝甲運兵車；圖片來源：《維基百科》

的控制權。該戰爭起於俄羅斯聯邦首都莫斯科、布伊納克斯克等城市接連發生多宗爆炸案後，俄羅斯政府指責是車臣分離主義分子所為，由此俄羅斯部隊於10月1日進入車臣。俄軍的行動，終結車臣當時已實質獨立的伊奇克里亞共和國，使俄羅斯聯邦政府重新控制該地區。該戰爭造成俄軍6,325人死亡，警察及情報人員1178人死亡，平民至少600人喪生；而車臣軍14,299人死亡，平民則多達25,000人喪生。

總的來說，俄羅斯聯邦（含前蘇聯），自1917年建國104年間以來，主要的戰爭至少也有11場，傷亡總人數至少也有323萬人以上。該等戰爭也皆非因正義而戰，雖也頂著合理的正義之師，然卻也為俄羅斯本身的利益而戰。它的入侵戰爭，都集中在前蘇聯解體而獨立的新興國家，企圖統一各路諸侯國，以恢復前蘇聯的榮光。至於國際紛爭，除韓戰與越戰外，相對於美國也較少干涉他國內政，或區域衝突。

三、中華人民共和國

中華人民共和國，是一個社會主義的共產國家，位於東亞，首都北京，成立於1949年10月1日。它的領土陸地面積約960萬平方公里，是世界上陸地面積僅次於加拿大與俄羅斯第三大的國家，總共劃分為23個省份、5個自治區、4個直轄市和2個特別行政區。領海由渤海（內海），以及黃海、東海、南海三大邊海所構成，水域面積約470萬平方公里，分布大小島嶼有7,600個。其領土東至黑龍江省撫遠市的黑瞎子島中部，西至新疆境內的帕米爾高原，北至黑龍江省大興安嶺地區的漠河縣，南至南海曾母暗沙；是目前世界上人口最多的國家，截止至2022年時約有14.1億人，具有56個民族所組成。其中，漢族佔總人口的91.51%。

中華人民共和國，目前為世界僅次於美國的第二大經濟體，2021年國內生產總值（GDP）為17.7萬億美元，也是世界僅次於美國位居第二，若按購買力平價則位列世界第一。自從1978年改革開放以來，它是經濟成長最快的主要經濟體之一，GDP實際增長率在經濟總量上，也是常年位居世界第一，尤其是當前，中華人民共和國對外貿易額世界第一，是世界上最大的商品出口國及第二大的進口國。在軍事方面，中華人民共和國武裝力量擁有世界第一大規模作戰力量的常備部隊，並具三位一體的核打擊能力；核彈頭擁有數量僅次於俄羅斯的6,500枚、美國的6,185枚，世界位居第三的350枚。

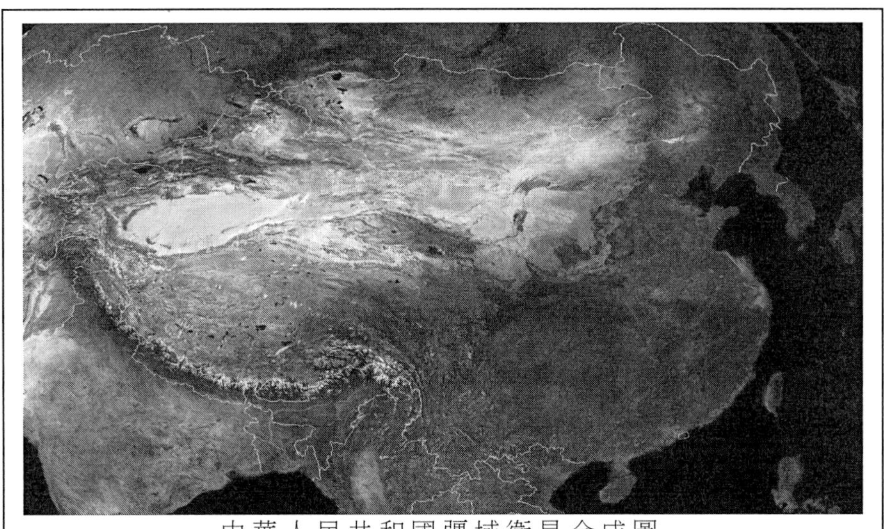

中華人民共和國疆域衛星合成圖
圖片來源：《維基百科》

中華人民共和國在地球上的位置
圖片來源：《維基百科》

1919年，中華民國北洋政府在巴黎和會上，未能維護國家利益，引發了五四運動。在馬克思列寧主義的影響下，部分知識分子於1921年成立中國共產黨（以下稱共產黨），目標是要建立一個無產階級專政的政權。1923年，中共三大決定與中國國民黨（以下稱國民黨）建立〝革命統一戰線〞，同時國民黨也確定〝聯俄、容共、扶助農工〞的政策。1927年，國民革命軍北伐取得接連勝利之際，國民黨內部左派和右派鬥爭加劇，於是國民黨領導人蔣介石（1887年～1975年）在南京另立中央並實施清黨。同年8月1日，共產黨在江西南昌發動武裝奪權；10月，共產黨領導人毛澤東（1893年～1976年）率領的秋收起義部隊上井岡山，並根據「農村

1933 年蔣介石在江西剿共像
圖片來源：《維基百科》

1936 年毛澤東攝於陝北像
圖片來源：《維基百科》

包圍城市，武裝奪取政權」的政策，創立井岡山革命根據地。

抗日戰爭時期朱德任八路軍總司令像
圖片來源：《維基百科》

1928年，朱德（1886年～1976年）率領南昌起義餘部，與湘南起義農民軍到達井岡山與毛澤東會師。1931年，中華蘇維埃共和國在江西瑞金成立。1934年，國民黨第五次剿共戰爭，迫使該共和國臨時中央政府撤離江西中央蘇區開始長征，並於1935年10月抵達陝甘蘇區。1935年，該共和國中央政府西北辦事處成立，並召開瓦窯堡會議，決議將〝工農共和國〞改為〝人民共和國〞。1936年，西安事變[24]迫使時任國民政府軍事委員會委員長，蔣中正放棄〝攘外必先安內〞的政策，接受「停止剿共、一同抗日。」

1937年7月7日，駐北平的日軍以演習時一名士兵失蹤為藉口，強闖中國軍隊駐地搜索而被國軍拒絕，日軍便向國軍開炮，史稱〝七七事變或蘆溝橋事變〞，抗日

[24] 西安事變發生於1936年12月12日，時任西北剿匪副總司令的張學良及楊虎城在西安發動〝兵諫〞，扣押蔣介石要求立即抗日，停止〝剿共〞。

戰爭全面爆發，這是第二次世界大戰亞洲戰場的開端。共產黨領導的中國工農紅軍相繼改編為中國國民革命軍第八路軍和新編第四軍，形成國共合作抗日的局面。1945年，日本無條件投降後，抗日戰爭期間即已〝摩擦〞不斷的國共雙方，升級更為嚴重的衝突，雙方最高領導人在重慶談判無果，由此爆發全國性的內戰。該內戰進行至1947年6月，共產黨領導的解放軍，從戰略防禦轉入戰略進攻。1949年，占領中華民國首都南京市，以及經濟中心上海市。1949年9月21日，由共產黨為主導的中國人民政治協商會議第一次全體會議在北平開幕，邀請各民主黨派、人民團體、地區、人民解放軍、少數民族和其他代表參加，會議通過具有臨時憲法作用的《共同綱領》和《中華人民共和國中央人民政府組織法》，毛澤東並在此次會議宣布中華人民共和國成立，與遷至臺灣地區的中華民國政府形成至今的臺海現狀格局。

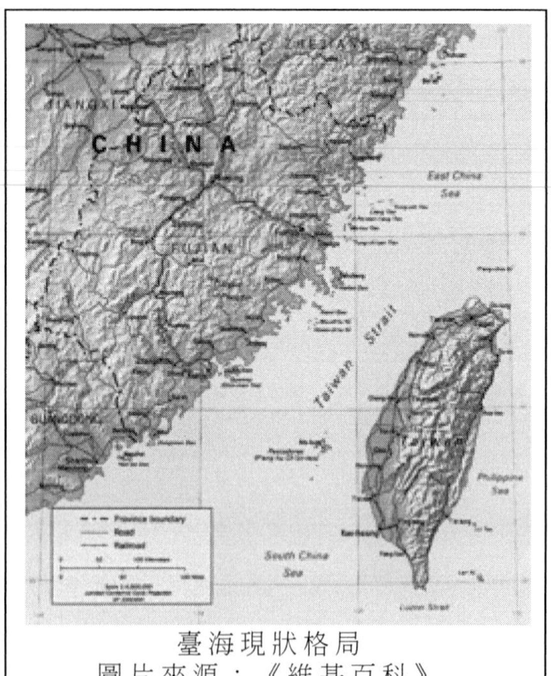

臺海現狀格局
圖片來源：《維基百科》

1971年，中華人民共和國取代中華民國獲得在聯合國中的中國席位，成為聯合國安全理事會常任理事國，並陸續加入聯合國其他專門機構，以及廣泛參與如國際奧委會、亞太經合組織、二十國集團、世界貿易組織等重要國際組織。1972年，美國總統尼克森（Richard Milhous Nixon，1913年～1994年）訪華緩和了中美關係。1978年，在毛澤東時期的文化大革命冤案，得到平反後使中共高層出現變化，鄧小平（1904年～1997年）復出後成為中共最高領導人，並決定以經濟發展為中心，提出改革開放政策。1979年，美國宣布斷絕與中華民國的外交關係，轉而承認中華人民共和國。1987年，經國務院批准成立〝國家對外漢語教學領導小組〞。該小組由教育部、國務院僑務辦公室、國務院外事辦公室（後改為國務院新聞辦公室）、外交部、文化部、廣播電影電視部、新聞出版署、國家語言文字工作委員會等八個部門，和北京語言學院的領導所組成，由教育部歸口管理，並設置小組辦公室（簡稱國家漢辦），是國家對外漢語教學領導小組的常設辦

鄧小平 1979 年訪問美國像
圖片來源：《維基百科》

事機構。1997年，自南京條約所割讓及後續條約租賃的香港回歸，香港特別行政區在一國兩制下成立。1999年，澳門回歸，同時成立澳門特別行政區。

2004年，以國家漢辦為背景的非營利性組織，中國國際中文教育基金會所管理的〝孔子學院〞（Confucius Institute）設立，總部在中國北京。其宗旨為「增進世界人民對中國語言和文化的了解，發展中國與外國的友好關係，促進世界多元文化發展，為構建和諧世界貢獻自己力量。」該年並與美國馬里蘭大學與中國南開大學簽署協議，在馬里蘭大學建立北美洲第一家孔子學院--馬里蘭大學孔子學院，而全球第一所孔子學院在韓國首爾正式掛牌成立。2005年，歐洲第一所孔子學院在瑞典斯德哥爾摩大學成立。截至2020年5月，中國在全球162個國家或地區，建立561所孔子學院和1,170個孔子課堂。該學院的合作夥伴，主要是國內外大學、中學、教育機構等，其中國際夥伴包括：美國哥倫比亞大學、德

孔子學院商標
圖片來源：《維基百科》

國海德堡大學、荷蘭萊頓大學、日本早稻田大學等世界一流大學，同時也包括一些高中等教育機構。由此，世界掀起一股學習漢語的風潮，流行至現在。

2012年，在中共十八屆一中全會上，習近平（1953年～　）接替胡錦濤（1942年～　）出任中共中央委員會總書記和中共中央軍事委員會主席。2013年，當選國家主席和國家軍委主席，並提出〝絲綢之路經濟帶[25]和21世紀

中共領導人習近平像
圖片來源：《維基百科》

[25] 〝絲綢之路經濟帶〞簡稱一帶，是中國最高領導人習近平和中國國務院總理李克強外訪時，向各國推廣的區域經濟合作戰略。從中國出發，沿著陸上絲綢之路以歐洲為終點：一是經中亞、俄羅斯到達歐洲；二是新疆經巴基斯坦到印度洋、中亞與西亞到達波斯灣和地中海沿岸各國；中國試圖與這些國家及地區發展新的經濟合作夥伴關係，計劃加強沿路的基礎建設，也計劃消化中國過剩的產能與勞動力，並保障中國的能源與糧食供給，帶動西部地區的開發；一帶連接亞太地區與歐洲，中間經過的中亞地區，像上海合作組織中的中國、俄羅斯、哈薩克、吉爾吉斯、塔吉克和烏茲別克都在絲綢之路上，其他5個觀察員國及3個對話夥伴也在絲綢之路沿線，絲綢之路經濟帶的核心區域包括西北的新疆、青海、甘肅、陝西、寧夏，西南的重慶、四川、廣西、雲南等。

海上絲綢之路[26]〞（The Silk Road Economic Belt and the 21st-century Maritime Silk Road~~[2]~~）的概念，簡稱一帶一路（The Belt and Road Initiative，B&R），並積極推動東南亞區域全面經濟夥伴協定談判。2015年，習近平主導成立亞洲基礎設施投資銀行，該銀行中國政府出資400億美元，後再宣布向該基金增資1,000億人民幣，將向一帶一路沿線國家的基建、開發、產業合作等項目提供融資。中國國家主席習近平並在新加坡與中華民國總統馬英九進行兩岸領

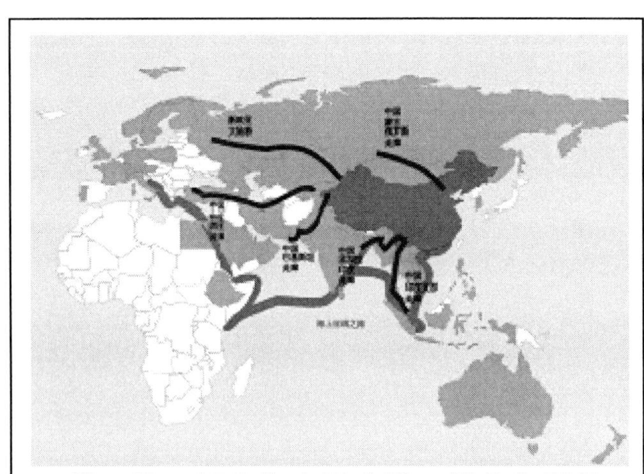
一帶一路，紅色為中國大陸，橙色為亞投行的成員，黑色為六大走廊。
圖片來源：《維基百科》

---

[26] 〝21世紀海上絲綢之路〞簡稱一路，則是沿著海上絲綢之路，自中國由沿海港口過南海到印度洋，延伸至歐洲，或是從中國沿海港口過南海到南太平洋，主要航點包括：泉州、福州、廣州、海口、北海、河內、吉隆坡、雅加達、可倫坡、加爾各答、奈洛比、雅典，以及威尼斯等，以發展中國和東南亞、南亞、中東、北非及歐洲各國的經濟合作；是中國最高領導人習近平，訪問東協時提出的戰略構想；官方聲言，新疆和福建被定位為〝經濟帶核心區〞，會成為一帶一路的最大贏家，並獲得前所未有的發展機遇。

導人會面，常稱〝馬習會〞或〝習馬會〞，是海峽兩岸自1949年政治分立66年以來，雙方最高領導人的首次會晤，象徵兩岸歷史上最大的突破。

海峽兩岸領導人馬英九（左）和習近平（右）向所有媒體揮手。
圖片來源：《維基百科》

2016年，在中共十八屆六中全會上確立習近平的領導核心地位，並首次舉辦二十國集團峰會。2017年，130個國家代表團出席在北京舉辦的一帶一路峰會。該一帶一路是跨國經濟帶，投資近70個國家和國際組織，範圍涵蓋中國歷史上絲綢之路，和海上絲綢之路行經的中國大陸、中亞、北亞和西亞、印度洋沿岸、地中海沿岸、南美洲、大西洋地區等的國家。其目的，「旨在加強區域互聯互通，擁抱更美好的未來。」預定目標完成日期為2049年，正是中華人民共和國成立的第一百週年。一帶一路的基礎設施走廊的建設，將耗資約4～8萬億美元，跨越約60個國家，主要是亞洲和歐洲，但也包括大洋洲和東非。這些倡議項目，得到絲路基金和亞洲基礎設施投資銀行的資金支持，同時由一帶一路高峰論壇進行技術協調。茲列舉主要建設如下：

1.陸上走廊：

A.新亞歐大陸橋：從中國西部經哈薩克到俄羅斯西部，包括絲綢之路鐵路穿越中國新疆自治區、哈薩克、俄羅斯、白俄羅斯、波蘭和德國。

B.中國--中西亞經濟走廊：從中國西部到土耳其。

C.中國--中南半島經濟走廊：將從中國華南地區延伸至新加坡。

D.喜馬拉雅多維連通網絡：將尼泊爾從一個內陸國家轉變為一個與陸地相連的國家。

E.中巴經濟走廊：連接中國至印度洋。整個項目高達620億美元，旨在迅速實現巴基斯坦交通網絡、能源基礎設施和經濟的現代化。

F.中國--蒙古--俄羅斯：從中國北方穿過蒙古到俄羅斯遠東。

2.絲綢之路經濟帶：

A.北帶：通過中亞和俄羅斯到達歐洲。

B.中央帶：穿過中亞和西亞，到達波斯灣和地中海。

C.南帶：從中國經東南亞和南亞，經巴基斯坦到達印度洋。

3.海上絲綢之路：

〝21世紀海上絲綢之路〞，簡稱海上絲綢之路，是海上航線本身的經濟走廊，通過幾個毗連的水域，在東南亞、大洋洲和非洲投資和促進合作。在中國看來，非洲是新絲綢之路拓展的重要市場，在肯尼亞的蒙巴薩港，中國已建成通往內陸和首都奈洛比的鐵路和公路。在蒙巴薩東北部，正在建設一個擁有32個泊位的大型港口，其中包括一個鄰近的工業區。坦尚尼亞巴加莫約正在建設現代化的深水港、衛星城、機場和工業區。作為中埃聯合項目，泰達埃及經濟特區正在埃及沿海城鎮，艾因索赫納附近建設。在尚比亞、衣索比亞和迦納等幾個國家，水壩已在中國的幫助下建成。在奈洛比，中國正在資助建設非洲最高的建築--尖峰塔。2018年9月，中國宣布對非洲投資600億美元，一方面開拓銷售市場，促進當地經濟發展，另一方面為中國提供非洲原材料。

中國在歐洲的橋頭堡之一，是比雷埃夫斯港。總體而言，到2026年中國企業將在港口設施上，直接投資3.5億歐元，並在酒店等相關項目上再投資2億歐元。在歐洲，中國希望繼續在葡萄牙的錫尼什深水港投資。

4.冰上絲綢之路：

除海上絲綢之路外，俄羅斯和中國已同意在北極的北海航線，沿俄羅斯領海內的海上航線共同建設〝冰上

絲綢之路〞。中國遠洋海運集團，已完成多次北極航線試航，中俄兩國企業正在開展該地區油氣勘探合作，推進基礎設施建設、旅遊、科考等全方位合作。

總的來說，只要是強權！霸權主義就自然抬頭，身為世界第三強權的中華人民共和國也不例外。霸權國家的目的，無非在令他國臣服，並聽從其命令，所使用的手段大致有三：一為文化侵略：二為武力侵略：三為經濟侵略。文化侵略如中國之元朝及清朝，該兩朝皆為異族入主中原，最後被中原文化所融合，今之蒙古、滿州兩民族與漢族的生活方式等大致皆相同，這就是文化的高明所在，不必有傷亡，沒有痛苦，甚至是快樂的在不知不覺中被同化。而美國與俄羅斯所使用的手段是武力，這造成多少人死傷，多少人顛沛流離。顯然，中國人還是比較有智慧，所使用的手段是經濟與文化，不必費一兵一卒便能使他國臣服，又能彼此共榮，對方又可能會感激，真是一舉數得。

中國之經濟手段，便是一帶一路，能帶給世界和平共榮，誠如支持者稱讚一帶一路的倡議，可提高全球GDP，尤其是開發中國家更能受惠；又可操控該國的經濟，使其屈服。當然也可以心存善良不操控。

中國之文化手段，便是孔子學院，能將中國文化躍上國際舞臺，進而發揚光大，並將儒家仁德精神，像基督精神一樣的傳播世界各地，以建立一個大同的世界。又可讓世人在不知不覺的潛移默化中，沉浸於中國文化，而心向中國，就如基督徒，臣服於教宗一樣的道理。

只可惜，目前這兩種手段的執行，皆被世界各國杯葛。以經濟為手段的一帶一路，被指控是通過債務陷阱外交的新殖民主義，和經濟帝國主義等地批評；而以文化為手段的孔子學院，被指控是中國的大外宣，與中國政府有密切關係，並認為試圖影響大學學術自由、干擾其運作，本身不僅傳授漢語，同時亦傳授有利獨裁、大漢族主義和中國特色社會主義的意識形態，意圖影響各國對中國評價等各種批評。現在，世界各國已陸續中止與孔子學院的合作，如美國的芝加哥大學宣布中止與孔子學院繼續合作；賓州大學也宣布中止與孔子學院長達5年的合作；加州大學戴維斯分校則關閉孔子學院。德國教育部終止德國所有孔子學院等不勝枚舉。

經濟與文化這兩項政策，皆曾被筆者讚嘆中共領導人智慧的偉大。奈何！最優等的策略，卻是最劣等的手段，尤其是霸權國家最大的缺點，就是沒耐心，凡事都認為只要拳頭夠大，皆能一蹴可幾。中共領導人顯然疏忽用人的哲學與耐心，應更深入思考各國的國情，環境背景等因素，派出最適合的人選來執行，才能事半功倍。

從大致來說，試想！一個以社會主義的共產國家，跟一個以民主主義的民主國家，用同套方法可行嗎？用民主國家所培育出的人才，去管理共產國家，可行！因人民會感受到自由、民主，尤其受到尊重的可貴，就如英國文學家霍爾（Evelyn Beatrice Hall，筆名S·G·Tallentyre，1868年～1956年）所說：「**我不同意你的意見，但我以死捍衛你說話的權利。**」用共產國家所培育出的人才，去管理民主國家，不可行！因人民會感受到不自由、不民主，尤其受到不尊重的踐踏，就如匈牙利愛國詩人裴多菲（匈牙利語：Petőfi Sándor，1823年～1849年）所說：「**生命誠可貴，愛情價更高，若為自由故，兩者皆可拋。**」用弱權國家所培育的人才，去管理任何國家，可行！因人民會感受到謙卑、有禮，尤其受到尊重的溫暖；用強權國家所培育的人才，去管理任何國家，不可行！因人民會感受到霸道、頤指氣使，尤其受到不尊重的怨惡。

如果，中共領導人啟用胸懷大中國主義者的〝臺灣人〞，筆者認為最適當。因中華民國是傳承儒家文化的正統，所培養出來的人才，從專業而言，絕對可以勝任孔子學院的內涵傳播；也因中華民國是弱權的國家，所培養出來的人才，從管理而言，絕對可以勝任孔子學院在世界的推廣。而一帶一路的用人哲學，也應遵守這個原則，縱不跟臺灣借將，亦要特別訓練，才可以上陣。

至於國際紛爭，除韓戰與越戰外，相對於美國也較少用武力干涉他國內政，或區域衝突。僅為中國統一而對中華民國（國軍）發動戰爭，主要戰役有：

1.1949年，**古寧頭戰役**：最終失敗，傷亡約：國軍為2,437人，失蹤約3,700人；而解放軍為3,900餘人被俘，5,186人陣亡。

2.1950年，**大膽島戰役**：最終失敗，傷亡約：國軍為170餘人；而解放軍為傷亡300餘人，被俘300餘人。

3.1954年，**九三砲戰**：最終失敗，傷亡約：國軍為不詳；而解放軍為2,400人，居民63人死亡。

4.1958年，**八二三砲戰**：最終失敗，傷亡約：國軍為2,300餘人；解放軍為460餘人，居民218人。

合計總傷亡人數近2萬人，這些人從生命的立場來看，也是很無辜。

綜上所說，不管是民主國家或是共產國家或是君主國家，都僅是人民生活的一種模式，無法改變或影響人類生存之需求，以及人性之慾望。因此，只要有人的地方，就會有因人類私慾所產生的爭端，從世界歷史來看，是千古不變的道理。人類之立國，幾乎都始於武力戰爭；國際之紛爭，也幾乎都以武力解決；霸權之產生，亦來自於武力為後盾。美國、俄羅斯，以及中國等的建立國家、解決紛爭，以至霸權產生，皆是如此。這讓世界各

國深深體會到，國防武力對於一個國家生存的重要性，這個趨勢將會造成各國的武力競賽，人類文明不知要倒退多少，無辜的生命也不知又要死多少，悲哉！

〝聯合國〞係在第二次世界大戰，死了7,000萬人的背景下所產生，是一個很好解決國際紛爭的組織，他的目的在於維護世界和平。《聯合國憲章》第2條第7款規定：「**互不干涉內政為原則**」。可惜！如美國等霸權國家，只要不合他意，他們對聯合國的憲章或決議，棄之如敝屣，聯合國也莫可奈何！如果世界各國皆能遵守《聯合國憲章》，不要去干涉他國的內政，可以預知將會減少很多無辜生命的喪失。

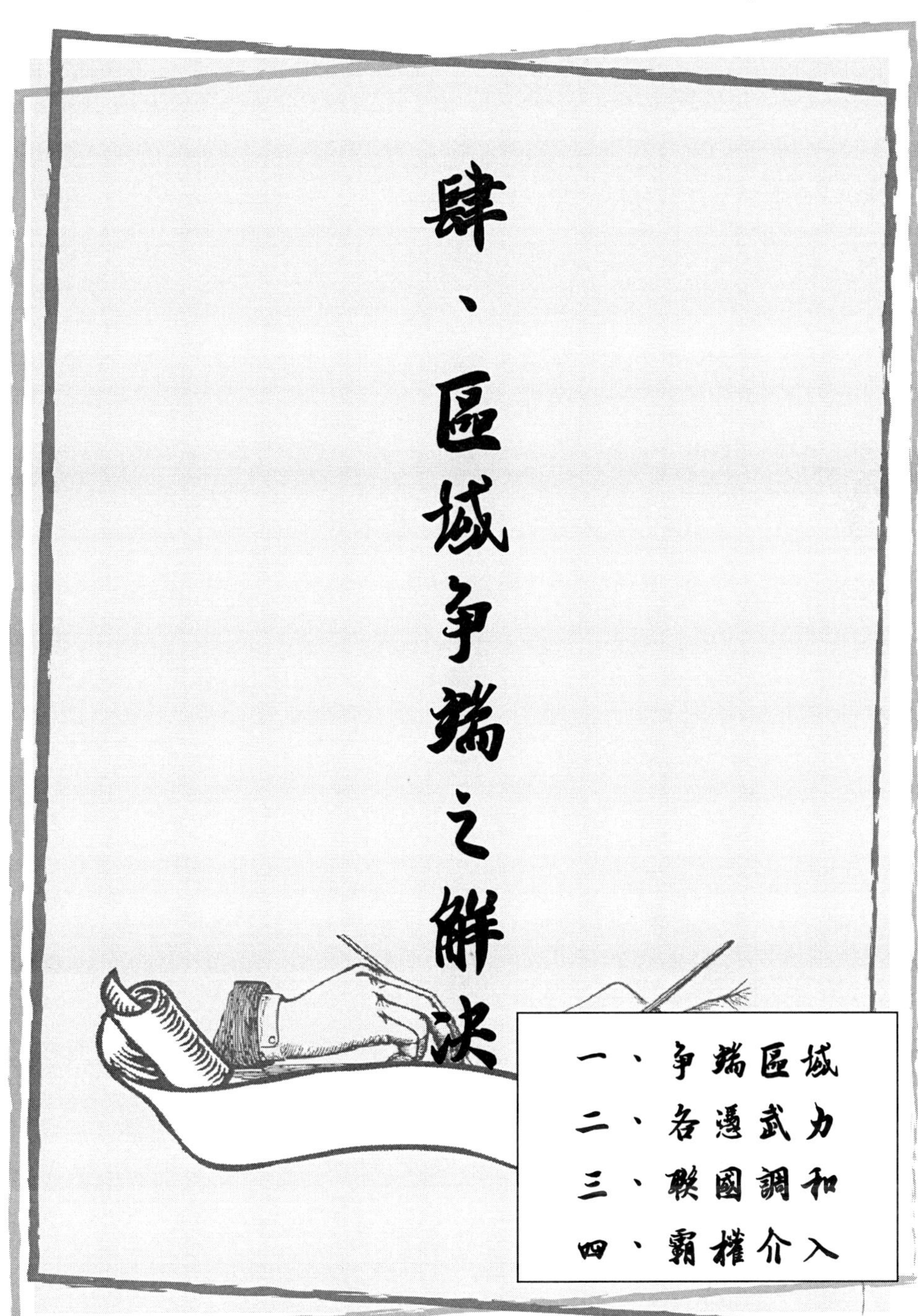

肆、區域爭端之解決

一、爭端區域
二、各邊武力
三、聯國調和
四、霸權介入

〝爭端〞（dispute），來自於自身利益的衝突，小至個人，大至國家皆是如此，此乃人性之私，無可避免。而解決國際紛爭，大致有三種：一為各憑武力；二為聯合國調和；三為霸權介入。其中，武力戰爭之引起，主要在於領土及政權爭議問題，其他如貿易、人權等，大致不會引起軍事衝突。因此，本單元所述係指領土及政權爭議，並分為爭端區域、各憑武力、聯合國調和，以及霸權介入等說明如後。

一、爭端區域

目前世界上存在主權爭端，大致有兩種：一為邊界爭端（Boundary Disputes）；二為政權爭端（Regime Disputes）。茲統計如下：

1.邊界爭端：

該爭端根據其成因，又可分為位置性的邊界爭端（Positional Boundary Disputes）和領土性的邊界爭端（Territorial Boundary Disputes）兩種。目前存在的爭端有：

A.位置性的邊界爭端：

阿克賽欽：中國和印度。

喀喇崑崙走廊：中國和印度。

西沙群島：中國和越南。

中沙群島：中國和菲律賓。

南沙群島：中國、越南、菲律賓、馬來西亞、汶萊、印度尼西亞（中國聲稱擁有全部主權）。

阿魯納恰爾邦／藏南：中國和印度。

朝鮮半島：朝鮮共和國與大韓民國。

白頭山（長白山）南部：中國和朝鮮共和國。

阿布哈茲：阿布哈茲和喬治亞。

北賽普勒斯土耳其：北賽普勒斯和賽普勒斯。

納戈爾諾卡拉巴赫地區：阿爾察赫、亞美尼亞和亞塞拜然。

西亞美尼亞、卡爾斯省、凡城省：土耳其和亞美尼亞。

邦特蘭：邦特蘭和索馬利亞。

索馬利蘭：索馬利蘭和索馬利亞。

西南索馬利亞：索馬利亞西南國和索馬利亞。

南奧塞提亞：南奧塞提亞和喬治亞。

斯里蘭卡東部和北部：斯里蘭卡和坦米爾-伊拉姆猛虎解放組織。

聶斯特河沿岸：聶斯特河沿岸共和國和摩爾多瓦。

西撒哈拉：摩洛哥和撒拉威阿拉伯民主共和國。

約旦河西岸地區和加薩走廊：以色列和巴勒斯坦。

科索沃和梅托希亞：科索沃和塞爾維亞。

B.領土性的邊界爭端：

※亞洲

克欽邦：中國和緬甸。

瓦罕走廊：中國和阿富汗。

山地巴達赫尚自治州東部大部分地區：中國和塔吉克。

江東六十四屯：中國和俄羅斯。

黑瞎子島東部：中國和俄羅斯。

唐努烏梁海：中國和俄羅斯。

荷姆茲海峽間的阿布穆薩島、大通布島、小通布島：伊朗和阿拉伯聯合大公國。

喀喇崑崙走廊：中國和印度。

阿克賽欽：中國和印度。

巴里加斯：中國和印度。

札達縣部份地區：中國和印度。

藏南地區：中國和印度。

聯邦直轄部落地區：巴基斯坦和阿富汗。

費爾干納盆地糾紛：烏茲別克和吉爾吉斯。

不丹北部：中國和不丹。

吉大港山走廊：孟加拉和印度。

東耶路撒冷：以色列和巴勒斯坦。

戈蘭高地：以色列和敘利亞。

舍巴農場：以色列和黎巴嫩、敘利亞。

阿拉伯河：伊朗和伊拉克。

沙烏地阿拉伯與阿拉伯聯合大公國之間的邊界爭端：沙烏地阿拉伯和阿拉伯聯合大公國。

自由克什米爾和吉爾吉特--巴爾蒂斯坦省：中國和巴基斯坦、印度。

查謨和克什米爾：印度和巴基斯坦。

拉達克：印度和巴基斯坦。

卡拉帕尼：印度和尼泊爾。

朝鮮半島北部：朝鮮共和國和大韓民國。

朝鮮半島南部：大韓民國和朝鮮共和國。

西海（黃海）五島：大韓民國和朝鮮共和國。

南千島群島（北方四島）：俄羅斯和日本

林夢地區：馬來西亞和汶萊。

釣魚臺列嶼：中國和日本。

中沙群島：中國和菲律賓。

黃岩島：中國和菲律賓。

南達爾帕蒂島：孟加拉國和印度。

沃茲羅日傑尼耶島：哈薩克和烏茲別克。

西沙群島：中國和越南。

錫爾克里克：印度和巴基斯坦。

獨島：大韓民國和日本、朝鮮共和國。

南沙群島：中國和越南、菲律賓、馬來西亞、汶萊（中國和越南聲稱擁有全部主權）。

仁愛礁：中國和菲律賓。

中業島：中國和菲律賓、越南。

※美洲

巴霍努埃沃礁：美國和哥倫比亞、一牙買加、宏都拉斯。

南部貝里斯：貝里斯和瓜地馬拉。

阿韋斯島：多米尼克和委內瑞拉。

巴西島：巴西和阿根廷、烏拉圭。

科內霍島：宏都拉斯和薩爾瓦多。

卡萊羅島北端：哥斯大黎加和尼加拉瓜。

福克蘭群島：英國和阿根廷。

法屬圭亞那馬羅尼河河西岸：法國和蘇利南。

科蘭太因河東岸：蓋亞那和蘇利南。

埃塞奎博河西岸：蓋亞那和委內瑞拉。

漢斯島：丹麥和加拿大。

納弗沙島：美國和海地。

聖胡安河省：哥斯大黎加和尼加拉瓜。

薩波蒂約礁：貝里斯和瓜地馬拉、宏都拉斯。

聖安德列斯--普羅維登西亞和聖卡塔利娜群島省：哥倫比亞和尼加拉瓜、宏都拉斯。

塞拉納島：美國和哥倫比亞、尼加拉瓜、宏都拉斯。

蘇亞雷斯島：玻利維亞和巴西。

南喬治亞和南桑威奇群島：英國和阿根廷。

菲茨羅伊峰和穆拉永峰之間的南巴塔哥尼亞冰原：阿根廷和智利。

波弗特海：美國和加拿大。

迪克森海峽：美國和加拿大。

瑪基亞斯海豹島：美國和加拿大。

北岩島：美國和加拿大。

胡安·德·富卡海峽：美國和加拿大。

拉特蘭市：美國和加拿大。

※大洋洲

亨特島、馬修島：萬那杜和法國。

密涅瓦群礁：東加和斐濟。

斯溫斯島：美國和托克勞。

※歐洲

布雷加納：克羅埃西亞和斯洛維尼亞。

埃姆斯河河口和多拉德灣西部：荷蘭和德國。

皮蘭灣：斯洛維尼亞和克羅埃西亞。

費迪南德島：義大利和英國、法國、西班牙、馬爾他、阿爾及利亞、突尼西亞、利比亞和摩洛哥。

直布羅陀：英國和西班牙。

伊米亞群島：希臘和土耳其。

伊萬哥羅德：俄羅斯和愛沙尼亞。

奧利文薩：西班牙和葡萄牙。

羅科爾島：英國和冰島、愛爾蘭、丹麥。

圖茲拉島及克赤海峽：烏克蘭和俄羅斯。

武科瓦爾：塞爾維亞和克羅埃西亞。

克里米亞共和國、塞瓦斯托波爾：俄羅斯和烏克蘭。

俄佔盧干斯克、俄占扎波羅熱：俄羅斯和烏克蘭。

俄佔頓內次克、俄占赫爾松：俄羅斯和烏克蘭。

尼古拉耶夫州：俄羅斯和烏克蘭。

※非洲

艾卜耶及卡費亞金吉、黑格里格地區：蘇丹和南蘇丹。

哈拉伊卜三角區、瓦迪哈勒法尖角：埃及和蘇丹。

埃萊米三角：肯亞和南蘇丹。

蓋瑟礁：馬達加斯加和葛摩、法國。

莫三比克海峽上的印度礁、歐羅巴島、新胡安島：法國和馬達加斯加。

休達及梅利利亞、其他西屬主權地：西班牙和摩洛哥。

查哥斯群島：英國和模里西斯。

杜梅伊拉島、杜梅伊拉角：厄利垂亞和吉布地。

格洛里厄斯群島：法國和馬達加斯加。

卡恩格瓦尼及因瓜武馬：南非和史瓦帝尼。

Koualou村落：布吉納法索和貝南。

Kpéaba村落：象牙海岸和幾內亞。

Logoba及莫約區附近的地區：南蘇丹和烏干達。

盧阿普拉附近的邊境地區：尚比亞和剛果。

馬約特：法國和葛摩。

馬拉威湖中鄰近姆巴巴灣的島嶼：坦尚尼亞和馬拉威。

姆巴涅島：加彭和赤道幾內亞。

米金戈島、Remba島、Sigulu島等維多利亞湖沿岸小島：肯亞和烏干達。

恩特姆河沿岸各島：喀麥隆和赤道幾內亞。

奧克帕臘河沿岸村莊：貝南和奈及利亞。

奧蘭治河邊境線：納米比亞和南非。

Rufunzo河流域及Sabanerwa：盧安達和蒲隆地。

盧卡萬茲島及塞姆利基河流域：剛果民主共和國和烏干達。

Sindabezi島：尚比亞和辛巴威。

特羅姆蘭島：法國和模里西斯。

西撒哈拉：摩洛哥和撒拉威。

2.政權爭端：

該爭端根據其成因，又可分為內戰分裂的政權爭端（Regime Disputes of Civil War Split）和霸權介入的政權爭端（Regime Disputes of Hegemonic Intervention）兩種。目前存在的爭端有：

A.內戰分裂的政權爭端：

朝鮮半島：大韓民國與朝鮮人民共和國。

中國：中華人民共和國與中華民國。

索馬利亞：索馬利亞共和國與索馬利蘭共和國。

蘇丹：蘇丹共和國與南蘇丹共和國。

摩爾多瓦：摩爾多瓦共和國與德涅斯特河沿岸共和國。

衣索比亞：衣索比亞共和國與厄利垂亞國。

烏克蘭：烏克蘭共和國與頓涅茨克人民共和國。

烏克蘭：烏克蘭共和國與盧甘斯克人民共和國。

烏克蘭：烏克蘭共和國與克里米亞共和國。

烏克蘭：烏克蘭共和國與塞瓦斯托波爾共和國。

亞塞拜然：亞塞拜然共和國與阿爾察赫共和國。

巴勒斯坦：巴勒斯坦共和國與約旦河西岸共和國。

巴勒斯坦：巴勒斯坦共和國與加薩走廊共和國。

B.霸權介入的政權爭端：

喬治亞：喬治亞共和國與阿布哈茲共和國。俄羅斯介入。喬治亞：喬治亞共和國與南奧塞梯共和國。俄羅斯介入。烏克蘭：烏克蘭共和國與頓涅茨克人民共和國。俄羅斯介入。烏克蘭：烏克蘭共和國與克里米亞共和國。俄羅斯介入。烏克蘭：烏克蘭共和國與盧甘斯克人民共和國。俄羅斯介入。摩爾多瓦：摩爾多瓦共和國與德涅斯特河沿岸共和國。俄羅斯介入。賽普勒斯共和國與北賽普勒斯共和國。土耳其介入。印度尼西亞：印度尼西亞共和國與東帝汶共和國。澳洲等介入。總的來說，國際紛爭雖眾多，然會引起軍事衝突者，主要還是在於領土及政權爭議的問題，但基於強弱之分（如中國與菲律

賓）、武力平衡（如美國與俄羅斯）或聯盟（如北約聯盟）等因素，再加上聯合國維持和平部隊的嚇阻作用，實際要發生戰爭變為少數。其中，國與國之間的戰爭極為少數，大部分是國家內部的爭端。茲以近20年來，不穩定的區域統計如下：

1.進行中的軍事衝突：

2003年，**俾路支省衝突**：是俾路支民族主義者在巴基斯坦政府、伊朗政府控制的俾路支斯坦，與兩國政府之間的衝突。

2004年，**巴基斯坦西北部戰爭**：發生在巴基斯坦瓦濟里斯坦地區的武裝衝突，涉及巴基斯坦塔利班運動、伊斯蘭軍、執行先知法典運動、蓋達組織等武裝組織，以及有組織的犯罪。

2004年，**葉門什葉派起義**：是什葉派胡希叛軍，起兵反對葉門共和國政府統治所引發的武裝衝突，後續發展為沙特和伊朗的代理人戰爭，之後遜尼派連連戰局失利，導致沙特只好進到臺前直接出兵。

2004年，**泰國南部暴動**：是泰國南部三府（北大年府、惹拉府和陶公府）一帶從2004年開始的泰國馬來人穆斯林分離分子武裝動亂。

2004年，**基武衝突**：從剛果民主共和國東部開始，是剛果民主共和國軍隊與胡圖族權力集團解放盧旺達民主力量，在剛果民主共和國發生的武裝衝突。

2004年，**尼日河三角洲衝突**：由於海盜和綁架等暴力事件，也襲擊石油行業，伴隨著對前武裝分子的支持和培訓的總統大赦計劃，被證明是成功。因此，直到2011年，還未能起訴應對侵犯人權行為負責的人，犯罪受害者仍不敢為針對他們的罪行尋求正義。

2006年，**墨西哥毒品戰爭**：是墨西哥販毒集團之間或販毒集團與墨西哥政府之間，所進行的低強度的非對稱作戰。墨西哥政府宣稱，它的目標主要是遏止販毒集團之間的暴力事件，以及瓦解強大的販毒集團，阻止毒品販運則在次要，後者主要留給美國政府處理。

2006年，**瞻博盾行動**：該行動的前身為持久自由行動--跨撒哈拉，是美國和夥伴國家在非洲撒哈拉，和薩赫勒地區開展的軍事行動，包括反恐努力，以及武器和毒品管制穿越中非的販運活動。

2009年，**蘇丹游牧部落衝突**：是指蘇丹共和國和南蘇丹的游牧民族之間，所爆發的武裝衝突，並造成大量傷亡以及數千多人逃離家園。部落發生戰爭的原因，在於缺乏足夠的水源、土地和牲畜等資源，特別是蘇丹南

部的半乾旱氣候，更使得這類情況極為嚴峻。

2009年，**北高加索起義**：是俄羅斯與高加索酋長國的武裝分子之間的武裝衝突，伊斯蘭國也涉入其內。歷時10年之久的第二次車臣戰爭，雖然在2009年結束，但該衝突卻沒有停止過，且有升級蔓延至北高加索全境的跡象。

2009年，**南葉門暴動**：是南葉門南部發生針對政府軍的抗議和襲擊，他們獨立目標是通過和平手段實現，並聲稱襲擊是普通公民對政府挑釁行為的回應。

2009年，**索馬利亞內戰**：是集中在索馬利亞南部和中部的索馬利亞內戰的一個階段，它的衝突主要發生在非洲聯盟維和部隊協助下的索馬利亞聯邦政府部隊，與基地組織結盟的青年黨武裝分子之間。

2010年，**葉門蓋達組織鎮壓**：該組織是葉門政府、美國及其盟友，與該組織之間持續不斷的武裝衝突。

2011年，**西奈半島動亂**：是由伊斯蘭武裝分子，在西奈半島引發的動亂，主要由當地組成的武裝，利用國內混亂局面和政府權威被削弱之際，開始對西奈半島上的政府軍發起一系列的攻擊。

2011年，**敘利亞內戰**：是敘利亞總統巴沙爾·阿薩

德支持者與敘利亞革命反對派之間的武裝衝突。受阿拉伯之春的影響，敘利亞反政府示威活動演變成武裝衝突，美國、俄羅斯、土耳其、伊朗、阿拉伯等國的內外多股勢力介入，使敘利亞內戰已持續10餘年，導致約61萬人死亡，是21世紀目前死亡人數最多的一場戰爭。

2011年，**蘇丹內部衝突**：是蘇丹軍隊與蘇丹北部分支機構蘇丹人民解放運動，在蘇丹南部南科爾多凡州和青尼羅州發生的武裝衝突。

2011年，**利比亞派系鬥爭**：是第一次利比亞內戰，推翻穆阿邁爾·卡扎菲之後，各種民兵和新的國家安全部隊都參與了暴力活動。

2012年，**馬利北部衝突**：是馬利北部地區的持續武裝衝突，起初是尋求馬利北部獨立的分離主義武裝組織，與馬利政府軍之間的戰鬥，後變為尋求控制整個馬利的伊斯蘭激進組織，與馬利政府軍及多國部隊之間的戰鬥。

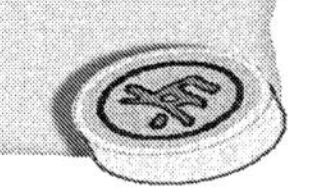

2013年，**拿篤衝突**：是一宗馬來西亞軍警，與蘇祿武裝人員的衝突。

2013年，**南蘇丹衝突**：是南蘇丹政變未遂所引發的內戰，蘇丹人民解放軍一支部隊試圖發動政變，且衝突擴展至種族緊張地區瓊萊省。

2014年，**頓巴斯戰爭**：是在烏克蘭東南部頓巴斯的戰爭，由俄羅斯控制的位於烏克蘭東部，和南部俄語地區的親俄勢力，與烏克蘭政府軍發生交戰，烏克蘭東部和南部俄語地區的親俄勢力，要求將這些地區併入俄羅斯聯邦。

2015年，**突尼西亞伊斯蘭國動亂**：是伊斯蘭國在突尼西亞的分支機構，正在進行的激進和恐怖活動。

2021年，**以巴衝突**：是巴勒斯坦抗議者與以色列警方，在東耶路撒冷謝赫·賈拉社區發生的衝突，抗議以色列最高法院準備判決，是否驅逐該社區的巴勒斯坦居民。

2021年，**亞美尼亞--亞塞拜然邊境危機**：是亞美尼亞和亞塞拜然軍隊之間持續的爭端。危機始於亞塞拜然士兵越過數公里，進入亞美尼亞的休尼克省和格加爾庫尼克省，占領上述地區。

2022年，**俄羅斯入侵烏克蘭戰爭**：該戰爭是第二次

世界大戰以來，歐洲最大規模的戰爭，導致雙方數十萬人傷亡，並造成歐洲自第二次世界大戰以來，最大的難民危機，戰爭開始的六週內有430萬難民離開烏克蘭，另有710萬人在烏克蘭境內流離失所。

2·可能中的軍事衝突：

臺海危機：中華人民共和國與中華民國之間的主權爭議。由於美國的介入，支持中華民國，以致造成今日雙方於臺灣海峽對峙。

朝韓危機：朝鮮民主主義人民共和國與大韓民國之間的主權爭議。由於美國的介入，支持大韓民國，以致造成雙方於北緯38度線的板門店對峙。

中美危機：中國與美國之間，雖有貿易、軍事、科技等錯綜複雜的糾葛，但這些衝突不至於引發戰爭。會引發戰爭，主要在於美國介入中華人民共和國與中華民國之間的主權爭議，所引發的臺海危機。

俄北危機：俄羅斯與北約聯盟國[1]之間的衝突。由於

---

[1] 北約聯盟的全名為〝北大西洋公約組織〞（North Atlantic Treaty Organization，NATO）；是歐洲、北美洲國家為實施防衛合作而建立的國際組織，擁有大量核武器、常設部隊，是西方的重要軍事力量，以美國、英國、法國等 30 個國家所組成的歐洲防務體系。

俄羅斯入侵烏克蘭，導致以美國為首的北約聯盟，支持烏克蘭並不斷提供經濟與軍事援助，所引發的俄北危機。

沙伊衝突：沙烏地阿拉伯王國和伊朗伊斯蘭共和國之間，雙方因宗教、石油，以及地緣政治等錯綜複雜的問題，所引發的沙伊衝突。

印巴衝突：印度共和國和巴基斯坦伊斯蘭共和國，雙方因克什米爾（青藏高原西部和南亞北部交界處的一個地區，面積22萬8478平方公里）地區的主權爭議，所引發的印巴衝突。

利比亞內戰：該內戰為第二次，起源於利比亞境內兩個對立政權之間的武裝衝突。

南海爭議：該爭議為南海周邊的中華人民共和國、中華民國、越南、菲律賓、馬來西亞、汶萊、印度尼西亞等國家，因對於該海域部分島嶼的主權歸屬、海域劃分和相關海洋權利等問題，所產生重疊而引發的衝突。

二、各憑武力

依《聯合國憲章》第2條第7款規定：「互不干涉內政為原則」。所以，各憑武力的戰爭，大部分皆發生於國家內部的爭戰。如上述之：

2004年，巴基斯坦西北部戰爭。
2004年，葉門什葉派起義。
2004年，泰國南部暴動。
2004年，基武衝突。
2004年，尼日河三角洲衝突。
2006年，墨西哥毒品戰爭。
2009年，蘇丹游牧部落衝突。
2009年，南葉門暴動。
2009年，索馬利亞內戰。
2010年，葉門蓋達組織鎮壓。
2011年，西奈半島動亂。
2011年，敘利亞內戰。
2011年，蘇丹內部衝突。
2011年，利比亞派系鬥爭。
2012年，馬里北部衝突。
2013年，拿篤衝突。
2013年，南蘇丹衝突。
2015年，突尼西亞伊斯蘭國動亂。

發生於國與國之間的爭戰，也僅有：

2003年，俾路支省衝突。
2006年，瞻博盾行動。
2009年，北高加索起義。
2014年，頓巴斯戰爭。
2021年，以巴衝突。

2021年，亞美尼亞--亞塞拜然邊境危機。

2022年，俄羅斯入侵烏克蘭戰爭。

總的來說，如果霸權國家遵守《聯合國憲章》的規定，不要介入他國的內政，該等戰爭便會單純許多；然而，如美國等霸權國家不遵守《聯合國憲章》的規定或決議，為自身利益而介入他國內政時，該等戰爭就會變得非常複雜，而且死亡將會更多。

三、聯國調和

聯合國成立之目的，在於調和區域之間的爭端。故依《聯合國憲章》第33條第1款規定：「任何爭端之當事國，於爭端之繼續存在足以危及國際和平與安全之維持時，應儘先以談判、調查、調停、和解、公斷、司法解決、區域機關或區域辦法之利用、或各該國自行選擇之其他和平方法，求得解決。」由於聯合國並不干涉內政，因此需要聯合國出面調和的戰爭，大部分皆發生於國與國之間的爭戰。《臺灣醒報》記者呂翔禾雖說：「多年來聯合國扮演了不少居間折衝的角色，但畢竟是大國操控。」然不管如何，總有其他會員國在制衡，比霸權國家直接或間接介入要客觀許多。根據《維基百科》的統計，聯合國正在進行中的維和行動如下：

※非洲地區

<table>
<tr><th>行動時間</th><th>行動名稱</th><th colspan="2">行動地點</th><th>衝突名稱</th><th>備註</th></tr>
<tr><td rowspan="2">1991年</td><td rowspan="2">聯合國西撒哈拉全民投票特派團</td><td>西撒哈拉</td><td rowspan="2">西撒哈拉</td><td rowspan="2">西撒哈拉衝突</td><td rowspan="2"></td></tr>
<tr><td>摩洛哥</td></tr>
<tr><td>2010年</td><td>聯合國剛果民主共和國穩定特派團</td><td colspan="2">剛果民主共和國</td><td>基伍衝突</td><td></td></tr>
<tr><td>2011年</td><td>聯合國艾卜耶臨時安全部隊</td><td colspan="2">蘇丹</td><td>艾卜耶衝突</td><td></td></tr>
<tr><td>2011年</td><td>聯合國南蘇丹共和國特派團</td><td colspan="2">南蘇丹</td><td>南蘇丹內戰</td><td></td></tr>
<tr><td>2013年</td><td>聯合國馬利多層面綜合穩定團</td><td colspan="2">馬利</td><td>馬利北部衝突</td><td></td></tr>
<tr><td>2014年</td><td>聯合國中非共和國多層面綜合穩定團</td><td colspan="2">中非</td><td>中非內戰</td><td></td></tr>
</table>

※亞洲地區

行動時間	行動名稱	行動地點		衝突名稱	備註
1949年	聯合國印度和巴基斯坦觀察組	印度	克什米爾	克什米爾衝突	
		巴基斯坦			

※歐洲地區

行動時間	行動名稱	行動地點		衝突名稱	備註
1964年	聯合國駐賽普勒斯維持和平部隊	賽普勒斯	賽普勒斯島	賽普勒斯問題	除土耳其外所有國家和聯合國均只承認賽普勒斯共和國並支持該國對整個賽普勒斯島擁有主權。 只有土耳其和伊斯蘭合作組織承認北賽普勒斯土耳其共和國，該國現控制著賽普勒斯島北部地區大部。
		北賽普勒斯			

<table>
<tr><td rowspan="2">1999年</td><td rowspan="2">聯合國科索沃臨時行政當局特派團</td><td>科索沃</td><td rowspan="2">科索沃</td><td></td><td></td></tr>
<tr><td>塞爾維亞</td><td>科索沃戰爭</td><td></td></tr>
</table>

※中東地區

行動時間	行動名稱	行動地點	衝突名稱	備註
1948年	聯合國停戰監督組織	中東地區	監督停戰協定、預防孤立事件升級並協助聯合國在該區域的其他維持和平行動。	
1974年	聯合國脫離接觸觀察員部隊	以色列	戈蘭高地	以色列、黎巴嫩和敘利亞均宣稱對戈蘭高地擁有主權
		黎巴嫩		
		敘利亞		
1978年	聯合國駐黎巴嫩臨時部隊	黎巴嫩	以色列入侵黎巴嫩以及2006年黎巴嫩戰爭。	

還有上述之：

2014年，頓巴斯戰爭。2015年1月18日，聯合國秘書長潘基文，對在烏克蘭政府軍於東部城市頓內次克，為重新控制機場而向武裝分子發起猛攻，並導致十多人死亡一事發表聲明，對這一事態表示警惕。

2021年，亞美尼亞--亞塞拜然邊境危機。該危機是亞美尼亞國防部指責亞塞拜然武裝力量，利用火炮和攻擊型無人機對亞美尼亞目標發動襲擊。聯合國秘書長發言人呼籲雙方通過對話解決問題。

2022年，俄羅斯入侵烏克蘭戰爭。聯合國大會第十一屆緊急特別會議，以141個國家的多數贊成通過聯合國大會第ES-11/1號決議，譴責俄羅斯侵略烏克蘭，要求俄全面撤軍、撤銷承認頓涅茨克人民共和國與盧甘斯克人民共和國，並多方向烏克蘭提供武器和人道主義支援，對俄羅斯實施空前的經濟制裁。

總的來說，從上面數據可以發現，只要是國與國之間的爭戰，霸權國家不要介入，由聯合國協調並派出維和行動，確能發揮和平作用。

四、霸權介入

解決國際紛爭，有武力解決、聯合國調和與仲裁，以及第三方介入等方式。第三方介入又可分為：非霸權介入與霸權介入兩種。根據政大教授黃奎博說：「第三方介入紛爭解決的動機非常複雜，有時候是自己有直接利益，有時是間接利益，以德國干涉斯里蘭卡內戰來說，單純就是為了人道理由。有時宗教也可以派上用場：1978年智利與阿根廷的關係緊張，是在教宗的調停下才避免戰爭爆發。」其中，非霸權介入僅止於提供場地如2015年，新加坡總理李顯龍（Lee Hsien Loong，1952年～　），提供臺灣海峽兩岸領導人〝馬習會〞，在新加坡會晤場地；居中調和者如1936年，阿根廷共和國外交部長卡洛斯．薩維德拉．拉馬斯（西班牙語：Carlos Saavedra Lamas，1878年～1959年），調解巴拉圭共和國與玻利維亞多民族國之大廈谷戰爭[2]結束，並獲得該年諾貝爾和平獎。此等第三方非霸權介入，並不會採取軍事行動，所以只會減少不會增多傷亡。

而第三方霸權介入，因有強烈的利益目的，大都採取軍事介入，導致爭戰延長，增加不計其數的傷亡。最典型的案例，即為越南的內戰，美、中、蘇等霸權國家

[2] 大廈谷戰爭（西班牙語：Guerra del Chaco），為1932年～1935年，玻利維亞和巴拉圭兩國，為爭奪大廈谷北部而進行的戰爭。

介入20年，讓越戰死傷至少300萬人以上。1973年，霸權國家撤出後不到兩年，實際戰爭才3天而已，南北越內戰就在1975年統一。1976年，在越南民主共和國的領導下，越南南方共和國與之合併，統一為如今的〝越南社會主義共和國〞，該戰爭相對於霸權國家介入其間的傷亡，少之又少，可能只在千人以下。如今，越南人民不是都生活得好好的，國家更是欣欣向榮。由此可見，霸權國家所行使的〝世界警察權〞，從人道立場來看，對人類是一場重大的災難。目前，在可能中的軍事衝突，皆有霸權國家介入，尤其是美國，使得衝突更加複雜及激烈，如處理不當而引發戰爭，將會有更多人傷亡，甚至引發世界第三次大戰，那將是人類的浩劫。茲列舉如下：

1.臺海危機：

該危機是指第二次國共內戰後，控制中國大陸的中華人民共和國政府，與控制臺灣的中華民國政府兩個政權，為主權爭議雙方相隔臺灣海峽。在高度緊張的軍事政治氣氛下，因發生軍事演習、軍備競賽等多種對峙，甚至發生一系列軍事衝突，而最終有可能引發全面戰爭的潛在危機。

由於美國為防堵中國崛起，永遠站穩世界霸主的地位，特在亞洲建立一條〝太平洋防線--第一島鏈〞。從地緣政治角度來看，臺灣正好位於東亞島弧中央區域，為亞太經貿運輸重要的位置，也是戰略要地，更是美國西太平洋防線最重要的樞紐，失去臺灣，該防線便自然瓦解。美國便以區域安全為由，支持臺灣與大陸對峙，導致今日的臺海危機，邊臨戰火。如果美國不介入，臺灣沒有靠山，就不敢硬幹對立，進而謀求和平解決，臺海危機也許就不會發生。

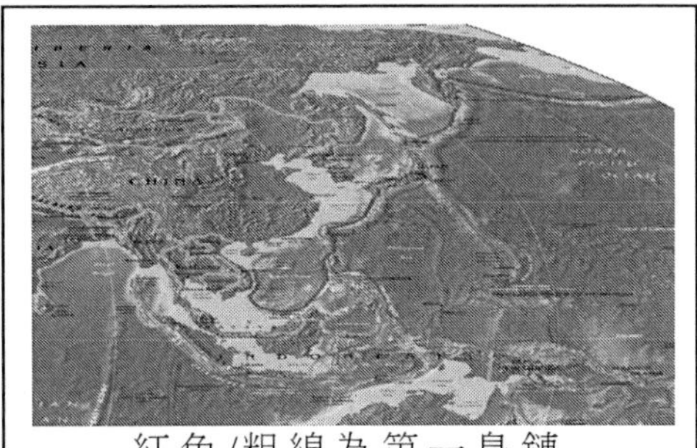
紅色/粗線為第一島鏈
圖片來源：《維基百科》

2·朝鮮半島衝突：

該衝突是指位於朝鮮半島北方的朝鮮民主主義人民共和國與南方的大韓民國間的系列衝突。雙方都宣稱對整個朝鮮半島擁有主權，即自身為朝鮮半島的唯一合法政府。在冷戰中，北韓由蘇聯、中華人民共和國等共產主義陣營支持，韓國則受美國及其盟友支持，雙方在1950年爆發戰爭。戰爭結束後，造成雙方於北緯38度線的板門店對峙，以及週期性的衝突。

北緯 38 度線的板門店
圖片來源：《維基百科》

3.中美危機：

該危機是指中國與美國之間的衝突。美國為防堵中國崛起，不管是貿易、科技、軍事等均採取堵斷的政策，甚至推動以美國為首，日本、韓國、臺灣、越南、菲律賓等〝六打一〞的布局，在太平洋戰場上夾擊中國。然雖有此等錯綜複雜的糾葛，但這些衝突不至於引發戰爭。會引發戰爭者，主要在於美國介入中華人民共和國與中華民國之間的主權爭議，所引發的臺海危機，臺灣也成為中美之間操弄與爭奪的籌碼。

4.俄北危機：

該危機是指俄羅斯聯邦共和國與北約聯盟國[3]之間的衝突。由於俄羅斯入侵烏克蘭，導致以美國為首的北約聯盟，支持烏克蘭不斷提供經濟與軍事援助，並制裁俄羅斯經濟，導致俄羅斯久攻不下，進而

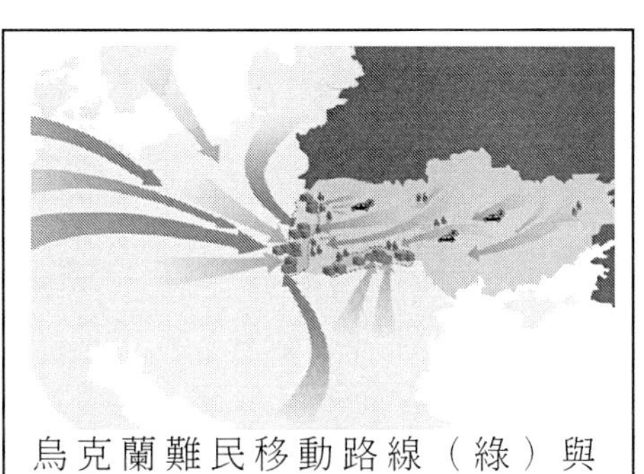

烏克蘭難民移動路線（綠）與歐洲援助物資路線（藍）
圖片來源：《維基百科》

---

[3] 北約聯盟的全名為〝北大西洋公約組織〞（North Atlantic Treaty Organization，NATO）；是歐洲、北美洲國家為實施防衛合作而建立的國際組織，擁有大量核武器、常設部隊，是西方的重要軍事力量，以美國、英國、法國等30個國家所組成歐洲防務體系。

拖垮俄羅斯經濟。因此，俄羅斯總統普丁再下令猛烈攻擊烏克蘭，甚至揚言不惜動用核武，如此所引發的俄北危機。

5.印巴衝突：

該衝突是指印度共和國和巴基斯坦伊斯蘭共和國，雙方因克什米爾（青藏高原西部和南亞北部交界處的一個地區，面積22萬8478平方公里）地區的主權爭議，所引發的印巴衝突。由於中美兩國為南亞戰略利益而介入，導致印度與巴基斯坦的矛盾關係，被操作為中美爭奪戰略利益的輔助性工具。

6.利比亞內戰：

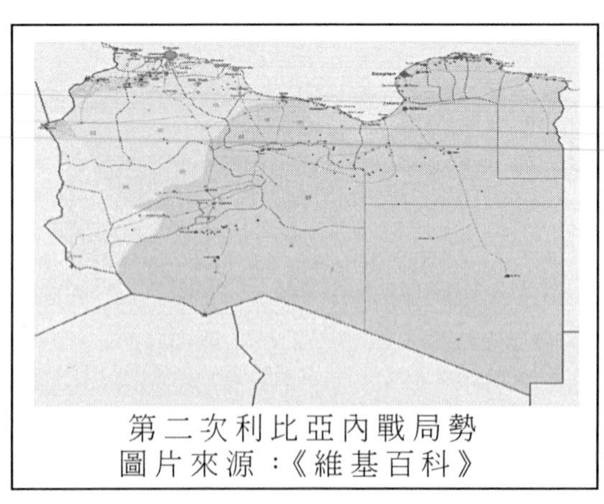
第二次利比亞內戰局勢
圖片來源：《維基百科》

該內戰起源於利比亞境內兩個對立政權之間的武裝衝突。原本是該國國內不同部落和不同派別之間的爭鬥，而引發的國內戰爭，後來卻因西方國家為石油利益的介入，發展為西方國家與中東北非的國際戰爭。利比亞戰爭，是繼20世紀的科索沃戰爭，以及本世紀的阿富汗戰爭、伊拉克戰爭後，以美、英、法等國為首的西方國家軍事聯盟，

第四次對主權國家發動大規模軍事打擊。

7. 南海爭端：

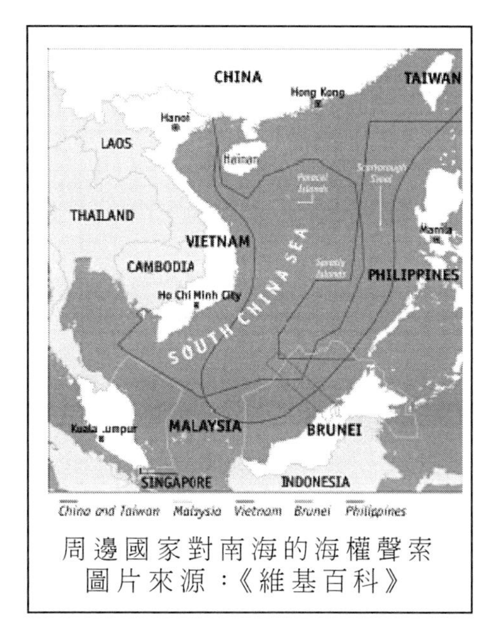

周邊國家對南海的海權聲索
圖片來源：《維基百科》

該爭端是指南海周邊的中華人民共和國、中華民國、越南、菲律賓、馬來西亞、汶萊、印度尼西亞等國家，因對於該海域部分島嶼的主權歸屬、海域劃分和相關海洋權利等問題，所產生重疊而引發的衝突。

南海領土爭端包括南沙群島、西沙群島和中沙群島的主權糾紛和海域糾紛。由於南海的漁業資源、原油和天然氣蘊藏皆十分豐富，同時南海作為重要的航運通道，戰略地位重要，沿海各個國家出於自身利益，希望控制自己所主張擁有主權的部分島嶼及其專屬經濟區。南海問題已有多年紛爭，曾多次在區域內爆發軍事衝突，而作為現代重要的航運通道及地緣政治的考慮，越來越受到國際社會的關注，2016年的《南海仲裁案》[4]更

---

[4] 該案是指菲律賓共和國，以中華人民共和國在南中國海（菲律賓稱西菲律賓海），中菲爭議海域基於〝九段線〞的海洋權益，主張及近年的海洋執法和島礁開發活動，已違反《聯合國海洋法公約》（UNCLOS）為由，向常設仲裁法院提出仲裁。

是一列。為減少衝突，中國和東協10國於2002年11月4日，在柬埔寨金邊簽署南海各方行為宣言，作為各國在南海活動的準則。香格里拉對話是相關國家為解決該地區爭端和衝突的一個重要平臺。亞太安全合作理事會則是各國間為協調亞太地區的安全問題的另外一個重要平臺。

南海爭端既有溝通或協調的平臺，本應越來越單純。然卻因美國的介入，變得非常的複雜，菲律賓等小國因有美國作為靠山，自然變得強硬，使該爭端逐漸擴大。南海是中國〝海上一帶一路〞的一環，也是國際航線的重要樞紐，也是美國圍堵中國的重要一環。故美國在軍事及經濟上支持其他沿海地區國家，以壓制中國日益強大的海軍在亞洲的勢力擴張，如果中國成功取代美國在西太平洋的權力，美國在亞洲的勢力及影響力將大幅退減，全球地緣政治將進入一個全新的時代，這非美國所能忍受。

總的來說，從上面的分析可以發現，不管是國與國之間或是國家內亂的爭端，只要有霸權國家介入一方，如美國等介入利比亞內戰並支持〝民族團結政府〞；就會有另一霸權國家介入另一方，如俄羅斯等介入利比亞內戰並支持〝國民代表大會政府〞，雙方各自為利益而對峙爭戰不已，最可憐就是老百姓，無辜流離失所，甚至喪失生命。

綜上所說，從人道主義立場看，生命無價，人民生命消失，不會重來，政權更替如同春夏秋冬，任何幸福皆可期待。一個政權想永續存在，必需獲得人民的支持，而要獲得人民的支持，就必須讓人民感到幸福，不管是民主社會體制或是共產社會體制，皆是如此。共產社會體制的創始國蘇聯，已瓦解朝向民主體制；共產社會體制的中國，在5、60年代，人民生活困苦，思想言論等皆不自由，如今已轉型為〝中國特色社會主義〞[5]的國家，經濟欣欣向榮，人民生活大幅提升，已成為世界僅次於美國的第二大經濟體，外匯存底截至2022年12月為3,306,530百萬美元，位居世界第一。思想言論也朝向自由開放，與其他自由與民主社會體制無異。也是共產社會體制的越南亦是如此，他是典型的共產社會體制，然自1986年開始施行革新開放，並於2001年確定建立社會主義主導的市場經濟後，國民經濟發展迅速，成為亞洲乃至全球經濟增長速度最快的經濟體之一，國內生產總值年均增長率一直保持在6%以上，由世界上最貧窮的國

[5] 中國特色社會主義，是中國共產黨和中華人民共和國在 1978 年 12 月 18 日改革開放後，最早於 1982 年 9 月所提倡的一種意識形態，修正並探索何謂實質的共產主義以求生存，包含鼓勵政治思想、經濟交流、科學文化、社會建設與生態保護等內容，後來改革開放取得成功後變為固定國策；中國共產黨認為，中國特色社會主義是在捍衛其一黨執政地位和馬克思列寧主義、毛澤東思想的指導思想下，引入西方資本主義的部分市場經濟概念，習近平提出這一概念最本質的特徵是中國共產黨所展現的領導與治理能力。

家之一進入中等收入國家行列。

民主社會體制的辛巴威共和國（Republic of Zimbabwe），為世界最落後的國家之一，極度的通貨膨脹，讓這個國家從2007年開始，印10個億美元貨幣，但這些錢卻僅能購買幾個雞蛋。該國的人均壽命也是世界上最低之一，男女平均壽命在35歲左右。GDP（國際匯率）在2022年總計為363.87億美元，人均僅為2,300美元，在聯合國系統中全世界有195個國家，排名第155名。也是民主社會體制的阿富汗伊斯蘭共和國，其GDP，在2020年總計201.36億美元，人均僅為611美元，全世界排名第177名。

可見，一個國家的人民幸福與否，與民主社會體制或共產社會體制無關，因此我們不能說民主社會體制就是好，共產社會體制就是不好，各有其背景。人性之私，只要有人的地方，就會有爭端，無可避免。而解決國際紛爭，雖大致有各憑武力、聯合國調和、霸權介入等三種方式。其中自以聯合國調和／制衡方式最為恰當，因聯合國的決議是合議制，客觀程度較具公信力，自然也較讓人信服。霸權介入方式是人類的浩劫，應受到全世界的譴責。縱各憑武力方式也不是個好方法，然總比霸權介入的死傷，顯得輕微許多，前車之鑑，後車之師，不可不慎。

伍、解決爭端之趨勢

一、境內實戰
二、境外驅戰
三、經濟屈戰

解決爭端之趨勢，大致包含：境內實戰、境外驅戰、經濟屈戰等三種方式。茲說明如下：

一、境內實戰

21世紀前的傳統戰爭，不管是國家內亂，或是國與國之間的戰爭，大部分是境內實戰方式。因國家內亂一定在本土內戰爭，如1945年～1950年中國之國民黨與共產黨的〝國共第二次內戰〞；國與國之間的戰爭，除兩軍在前線交鋒外，也會相互攻擊對方本土，如1941年～1945年之德國與蘇聯的〝德蘇戰爭〞；強國侵略弱國的戰爭，也有可能只在弱國境內，如1937年～1945年之〝中日八年抗戰〞；也有一種非在戰爭當事國境內，是在他國境內的戰爭，如1904年～1905年之日本與俄國的〝日俄戰爭〞，雙方為爭奪在大韓帝國和中國滿洲地區的勢力範圍，主戰場位於中國遼東半島，以及朝鮮半島的周邊海域。另一種則是第三方介入的戰爭，並直接派兵參戰，但戰場在爭端當事國的境內，如1990年～1991年之以美國為首聯軍和伊拉克的〝波斯灣戰爭〞；至於第三方介入的戰爭，並不派兵參戰，如2022年之俄羅斯入侵烏克蘭的〝烏俄戰爭〞，北約聯盟不斷的提供防衛性武器給烏克蘭，卻不准烏克蘭攻打俄羅斯本土，以防戰事擴大，所以戰爭僅會限於被侵略一方的烏克蘭境內。

從戰爭的歷史來看，凡在境內打仗，該境內就會一片焦土，平民百姓無辜遭殃，流離失所，死傷無數。如：中國春秋戰國時期的〝長平之戰〞，雙方死亡超過60萬人，平民百姓更是不計其數；國共二次內戰，據中國共產黨新聞網的報導：共產黨軍約1,065萬人死亡，國民黨軍約625萬人死亡，平民百姓則至少有上千萬人；德蘇戰爭，據西方統計：德軍死亡總數約430萬人，平民被殺約220萬人，而蘇軍死亡總數約1,060萬人，平民死亡則有1,740萬多人；中日八年抗戰，據中華民國官方數據：中國軍傷亡總數超過300萬人，平民百姓的傷亡更高達2,200萬人以上，而日軍傷亡總數則超過300萬人以上；波斯灣戰爭，盟軍死亡約378人，受傷人數約1千人，伊拉克死亡總數約2.5萬人以上，平民死亡人數則在20萬人以內；烏俄戰爭，雙方數十萬人傷亡，並造成歐洲自第二次世界大戰以來，最大的難民危機，戰爭開始的六週內有430萬難民離開烏克蘭，另有710萬人在烏克蘭境內流離失所。

二、境外驅戰

21世紀後的現代戰爭，世界三強之美國、俄羅斯，以及中國等霸權國家，靠著各自擁有大量核子武器，所產生的恐怖平衡，誰也不敢輕易挑起戰端，進而引發第三次世界大戰，人類將有滅絕的危機。然霸權國家為自身利益，要確保在國際的地位，尤其是美國自第二次世界大戰以來，一直保持世界霸主，能與之爭鋒者，唯俄羅斯與中國。故凡威脅到他的地位，便想盡辦法防堵其擴張進而強大，如北約聯盟歐洲防務體系，係為防堵俄羅斯；西太平洋防線及印太戰略，係為防堵中國。

美國在執行世界警察的角色，凡是有區域爭端的國家，大部分都直接派兵介入。然因受到1955年～1975年的南北越戰爭，以及2001年～2021年的阿富汗戰爭，國內人民迭起不斷的反戰運動，執政者迫於選票的需要，只好退出戰場等的影響，美國對於區域爭端，尤其是對同為霸權國家的戰略，有明顯的改變。從境內實戰轉變為境外驅戰，也就是刻意驅使〝鷸蚌相爭，漁翁得利〞，如烏俄戰爭。俄羅斯總統普丁警告：「只要烏克蘭加入北約組織，俄羅斯將不惜一切攻打烏克蘭。」然美國總統拜登，卻慫恿烏克蘭總統澤倫斯基堅決加入北約，踏上普丁所畫的紅線，因此發生了俄烏戰爭。

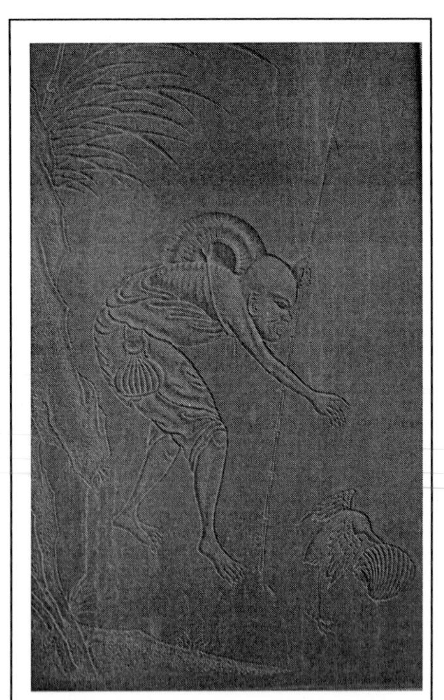
鷸蚌相爭漁翁得利圖；圖片來源：《國家文化記憶庫》

美國認為烏克蘭加入北約，可以有效防堵俄羅斯的發展，即使引發戰爭也可以藉此拖垮其軍事與經濟，只要北約不介入並源源不斷的提供武器等軍援烏克蘭，以拉長戰爭的時間，並確保戰爭不會升級，蔓延到烏克蘭境外，防堵俄羅斯發展的目的同樣可達到，反正在境外打不是在自己的國土上，自然也不需要考慮太多，這就是霸權者的心態。所以，俄烏戰爭並不會那麼快結束。

烏克蘭有大量人口是俄羅斯民族，與俄羅斯有緊密的社會和文化聯繫，在戰略上更是普丁視之為俄羅斯的後院。如果烏克蘭加入北約，從普丁的立場看，就是把北約帶進了自家後院，影響到俄羅斯的安全。基於捍衛人民的安全，確保國家的發展，是身為國家領導人的職責，因此普丁不惜發動戰爭；從澤倫斯基的立場講，加入北約更能確保國家的安全，也是身為國家領導人的職責，兩者皆沒有錯。但引發戰爭，讓人民流離失所，便是錯，這不是人民的選擇，卻要人民來承擔，人民是多麼無奈與無辜。

烏俄戰爭，本是俄羅斯與烏克蘭二者的問題，卻由第三者美國來操控。最終的結果，俄羅斯與烏克蘭保衛國家安全的目的，都沒有達成，且兩敗俱傷，至少20年才能恢復，影響所及是全世界，尤其歐洲更為嚴重，只有美國達到目的，是唯一的獲益者，這便是美國〝境外驅戰〞的最佳寫照。

從烏俄戰爭整個事件，對照於〝臺海危機〞，如出一轍。俄羅斯與烏克蘭本是同根生，大陸與臺灣亦是如此；人民對於政治主張也是分歧，各有堅持；俄羅斯對烏克蘭的底線是〝不可加入北約〞，大陸對臺灣的底線是〝不可宣布獨立〞；同樣有第三者美國在操控，其目的亦相同，防堵中國的發展；領導人普丁與習近平，都是霸權者心態；蔡英文也看不出比澤倫斯基明智。故從烏俄戰爭的模式發展來看，便可預知兩岸終將一戰，然因中國與俄羅斯、臺灣與烏克蘭的目的、背景等條件各不相同，其結果自然也不同。

俄羅斯入侵烏克蘭是國際戰爭，聯合國與北約組織等勢必實質介入，而俄羅斯的目的並非要併吞烏克蘭，是要阻止烏克蘭加入北約，並扶植烏東幾個地區加入其聯邦，所以只要美國拖垮俄羅斯的經濟目的達到，便會促成雙方和談，並要求烏克蘭做適當的讓步。而中國入侵臺灣是國家內戰，聯合國等成員，充其量也僅止於口頭譴責，除美國外並不會有實質的介入，而中國的目的在於收復國土，完成中國統一，人民這種國家意識非常強烈，故能一致支持政府。烏克蘭人民有強烈的國家意識，故能抵死反抗，奮戰到底；而臺灣的意識形態多元且爭議不斷，國家意識非常薄弱，人民心中常有〝為誰而戰、為何而戰〞的疑慮，故中國只要經濟封守臺灣，臺灣就會自亂陣腳，加上臺灣人普遍厭戰，如何打仗？

更何況！1996年的臺灣海峽飛彈危機[1]（Third Taiwan Strait Crisis），政府重要成員及有錢人等紛紛逃離臺灣的情景，至今依舊歷歷在目。至於軍事武力，不管在人員或武器上，中國雖比臺灣強大、優異許多，然美國為達到削弱中國國力的目的，勢必如支援烏克蘭一樣的源源不絕支援臺灣武器，並成為臺灣的債權國，進而擺佈臺灣，最終只要有利益或損害大過於保護臺灣，美國便如烏克蘭一樣，促成雙方和談，並要求臺灣做適當的讓步。

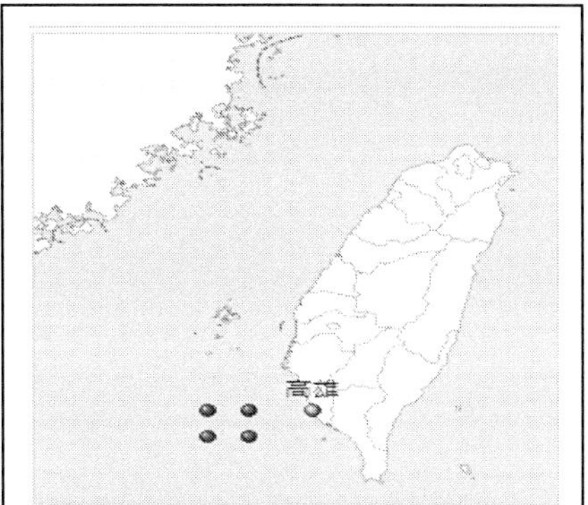

1996年3月8日至15日，中共宣布在高雄外海演習，範圍分別為(22°38′N 119°25′E, 22°38′N 119°45′E, 22°22′N 119°45′E, 22°22′N 119°25′E)。[15]

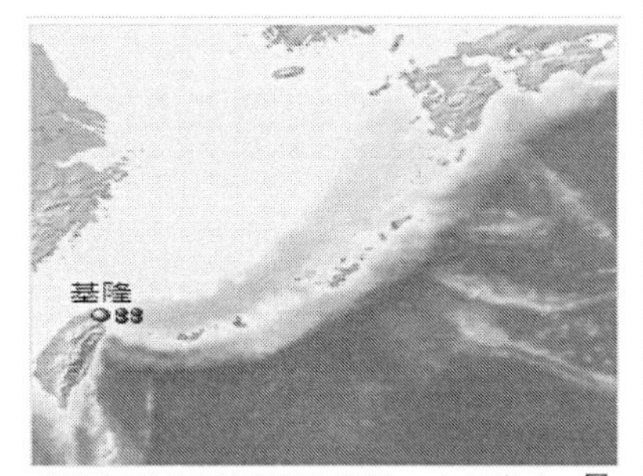

1996年3月8日至3月15日，中共宣布在基隆外海演習，演習分布如圖4個紅點之內，座標分別為(23°13′N 122°20′E, 25°13′N 122°40′E, 24°57′N 122°40′E, 24°57′N 122°20′E) [15]

1996 年臺灣海峽飛彈危機
圖片來源：《維基百科》

更何況！共產國家與民主國家的對抗，在先天上共

[1] 1995 年，中華民國總統李登輝訪問美國，引發中國大陸不滿，中華人民共和國為阻止李登輝在 1996 年中華民國總統選舉中連任，於是進行以武力威懾臺灣的軍事演習，此舉引發危機；中國人民解放軍第二砲兵部隊和南京軍區分別向臺灣外海發射飛彈，舉行兩棲登陸作戰演習，美國則緊急調動兩個航母戰鬥群進入臺灣海峽，海峽一時戰雲密佈；中華人民共和國採取武力威懾行為干涉臺灣的總統選舉，然終由李登輝當選連任。

產國家就佔盡優勢。因共產國家是一人專制，容易貫徹領導人的意志而不受掣肘；而民主國家是合議制，並受議會及人民的監督，領導人很難貫徹意志而不受掣肘，南北越戰爭與阿富汗戰爭即是明證；中國用30年的建設時間，遠超過歐美100年的建設時間，這也是明證。也就是說，在正常情況下，民主國家很難與共產國家對抗。

歸結此等因素，我們可以預測，臺海危機臺灣必敗，中國也勢必統一。很諷刺的是，臺獨主張者一心一意想要獨立建國，卻促成中國提早統一，我想中共最感謝的人應該是他們，但要死多少人啊！生命無價，人民何其無辜與悲哀！除非兩岸出現睿智的領導者，可以洞悉美國的境外驅戰策略，不受美國的慫恿並能和平解決兩岸問題。

三、經濟屈戰

《孫子兵法．謀攻》有言：「夫用兵之法，全國為上，破國次之；全軍為上，破軍次之……是故百戰百勝，非善之善也；不戰而屈人之兵，善之善者也。」意思是說，戰爭的原則是：使敵人舉國降服是上策，用武力擊破敵國就次一等；使敵人全軍降服是上策，擊敗敵軍就次一等……所以百戰百勝，算不上是最高明的方法；不通過交戰就降服全體敵人，才是最高明的。

又說：「……故善用兵者，屈人之兵而非戰也，拔人之城而非攻也，毀人之國而非久也，必以全爭於天下，故兵不頓而利可全，此謀攻之法也。」意思是說，所以善用兵者，不通過打仗就使敵人屈服，不通過攻城就使敵城投降，摧毀敵國不需長期作戰，一定要用全勝的策略爭勝於天下，從而既不使國力兵力受挫，又獲得了全面勝利的利益。這就是謀攻的方法。

孫子
圖片來源：《維基百科》

據此，〝經濟〞是一個國家之武力發展、社會建設、人民生活水準等的重大依據，故凡能掌控對方之經濟命脈，或摧毀對方之經濟，對方勢必臣服於你，或無力與之對抗，不必費一兵一卒，也不會有死人，更不會有顛沛流離的百姓，就能達到目的，這就是孫子兵法上所說的〝不戰而屈人之兵，善之善者也〞。經濟屈戰有兩種，一種為直接方式；另一種為間接方式。直接方式者，係以經濟援助，協助其國家建設，讓人民生活得更好，進而成為該國的債權國，該國人民不只會感念你，還會聽從你的安排。如上所述之中國的一帶一路，對於世界各國，即採取這種直接經濟屈戰的方式。而間接方式者，

係以各種手段，摧毀對方之經濟，讓對方無力與之對抗，甚至屈服於你的擺布。如上所述之美國慫恿烏克蘭加入北約，進而引發烏俄戰爭，即採取這種間接經濟屈戰的方式。經濟屈戰的手段，本有很多種，然美國卻採取最極端的一種，不知有多少人會間接死在美國手裡。

綜上所說，解決爭端之趨勢，雖有境內實戰、境外驅戰，以及經濟屈戰等三種方式。然境內實戰會有很多人死亡，不計其數流離失所的平民百姓，最為慘酷，尤其是霸權國家的介入，將慘酷拉得無限長；境外驅戰是由第三方操控，與境內實戰一樣的慘酷，唯一不同者，就是製造一群笨蛋；經濟屈戰之間接方式，相同於境外驅戰；經濟屈戰之直接方式，最為上策，不必死人，也沒有流離失所的平民百姓，且相互得利。當然，如果能無條件真心協助他國，該國的政府及人民，必會衷心感恩，中國儒家思想的〝世界大同〞，便會早日實現。

陸、結論

綜上所論，人類自誕生以後，即為渾渾噩噩的世界帶來一線曙光，他挾其萬能的雙手、智慧的大腦而成為萬物之主，帶領萬物邁向文明，使未來充滿希望。而人類之所以能進化成萬物之靈，乃因生存之需求所造成，然卻因人性中的慾望無窮，以致爭奪不斷，國家更會因利益甚至發動戰爭，尤其是現代戰爭不爆發則已，一爆發就有可能造成世界毀滅。由此可見，一部人類的進化史，乃是人類求生存的過程，不管是〝家庭〞的爭吵，或是〝群族〞的爭奪，以致是〝國家〞的爭戰，皆起源於人類生存之需求，以及人性慾望之無窮所致。為避免人類的爭奪，甚至是世界毀滅的問題，聖哲先賢提出各種解決的方法，如儒家的〝世界大同〞，宗教的〝神愛世人〞，共產或民主的社會制度，以致〝聯合國〞等的措施，雖已歷經相當時日，然人類之間的和睦相處依舊不可得。可見，我們需要一套更有效的制度，或是信仰，或是理論，抑是……？使人類能更邁向文明，進而建立一個〝理想的國度〞。該國度可參考本人所著《政論文學．理想系列（理想天下、理想國度、理想家園）之《理想國度》。

世界任何霸權國家，都會經歷崛起、鼎盛、衰落的循環，它是天地萬物必經的過程，小至個人，大至帝國皆是如此，充其量也僅是時間長短而已。得意時，莫猖狂；失意時，莫氣餒。天理循環，春夏秋冬；人理循環，生老病死；國理循環，興衰更迭。不得不察！而崛起必須靠天時、地利、人和的聚合，方能成事。三國漢末曹操得了動盪天時，方能挾天子以令諸侯；東吳孫權得了長江地利，方能偏安一方；蜀漢劉備得了賢才人和，方能與曹操、孫權三國鼎立平起平坐。而鼎盛必須靠主政者的努力及治國有方，才能奏效，康雍乾盛世，即是明證。至於衰落，則因內鬥、腐敗所致，上述帝國的興衰皆是如此。主政者應警惕！再警惕！

從〈帝國興衰之回顧〉來看，接著崛起而主導世界應是中國，因根據《美國衰落論》者的看法：「美國軍事優勢持續縮小、預算赤字不斷加大、地緣政治上的過度擴張、道德及社會的轉變，都被認為是美國衰落的可能原因。」尤其在烏俄戰爭，由美國主導對俄羅斯的經濟制裁中，禁止其天然氣賣給歐洲，自己卻以高出四倍價錢的頁岩氣（shale gas）賣給歐洲各國，讓通貨膨脹嚴重的歐洲經濟，無疑雪上加霜，歐洲各國做何感想？甚至有人懷疑2022年北溪天然氣管爆炸事件，是美國所為。美國這種自私而不顧道義的做法，將會加速其衰落的主因。因此筆者判斷，21世紀中葉，中國將會取代美國而成為世界龍頭，主導全球。至於時間長短，中國如真心採用儒家精神，對待世界各國及其人民，主導全球的時間自會久久長遠；如依舊是霸權國家的心態，主導全球的時間便如白駒過隙，很快就消失於世人眼中。

世界任何國家，不管是民主或是共產或是君主等國家，都僅是人民生活的一種模式，無法改變或影響人類生存之需求，以及人性之慾望。因此，只要有人的地方，就會有因人類私慾所產生的爭端，從世界歷史來看，是千古不變的道理。人類之立國，幾乎都始於武力戰爭；國際之紛爭，也幾乎都以武力解決；霸權之產生，亦來自於武力為後盾。美國、俄羅斯，以及中國等的建立國家、解決紛爭，以至霸權產生，皆是如此。這讓世界各國深深體會到，國防武力對於一個國家生存的重要性，這個趨勢將會造成各國的武力競賽，人類文明不知要倒退多少，無辜的生命也不知又要死多少。〝聯合國〞係在第二次世界大戰，死了7,000萬人的背景下所產生，是一個很好解決國際紛爭的組織，他的目的在於維護世界和平。《聯合國憲章》第2條第7款規定：「互不干涉內政為原則」。可惜！如美國等霸權國家，只要不合他意，他們對聯合國的憲章或決議，棄之如敝屣，聯合國也莫可奈何！可見現在聯合國組織之不合理。如果世界各國皆能遵守《聯合國憲章》，不要去干涉他國的內政，可以預知將會減少很多無辜生命的喪失。

世界霸權國家，如能從人道主義立場看，生命無價，人民生命消失，不會重來，政權更替如同春夏秋冬，任何幸福皆可期待。一個政權想永續存在，必需獲得人民的支持，而要獲得人民的支持，必須讓人民感到幸福，不管是民主社會體制或是共產社會體制，皆是如此。共產社會體制的創始國蘇聯，已瓦解朝向民主體制；共產社會體制的中國，在5、60年代，人民生活困苦，思想言論等皆不自由，如今已轉型為〝中國特色社會主義〞的國家，經濟欣欣向榮，人民生活大幅提升，已成為世界僅次於美國的第二大經濟體，外匯存底截至2022年12月為3,306,530百萬美元，位居世界第一。思想言論也朝向自由開放，其他自由與民主社會體制無異。也是共產社會體制的越南亦是如此，他是典型的共產社會體制，然自1986年開始施行革新開放，並於2001年確定建立社會主義主導的市場經濟後，國民經濟發展迅速，成為亞洲乃至全球經濟增長速度最快的經濟體之一，國內生產總值年均增長率一直保持在6%以上，由世界上最貧窮的國家之一進入中等收入國家行列。而民主社會體制的辛巴威共和國（Republic of Zimbabwe），為世界最落後的國家之一，極度的通貨膨脹，讓這個國家從2007年開始，印10個億美元貨幣，但這些錢卻僅能購買幾個雞蛋。該國的人均壽命也是世界上最低之一，男女平均壽命在35歲左右。GDP（國際匯率）在2022年總計為363.87億美元，人均僅為2,300美元，在聯合國系統中全世界有195個國家，排名第155名。也是民主社會體制的阿富汗伊斯蘭共和國，其GDP，在2020年總計201.36億美元，人均僅為611美元，全世界排名第177名。可見，一個國家的人民幸福與否，與民主社會體制或共產社會體制無

關，兩者之區別只在於言論自不自由而已。因此我們不能說民主社會體制就是好，共產社會體制就是不好，各有其背景。

人性之私，只要有人的地方，就會有爭端，無可避免。而解決國際紛爭，雖大致有各憑武力、聯合國調和、霸權介入等三種方式。其中自以聯合國調和／制衡方式最為恰當，因聯合國的決議是合議制，客觀程度較具公信力，自然也較讓人信服。霸權介入方式是人類的浩劫，應受到全世界的譴責。縱各憑武力方式也不是個好方法，然總比霸權介入的死傷，顯得輕微許多，前車之鑑，後車之師，不可不慎。

世界紛爭解決之趨勢，雖有境內實戰、境外驅戰，以及經濟屈戰等三種方式。然境內實戰會有很多人死亡，不計其數流離失所的平民百姓，最為慘酷，尤其是霸權國家的介入，將慘酷拉得無限長；境外驅戰是由第三方操控，與境內實戰一樣的慘酷，唯一不同者，就是製造一群笨蛋；經濟屈戰之間接方式，相同於境外驅戰；經濟屈戰之直接方式，最為上策，不必死人，也沒有流離失所的平民百姓，且相互得利。當然，如果能無條件真心協助他國，該國的政府及人民，必會衷心感恩，中國儒家思想的〝世界大同〞，便會早日實現。

生物皆有趨向光明的天性，所以人類更應該向上提升，不該向下沉淪。聯合國為人類文明的象徵，應該貫徹其憲章的宗旨，不該因組織的不合理而喪失其功能。故應增加安全理事會之〝非常任理事國〞及〝常任理事國〞，以擴大其民意基礎，並廢除〝常任理事國的一票否決權〞[1]，回歸真正的合議制，縱然該制度不一定是最好的方式，但從聯合國的歷史來看，總比讓五個常任理事國來操控世界來的要好。而聯合國的決議必須受到尊重並貫徹執行，凡不遵守的國家皆應受到譴責與制裁。

[1] 聯合國安全理事會否決權，簡稱一票否決權，是指聯合國安全理事會的 5 個常任理事國（美國、英國、法國、俄羅斯、中國）各自擁有否決權，能對非程序性事項的安理會決議草案進行否決，以達至對具有強制性的安理會決議的〝大國一致〞。即使非程序性事項的安理會決議草案獲得大部分成員國的支持，但只要有一個常任理事國投下反對票（即行使否決權）便能使該決議草案被否決，若是常任理事國於投票時缺席或投棄權票則不視為否決。

國家圖書館出版品預行編目（CIP）資料

國際驅戰／蔡輝振　著－初版－
臺中市：天空數位圖書　2022.12
版面：17 公分 X 23 公分
ISBN：978-626-7161-56-2（平裝）
1.CST：戰爭 2.CST：國際關係 3.CST：國際政治
542.2　　111021942

書　　名：國際驅戰
發 行 人：蔡輝振
出 版 者：天空數位圖書有限公司
作　　者：蔡輝振
版面編輯：採編組
美工設計：設計組
出版日期：2022年12月（初版）
銀行名稱：合作金庫銀行南臺中分行
銀行帳戶：天空數位圖書有限公司
銀行帳號：006-1070717811498
郵政帳戶：天空數位圖書有限公司
劃撥帳號：22670142
定　　價：新臺幣580元整
電子書發明專利第　I　306564 號
※如有缺頁、破損等請寄回更換

TEL　：(04)22623893
FAX　：(04)22623863
MOB：0900602919
E-mail：familysky@familysky.com.tw
Https　://www.familysky.com.tw/
地　址：台中市南區忠明南路 787 號 30 樓國王大樓
No.787-30, Zhongming S. Rd., South District, Taichung City 402, Taiwan (R.O.C.)